Tony Campolo

Party auf Zimmer 210

Inspirierende und tiefgründige Geschichten

Über den Autor

Tony Campolo ist Pastor, Autor und Soziologieprofessor am *Eastern College* in St. Davids, Pennsylvania. Er und seine Frau Peggy haben zwei erwachsene Kinder und vier Enkelkinder.

Tony Campolo

Party auf Zimmer 210

Inspirierende und tiefgründige Geschichten

GerthMedien

Die amerikanische Originalausgabe
erschien im Verlag W Publishing Group
unter dem Titel „Let Me Tell You a Story".

Aus dem Amerikanischen übersetzt von Jens Uhder.

Best.-Nr. 816 109
ISBN-10: 3-86591-109-9
ISBN-13: 978-3-86591-109-4
1. Auflage 2006
Umschlaggestaltung: Hanni Plato
Umschlagfoto: getty images/David Freudenthal
Satz: Typostudio Rücker
Druck und Verarbeitung: GGP Media GmbH, Pößneck
Printed in Germany

Inhalt

Vorwort

Im Laufe der Jahre habe ich insgesamt 26 verschiedene Bücher geschrieben. Dabei habe ich eine Vielzahl von Geschichten erzählt, um die Gedankengänge und Inhalte, die ich vermitteln wollte, zu illustrieren. Ich bezweifle, dass meine Leser sich noch an meine Gedankengänge erinnern, aber ich weiß, dass die Geschichten, die ich erzählt habe, bei vielen haften geblieben sind. Viele verwenden sie nun ihrerseits, um Predigten und Vorträge zu illustrieren. Ich habe auch eine ganze Reihe von Geschichten gesammelt, die ich nie in Predigten oder Büchern verwendet habe, und ich dachte mir immer, dass es doch eigentlich eine gute Idee wäre, all diese Geschichten einmal in einem Buch zu veröffentlichen. Nun habe ich diese Idee in die Tat umgesetzt.

Bitte nehmen Sie sich die Freiheit, auf diese Geschichten zurückzugreifen, wo und wann immer es Ihnen nützlich erscheint. Der Hinweis, dass man Zitate nicht ohne entsprechende Quellenangabe verwenden sollte, erübrigt sich wohl sicherlich. Es wäre mir eine besondere Freude, wenn ich wüsste, dass diese Geschichten dem Zweck dienen, anderen dabei zu helfen, die Wahrheit des Evangeliums zu vermitteln und ihren Predigten zu größerer Durchschlagskraft zu verhelfen.

Da ich selbst weniger Autor, sondern in erster Linie Redner bin, gestatten Sie mir, Ihnen ein paar Hinweise zu geben, wie man Geschichten in einem Vortrag am wirkungsvollsten gebraucht.

Eine Geschichte bietet in der Regel eine Vielzahl von Anknüpfungspunkten, um ganz verschiedene Dinge zu illustrieren. Wenn Sie also die Geschichten in diesem Buch lesen, dann denken Sie nur nicht, dass sich ihr Aussagegehalt auf das Thema der Überschrift beschränkt, unter der ich sie hier aufgeführt habe. Mit ein wenig Fantasie werden Sie sicherlich für viele dieser Geschichten ganz andere Anwendungsmöglichkeiten finden als ich.

Es bedarf einiger Übung, wenn man eine Geschichte wirkungsvoll erzählen will. Meine Zuhörer meinen oft, dass ich die Geschichten, mit denen ich meine Vorträge illustriere, zum ersten Mal erzähle, weil ich mir immer große Mühe gebe, das Ganze möglichst spontan aussehen zu lassen, so paradox dies auch klingen mag. Beim Geschichtenerzählen kommt es ganz wesentlich auf das richtige Timing an. Pausen, Mimik, Gesten und die Geschwindigkeit, mit der Sie erzählen – all das will sorgfältig eingeübt sein, wenn eine Geschichte gut rüberkommen soll.

Wenn sich die Bedeutung einer Geschichte für den Zuhörer von selbst ergibt, dann sollten Sie sich besser nicht mit langen Erklärungen aufhalten. Das wirkt nur unnötig belehrend.

Noch eine Warnung zum Schluss! Eine Geschichte oder Anekdote wird die Wahrheit, die sie illustrieren soll, niemals vollkommen wiedergeben. Bitte sehen Sie die Geschichten, die ich Ihnen hier erzähle, nicht als Ausdruck meines persönlichen Glaubensbekenntnisses an. In den meisten Fällen vermitteln sie lediglich die Quintessenz der Wahrheit; nur in einigen wenigen Ausnahmefällen gehen sie vielleicht noch ein Stückchen weiter. Also, viel Spaß beim Lesen! Ich hoffe, dass die Geschichten, die ich in diesem Buch erzähle, Sie zum Lachen und zum Weinen bringen und Ihnen helfen, die Botschaft des Evangeliums in einem ganz neuen Licht zu sehen.

Die Bibel spricht davon, dass „niemand von uns [...] für sich selbst [lebt] und niemand [...] für sich selbst [stirbt]“. Dies gilt für das Schreiben eines Buches nicht minder. Bei diesem Buch gebührt mein besonderer Dank Valerie Hoffman. Sie hat viele Stunden damit zugebracht, alles, was Sie hier lesen, zu Papier zu bringen. Im Unterschied zu allen anderen Büchern, die ich verfasst habe, ist dieses hier fast ausschließlich mit Hilfe von Diktaten entstanden. Valerie fiel die unvermeidliche Aufgabe zu, sich stundenlang Aufzeichnungen mit meiner Stimme anzuhören. Wenn Sie also Freude an diesem Buch haben, dann denken Sie auch immer wieder einmal an Valerie und geben Sie ihr einen Extra-Applaus.

Tony Campolo

Eastern College
St. Davids, Pennsylvania

Einleitung

Meine Mutter konnte wunderbar Geschichten erzählen. Niemand konnte das so gut wie sie. Beim Abendessen hielt sie immer die ganze Familie in Atem, und obwohl es letztlich doch immer wieder dieselben Geschichten waren, wurde es uns nie langweilig. Meine Mutter erzählte ihre Geschichten immer ein wenig anders. Die Worte, die sie gebrauchte, die Beschreibungen, die Dialoge zwischen den einzelnen Charakteren – all das schien von Mal zu Mal besser und wirkungsvoller zu werden.

In ihren späteren Jahren arbeitete meine Mutter in einem Altenheim, und die Leitung des Heims war überglücklich, sie zu haben, weil sie so gut erzählen konnte. Sie zog Männer und Frauen gleichermaßen in ihren Bann und führte sie aus dem Einerlei des Alltags im Altenheim hinaus in die unendlichen Weiten der Fantasie.

Die Freude am Geschichtenerzählen habe ich wohl von ihr geerbt. Wann immer ich predige, lasse ich kaum eine Gelegenheit aus, meine Gedanken mit Beispielen zu versehen. Manche Leute fragen sich, ob all diese Geschichten wirklich wahr sind. Einmal, als mein Sohn noch klein war, nahmen ihn einige Leute beiseite und fragten ihn: „Sag mal – all diese wunderbaren Geschichten, die dein Vater da erzählt, stimmen die denn eigentlich? Oft bist du doch die Hauptperson. Ist das alles wirklich so passiert?"

Mein Sohn dachte einen Moment lang darüber nach und sagte dann: „Doch, was mein Vater erzählt, stimmt schon, aber wenn ich ihn höre, dann sind die Dinge in seiner Erinnerung immer viel toller!" Das kann ich sicherlich nicht leugnen. Ich habe nun einmal die Eigenart, in ganz alltäglichen Situationen das Außergewöhnliche zu sehen. Ich persönlich finde, dass sich eine gute Geschichte gerade dadurch auszeichnet.

Der Professor für Homiletik, bei dem ich während

meines Theologiestudiums das Predigen gelernt habe, war Dr. Norman Paullin. Er war im Raum Philadelphia ein überaus beliebter Gastprediger. Mehr als jeder andere Prediger, den ich kannte, verstand er es, seinen Zuhörern das Gefühl zu vermitteln, Teil des Geschehens zu sein. Einmal sagte er: „Meine Predigten sind wie ein Hochhaus. Es sind einfach Geschichten, Etage für Etage übereinander geschichtet."

Angesichts der Neigung meiner Mutter zum Geschichtenerzählen und der Tatsache, dass Norman Paullin mein Homiletikprofessor war, sollte es eigentlich nicht weiter überraschen, dass die Dinge, die ich von mir gebe, in aller Regel aus Geschichten bestehen. Einer meiner Kritiker meinte einmal, dass Geschichten für mich so etwas sind wie Laternenpfähle für einen Betrunkenen – „nicht etwa Lichter, die seinen Weg beleuchten, sondern Stützen, die seinen Mangel an Balance offenbaren." Womöglich liegt er damit gar nicht so falsch. Jemand anders meinte, dass meine Predigten nicht auf solider Theologie beruhen, sondern auf unterhaltsamen Geschichten. Ich muss Ihnen ganz ehrlich gestehen, dass meine Geschichten nicht nur dazu dienen, meine Theologie anschaulich zu machen, sie *sind* vielmehr meine Theologie. Ich entscheide mich immer wieder, die Wahrheit über mich selbst, über andere und vor allem über Gott nicht in Form von theologischen Lehrsätzen zu vermitteln, sondern durch Geschichten.

Der dänische Philosoph Søren Kierkegaard, der das existenzialistische Denken Mitte des letzten Jahrhunderts zu einem der bestimmenden Themen der Theologie machte, hätte meinen Ansatz zur Vermittlung der Wahrheit sicherlich unterstützt. Er wies darauf hin, dass die Verkündigung Jesu vor allem aus Geschichten bestand, weil die Botschaft des Evangeliums in aller Regel nicht so sehr im bewussten Hören vernommen, sondern quasi nebenbei aufgeschnappt wird! Damit wollte er zum Ausdruck bringen, dass die Bibel vor allem Geschichten von Menschen enthält – guten wie bösen – und dass wir uns in diesen Erzählungen wiederfinden. Ein gutes Beispiel dafür, wie dies in der Praxis funktioniert, finden wir in Henri Nouwens wunderbarer Predigt vom verlorenen Sohn. So, wie Jesus die Geschichte erzählt, fällt es uns nicht schwer, uns mit den Charakteren zu identifizieren. Nouwen meint nun, dass wir alle uns zu bestimmten Zeiten mit jeweils unterschiedlichen Charakteren identifizieren. Wir alle finden uns mitunter in der Rolle des verlorenen Sohnes wieder. Jeder von uns hat schon einmal Phasen durchgemacht, in denen er vor der Güte des Vaters davongelaufen ist und sein Leben vergeudet hat. Irgendwann dämmerte es uns, dass das Leben so keinen Sinn hat, und dann verspürten wir den Wunsch, umzukehren und noch einmal neu anzufangen. Ebenso hat jeder von uns schon Zeiten erlebt, in denen er voller Selbstgerechtigkeit mit dem Finger auf andere zeigte und sich weigerte, seinem Bruder oder seiner Schwester die Chance zu einem Neuanfang zu geben. Und schließlich finden wir alle uns gelegentlich in der Rolle des Vaters wieder, der den heimkehrenden Sünder in seiner bedingungslosen Liebe mit offenen Armen empfängt.

Kierkegaard meinte, dass das Evangelium nur dann gehört wird, wenn es aus mehr als nur Worten besteht. Eine belehrende Botschaft stößt meist auf taube Ohren. Anklagen oder Belehrungen führen in der Regel lediglich dazu, dass wir unsere mentalen Rollläden herunterlassen und die Wahrheit abwehren, die uns da um die Ohren gehauen wird. Aber, so Kierkegaard weiter, wenn wir eine Geschichte hören, die von jemand anders handelt, und irgendwann auf den Trichter kommen, dass es in dieser Geschichte ebenso um uns selbst geht, dann können wir die Lektion, die da vermittelt wird, auf uns beziehen, ohne dass wir uns bedroht fühlen. Wir kommen der Wahrheit, die sich in den Worten verbirgt, quasi selbst auf die Spur.

Ein Freund von mir, Burton Visotzky, ist jüdischer Rabbiner. Er bietet Seminare für Geschäftsleute im Finanzviertel von New York an. Einmal in der Woche trifft er sich mit einer Gruppe von Leuten, um mit ihnen zusammen das

Buch Genesis zu studieren. Sie lesen miteinander die unglaublichen Geschichten von Abraham und seinen Nachfahren (in seinen Augen das Musterbeispiel einer unglaublich zerrütteten Familie) und sprechen dann ausführlich darüber. Der Rabbi sagt, dass die Manager keinerlei Mühe hätten, sich in den verkrachten Existenzen der Geschichten aus dem Buch Genesis wiederzufinden. In Abraham entdecken sie einen Mann, der selbst im hohen Alter noch imstande ist, zu träumen und noch einmal ganz von vorne anzufangen, um etwas Großes zu wagen. In den Betrügereien von Jakob finden sie vieles von ihrem eigenen Charakter wieder. Die Eifersüchteleien und sexuellen Intrigen, die in diesen Geschichten dargestellt werden, sind wie ein Spiegelbild dessen, was sie selbst erleben. Mein Freund ist der Überzeugung, dass die Geschichten im Buch Genesis vor allem zu dem Zweck geschrieben wurden, uns die Möglichkeit zu eröffnen, die schmerzvollen Erfahrungen unseres eigenen Lebens zu reflektieren. In ihnen entdecken wir mehr von uns selbst wieder, als es uns im ersten Augenblick lieb ist.

Ich glaube, dass Kierkegaard Recht hatte, ebenso wie mein rabbinischer Freund. Ich bin so felsenfest davon überzeugt, dass wir die Botschaft des Evangeliums in aller Regel „nebenbei" aufschnappen, dass ich dieses Buch einzig und allein dem Ansinnen widme, Geschichten zu erzählen. Die Kapitelüberschriften sind jeweils die Leitmotive, die ich in den verschiedenen Geschichten, die darunter zusammengefasst sind, zu erkennen meine. Die einzelnen Erzählungen bringen zum Ausdruck, was ich über Gott, über die Menschen und über mich selbst denke. Ich hoffe, dass es mir gelingt, diese Geschichten so zu erzählen, dass Sie dahinter nicht nur manche überdauernde Wahrheiten unseres Menschseins entdecken, sondern auch die eine oder andere Erkenntnis für den Alltag mitnehmen können. Vor allem hoffe ich, dass diese Geschichten Ihnen helfen, klarer zu verstehen, was es bedeutet, als Mensch des Glaubens in unserer postmodernen Welt zu leben.

1. Über Gott, den Vater

Es ist natürlich ganz klar, dass Gott viel zu groß ist, als dass irgendeine Geschichte ihn fassen könnte. Es wäre eine schier unendliche Vielfalt an Geschichten nötig, um die Wahrheit über Gott auch nur annähernd erschöpfend zu vermitteln. Manche Menschen werden sogar zu Recht einwenden, dass schon der Bezug auf „Gott, den Vater" im Grunde unzureichend ist, weil er durch unsere beschränkten irdischen Begriffe von männlich und weiblich bzw. Vater und Mutter nicht zu beschreiben ist. Um noch einmal einen Ausspruch von Søren Kierkegaard zu gebrauchen: „Gott ist das ganz andere!" Die Geschichten und Anekdoten in diesem Kapitel sollen uns helfen, etwas von dieser Wahrheit zu erspüren, das sich nicht in Worte fassen lässt.

Versteckspiel

Der Gott, den wir anbeten, ist ein verborgener Gott. Er zwingt sich uns nicht auf, sondern wartet geduldig auf den Moment, in dem wir anfangen, nach ihm zu fragen. Er sehnt sich danach, dass wir ihn von ganzem Herzen, mit ganzer Seele und mit unserem ganzen Verstand suchen.

Die kleine Tochter eines Rabbiners spielte einmal mit Freunden Verstecken. Das Mädchen lief davon und versteckte sich. Doch die anderen Kinder spielten ihr einen bösen Streich. Während sie in ihrem Versteck wartete, machten sie sich einfach davon und ließen sie sitzen.

Als das kleine Mädchen merkte, dass ihre Freunde sie im Stich gelassen hatten, rannte sie nach Hause, warf sich ihrem Vater in die Arme und weinte: „Papa, ich habe mich versteckt und keiner hat nach mir gesucht!" Der Vater umarmte seine Tochter und sagte: „O ja, Gott versteht dich gut. Er versteht dich besser, als du ahnst."

Es muss für Gott in der Tat absolut frustrierend sein, dass

wir uns so selten auf die Suche nach ihm machen. Die Bibel spricht davon, dass wir ihn finden werden, wenn wir ihn wirklich suchen.

Was Gott tut

Das jüdische Volk im Altertum war ganz anders geartet als die Griechen. Wenn Sie die Griechen gefragt hätten, was sie über Gott denken, dann hätten sie angefangen, über die Essenz Gottes nachzusinnen. Sie hätten etwa gesagt: „Gott ist der Urgrund allen Seins!", oder: „Gott ist der souveräne Weltenlenker!" Um Gott zu beschreiben, hätten sie Begriffe wie „allwissend" oder „allgegenwärtig" verwendet.

Die Hebräer dagegen machten noch nicht einmal den Versuch, nach der Essenz Gottes zu fragen. Sie wussten, dass diese Frage weit jenseits ihres Horizonts lag. Statt darüber zu räsonieren, wie Gott *ist*, sprachen die Juden davon, was er *tat*. Wenn Sie einen Juden nach Gott gefragt hätten, dann hätte er angefangen, von ihm zu erzählen: „Unser Gott ist derjenige, der uns aus der Hand der Ägypter befreit und uns in das Gelobte Land geführt hat. Unser Gott ist derjenige, der uns gegen unsere Feinde verteidigt, uns geführt und uns zu seinem auserwählten Volk gemacht hat." Die Juden hätten davon gesprochen, was Gott getan hat und was er tut, und hätten die Auffassung vertreten, dass wir unser Wissen über Gott allein aus seinen *Werken* ableiten können. Sie wussten, dass sie in einer Beziehung zum Herrn standen, die auf einem Bund beruhte, und dass Gott diesen Bund niemals brechen würde. Sie wussten, dass Gott sie allezeit lieben würde, was auch immer geschah, weil sie das aus seinen Werken ablesen konnten.

Danny Dutton

Jesus sagte einmal, dass wir nicht in das Reich der Himmel gelangen können, wenn wir nicht wie die kleinen Kinder werden. Angesichts dessen erscheint es mir sinnvoll, einmal ein wenig genauer hinzuhören, was der kleine Danny Dutton aus dem Städtchen Chula Vista in Kaliforinen zu diesem Thema anzumerken hatte, als er gerade acht Jahre alt war:

„Eine Hauptbeschäftigung Gottes ist es, Menschen zu machen. Er macht sie, damit sie sich um die Erde kümmern. Gott macht aber keine Erwachsenen. Nur kleine Babys. Ich glaube, das ist so, weil die kleiner sind. Dann sind sie nicht so schwer zu machen. Damit spart er viel wertvolle Zeit, weil er ihnen dann nicht beibringen muss, wie man läuft oder wie man redet. Das überlässt er den Papas und Mamas.

Die zweitwichtigste Beschäftigung Gottes ist, sich Gebete anzuhören. Davon gibt es ja immer eine ganze Menge. Manche Leute, wie zum Beispiel Pfarrer oder so, die beten ja nicht nur abends vor dem Schlafengehen. Darum hat Gott auch keine Zeit, Radio zu hören oder fernzusehen.

Jesus ist Gottes Sohn. Er hat die ganze schwere Arbeit gemacht, wie zum Beispiel auf dem Wasser zu laufen, Wunder zu tun oder Leuten etwas über Gott beizubringen, die eigentlich gar nichts von ihm wissen wollten. Irgendwann haben sie dann genug davon gehabt und haben ihn gekreuzigt. Aber er war gut und freundlich, so wie sein Vater, und er sagte zu seinem Vater, dass sie doch nicht wissen, was sie tun, und vergab ihnen. Und das war dann auch für Gott okay. Sein Papa war sehr zufrieden mit all der harten Arbeit, die er auf der Erde getan hatte, und darum meinte er, er bräuchte nun nicht mehr auf Achse zu sein, er könnte im Himmel bleiben. Und das tat er dann auch.

Wir sollten immer in den Kindergottesdienst gehen, weil das Gott freut, und wenn es irgendjemanden gibt, dem ich Freude machen will, dann ist das Gott. Lass den Kindergottesdienst nur ja nicht ausfallen, um andere Sachen zu machen, von denen du meinst, dass sie mehr Spaß machen, wie zum Beispiel zum Strand gehen. So was ist falsch!

Außerdem lässt sich die Sonne sowieso nicht vor Mittag am Strand blicken.

Wenn du nicht an Gott glaubst, dann bist du nicht nur Atheist, sondern auch ziemlich einsam, weil deine Eltern nicht überall dabei sein können – zum Beispiel, wenn du in ein Ferienlager fährst –, aber Gott kann das.

Es ist gut zu wissen, dass er da ist, wenn man Angst im Dunkeln hat oder wenn man noch nicht so gut schwimmen kann und die großen Kinder einen ins ganz tiefe Wasser werfen. Aber du solltest auch nicht immer nur daran denken, was Gott für dich tun kann. Gott hat mich hierher gebracht, und ich denke, er kann mich auch wieder zu sich rufen, wann immer er will.

Also, das war's, was ich über Gott sagen wollte."

H_2O

Es ist ganz offensichtlich, dass die Lehre von der Dreieinigkeit unser Fassungsvermögen übersteigt. Wir Christen stellen ja die ungeheuerliche Behauptung auf, dass Gott aus drei Personen besteht und doch einer ist. Dieser Glaubenssatz ist nicht nur für Muslime und Juden vollkommen unbegreiflich, auch die meisten Christen haben größte Schwierigkeiten, damit klarzukommen. Mir persönlich geht es jedenfalls so. Aber mir ist dabei das Wasser eine gute Verständnishilfe. Wenn Wasser auf eine Temperatur unter null Grad Celsius abgekühlt wird, dann wird es fest und wir nennen es Eis. Obwohl Eis ganz andere Eigenschaften als Wasser besitzt, ist die chemische Formel auch hier H_2O, genau wie beim Wasser. Wenn wir das Wasser dagegen auf 100 Grad Celsius erhitzen, dann verwandelt es sich in Wasserdampf, ein Gas also.

Die Eigenschaften von Wasserdampf sind natürlich ganz anders als die von Wasser oder Eis. Dennoch ist auch für Wasserdampf die chemische Formel H_2O. Ist es nicht sonderbar, dass Wasser, Eis und Wasserdampf zwar ganz unterschiedlich, aber doch von der Substanz her identisch sind?

Vielleicht hilft uns diese Analogie, einen Zugang zum Wesen der Dreieinigkeit zu finden, wonach der eine Gott sich als Vater, Sohn und Heiliger Geist offenbart.

Gott, der Liebende

Ein Freund von mir, der in einem sehr heruntergekommenen Stadtteil Pastor war, musste der Realität, dass seine Gemeinde langsam, aber sicher zu Tode schrumpfte, ins Auge sehen. Die Gemeindeglieder zogen entweder in eine andere Gegend der Stadt oder sie verstarben und es gab praktisch keine Neuzugänge. Er konnte nur über die Runden kommen, indem er sich nebenher noch etwas Geld verdiente. So hatte er zum Beispiel mit einigen Bestattungsunternehmen vor Ort eine Vereinbarung geschlossen, dass er Beerdigungen durchführen würde, die sonst niemand übernehmen wollte.

Mein Freund war ein heiliger Mann, und so wie alle echten Heiligen war er sich dessen überhaupt nicht bewusst. Er erkannte nicht, was für ein zutiefst bedeutsames Leben er führte und wie großartig die Dinge waren, die er tagaus, tagein erlebte. So konnte ich es immer kaum erwarten, ihn nach den Dingen zu fragen, die er zu erzählen hatte, denn die vielen Anekdoten aus seinem Alltag, die er selbst niemals in seinen Predigten erwähnt hätte, waren für mich Rohmaterial für meine eigenen Vorträge, das ich begierig in mich aufnahm.

Einmal fragte ich ihn, ob er nicht wieder eine gute Geschichte für mich hätte, und er antwortete, wie er es immer tat: „Nein!“

Doch ich ließ nicht locker: „Was hast du denn zum Beispiel am vergangenen Dienstag um elf Uhr morgens getan?“ Ich dachte, wenn ich ihn nur dazu bringen könnte, sich an einige konkrete Dinge aus der letzten Woche zu erinnern, würde womöglich etwas zu Tage kommen, das ihm selbst unwichtig vorkam, mir jedoch ungemein wichtig erschien.

„Tja, also Dienstag um elf Uhr …“, meinte er, „da war wirklich etwas Besonderes. Früh am Morgen rief der Bestattungsunternehmer unten an der Straße an und meinte, er bräuchte jemanden, um die Beerdigung für einen Mann abzuhalten, der an AIDS gestorben war. Keiner der anderen Pastoren wollte etwas damit zu tun haben, weil es um einen AIDS-Fall ging und weil es ziemlich wahrscheinlich war, dass alle, die an der Beerdigung teilnehmen würden, homosexuell sein würden.“

„Und?“, fragte ich. „Was haben Sie gemacht?“

„Na, ich habe die Beerdigung gehalten“, erwiderte er, „und es kamen etwa 30 homosexuelle Männer. Die ganze Zeit, währen dich den Bibeltext las und meine Ansprache hielt, schaute mich keiner von ihnen an. Ihre Köpfe waren geneigt. Sie starrten alle auf den Boden. Es hatte den Anschein, als scheuten sie sich, mir in die Augen zu schauen. Alles, was ich von ihren Köpfen sah, waren ihre Haarschöpfe.

Als der Gottesdienst vorüber war, gingen wir hinaus zu den Autos und fuhren im Konvoi zum Friedhof. Sie standen auf der einen Seite des Grabes und ich auf der anderen, während der Sarg in die Grube hinabgelassen wurde, in der der Leichnam des Verstorbenen nun seine letzte Ruhestätte finden sollte. Ich las einige Schriftstellen und sprach noch ein paar Gebete. Die ganze Zeit über standen sie alle völlig regungslos wie eingefroren da und starrten vor sich hin.

Nachdem ich den Abschlusssegen gesprochen hatte, wollte ich gehen, aber keiner von ihnen rührte sich vom Fleck. Ich drehte mich um und fragte sie: ‚Gibt es irgendetwas, das ich noch für Sie tun könnte?‘

Einer von ihnen antwortete: ‚Ja! Für gewöhnlich wird doch bei solchen Anlässen noch der 23. Psalm gelesen. Sie haben den 23. Psalm vergessen, Herr Pastor. Würde es Ihnen etwas ausmachen, den noch zu lesen?‘

So las ich ihnen Psalm 23 vor. Dann meinte ein anderer Mann: ‚Da war doch auch noch etwas, das Jesus gesagt hat – vom Geist Gottes, der weht und landet, wo und auf wem er will. Könnten Sie mir diese Bibelstelle vorlesen?‘

Ich schlug das Johannesevangelium, Kapitel drei auf und las den Männern vom Geist Gottes vor, der weht wie ein Wind, wo er will, ohne dass wir wissen, woher er kommt und wohin er geht.

Dann meinte einer von ihnen: ‚Herr Pastor! Es gibt da eine Bibelstelle, die ich sehr gerne mag. Sie handelt davon, dass uns nichts von der Liebe Gottes trennen kann. Wissen Sie, welche ich meine?‘

‚Sicher kenne ich die‘, erwiderte ich, schlug meine Bibel bei Römer 8 auf und las: ‚Ich bin ganz sicher, dass nichts uns von seiner Liebe trennen kann: weder Tod noch Leben, weder Engel noch Dämonen noch andere gottfeindliche Mächte, weder Gegenwärtiges noch Zukünftiges, weder Himmel noch Hölle. Nichts in der ganzen Welt kann uns jemals trennen von der Liebe Gottes, die uns verbürgt ist in Jesus Christus, unserem Herrn.‘“

Als Jim mir diese Geschichte erzählte, ging mir ein Stich durchs Herz. Von diesen Männern zu hören, die begierig danach waren, zu hören, dass niemand – NIEMAND – sie scheiden kann von der Liebe Gottes, löste einen tiefen Schmerz in mir aus, weil ich sah, dass diese Männer eine tiefe Sehnsucht nach Gott hatten, aber dass sie ihren Fuß nie in eine Kirche setzen würden. Und ich wusste auch, warum ... Weil sie fest davon überzeugt waren, dass die Leute in der Kirche sie zutiefst verachteten. Und wissen Sie auch, warum sie das glaubten? Weil es tatsächlich so ist!

Wenn ich diese Geschichte erzähle, haben meine Zuhörer oft zu Unrecht die Vermutung, dass ich unorthodoxe Auffassungen in Bezug darauf habe, was nach biblischem Verständnis richtig ist. Das ist nicht der Fall. Ich will keineswegs einen Lebensstil rechtfertigen, der nach meinem Verständnis klar dem ersten Kapitel des Römerbriefes zuwiderläuft. Ich bringe lediglich mein Missfallen darüber zum Ausdruck, dass die Kirche es versäumt, Menschen zu lieben, denen Gott niemals seine Liebe entziehen wird!

Kinder Gottes

Der Gott, den wir anbeten, ist ein Gott, der alle Menschen, Völker und Rassen liebt. Dies kommt sehr schön in einer chassidischen Geschichte zum Ausdruck, die von einem großen Fest im Himmel erzählt, das stattfand, nachdem die Israeliten am Roten Meer vor den Ägyptern errettet worden waren und das Heer des Pharao ertrunken war. Die Engel jubelten und tanzten. Dann fragte einer der Engel den Erzengel Michael: „Wo ist eigentlich Gott? Warum feiert er denn nicht mit?" Der Erzengel erwiderte: „Weißt du, Gott hat sich ein wenig zurückgezogen, weil er um seine Kinder trauert. Er weint, weil heute viele Tausende von seinen Kindern ertrunken sind."

Dinge, die wir haben wollen

Es gibt Leute, die meinen, wenn Gott uns wirklich lieben würde, dann müsste er doch eigentlich all unsere Gebete erhören. Aber wir müssen erkennen, dass Gott unsere Gebete oft gerade deshalb nicht erhört, *weil* er uns liebt.

Søren Kierkegaard erzählte einmal die Geschichte eines kleinen Schuljungen, der sich weigert, zu lernen. Seine Lehrerin versucht alles, um ihn dazu zu bringen, sich für den Unterricht zu interessieren und sich anzustrengen. Doch der Junge lässt all ihre Bemühungen ins Leere laufen und kümmert sich nicht weiter um die Appelle seiner Lehrerin. Sie fleht ihn förmlich an, sich von ihr unterrichten zu lassen, aber er weigert sich störrisch. Er will einfach nur spielen.

Schließlich meint die Lehrerin: „Also gut. Sag, was du möchtest. Ich will es dir erlauben."

Der Junge erwidert, er wolle nur ein bisschen hinten im Raum sitzen, malen, vielleicht ein Nickerchen machen und eine Weile einfach nur nichts tun. Die Lehrerin gibt nach, und der Junge darf tun, was er möchte.

Kierkegaard schloss diese kurze Erzählung mit der Feststellung: „Der Junge bekommt seinen Willen, weil die Lehrerin ihn aufgegeben hat." Und dann fuhr er fort: „Gott bewahre uns davor, dass unsere Gebete erhört werden!" Er unterstellte damit, dass wir manchmal nur deshalb bekommen, worum wir bitten, weil Gott uns aufgegeben hat. Auf der anderen Seite enthält uns Gott die Dinge, um die wir bitten, gerade deshalb vor, weil er uns liebt.

Mir persönlich ist dies gerade deshalb so wichtig, weil ich selbst einmal erlebt habe, dass mein Vater mir einen dringenden Wunsch nicht erfüllte. Ich war damals vielleicht acht Jahre alt. Wir gingen zu einer Sonntagmorgenvorstellung ins Kino, wo ein Western über den berühmten Cowboy Hopalong Cassidy gezeigt wurde. Als ich anschließend nach Hause kam, sagte ich zu meinem Vater, ich wolle Cowboy werden, wenn ich einmal groß wäre. Es war mir vollkommen ernst damit! Ich war absolut vernarrt in den Gedanken! Ich war ein leidenschaftlicher Cowboy-Fan!

Wie gut, dass mein Vater diesen Wunsch damals nicht ernst genommen hat! Wie wäre es wohl gewesen, wenn ich ihn mit 17 Jahren gefragt hätte, ob ich studieren darf, und er ausgerufen hätte: „Was? Studieren willst du? Damals, als du acht Jahre alt warst, wolltest du doch Cowboy werden. Es war dir damals so ernst damit, dass ich dafür gesorgt habe, dass deine Träume in Erfüllung gehen können. Ich habe das Geld, das ich für dein Studium gespart hatte, für ein paar dutzend Hektar Land in Texas, ein Pferd und eine Rinderherde ausgegeben. Es steht alles bereit und wartet nur auf dich, weil du mir damals gesagt hast, dass du genau das willst und sonst nichts anderes. Genau das wolltest du und genau das bekommst du nun!"

Ich bin heute sehr froh, dass mein Vater mir diesen Wunsch, den ich mit acht Jahren hatte, nicht erfüllt hat, um mir dann später etwas anderes zu geben, das ich wirklich gebrauchen konnte. Er enthielt mir damals ganz bewusst vor, was ich mir doch eigentlich wünschte, weil er genau wusste, dass dieser Wunsch nicht von Dauer sein würde. Genauso macht Gott es mit uns.

Søren Kierkegaard erzählte auch die Geschichte von einem Jungen, der sich in Mathe versucht. Der Lehrer drückt ihm ein dickes Buch in die Hand, voll mit Aufgaben, die er lösen soll. Hinten im Buch stehen die Lösungen, doch der Lehrer verbietet dem Jungen, die Lösungen nachzuschlagen. Er soll sich die Ergebnisse selbst erarbeiten.

Doch als der Junge seine Aufgaben macht, mogelt er. Er schlägt hinten im Buch nach, und da er die Lösung jeweils schon weiß, fällt es ihm viel leichter, die Aufgaben durchzurechnen. Kierkegaard wies darauf hin, dass der Junge auf diese Weise zwar vielleicht gute Noten bekommen mag, aber nie wirklich lernt, mathematisch zu denken. So schwierig es auch sein mag, aber die einzige Methode, ein Mathematiker zu werden, besteht darin, sich selbst mit Aufgaben auseinander zu setzen, nicht Lösungen abzuschreiben, die jemand anders berechnet hat, so richtig sie auch sein mögen. Manchmal fragen wir uns, warum Jesus uns die Lösungen nicht einfach schon im Voraus verrät, sodass wir wissen, was wir zu tun haben. Kierkegaard meint, dass Gott uns die Antworten deshalb vorenthält, weil er uns dazu bringen will, uns die Lösung selbst zu erschließen. Nur indem wir uns Tag für Tag neu durch die Aufgaben durchbeißen, so wie sie sich uns gerade stellen, brechen wir zu dem Maß an Reife durch, das wir nach dem Willen Gottes am Ende erlangt haben sollen.

Gott, der himmlische Jagdhund

Gott wird manchmal als himmlischer Bluthund bezeichnet – ein Bild dafür, dass es vor ihm kein Entrinnen gibt. Wo wir auch hingehen und wo immer wir uns auch verstecken mögen – wenn wir uns umdrehen, steht Gott wieder vor uns. Das ist ganz ohne Zweifel der Gedanke, den David uns vermitteln will, wenn er in Psalm 139,7–8 schreibt: „Wohin kann ich gehen, um dir zu entrinnen, wohin fliehen, damit du mich nicht siehst? Steige ich hinauf in den Himmel – du bist da. Verstecke ich mich in der Totenwelt – dort bist du auch."

Der in Liebe über mich wacht

Da ich als kleiner Junge in einer Großstadt aufgewachsen bin, war es ein wenig zu gefährlich für mich, allein zur Schule zu gehen. So bezahlte meine Mutter Harriet, ein Mädchen aus der Nachbarschaft, das ein paar Jahre älter war als ich, um mich jeden Tag zur Schule und wieder nach Hause zu begleiten. Zum Lohn dafür bekam sie jeweils fünf Cent.

Als ich älter wurde, wurde mir auf einmal bewusst, welche gewaltigen Summen da nach meinem Verständnis in Harriets Taschen flossen. So ging ich zu meiner Mutter und meinte, dass es doch eigentlich überflüssig wäre, Harriet weiterhin so viel Geld zu bezahlen. Ich wäre doch nun alt genug, um mich selbst heil zur Schule zu bringen, und so könnte sie die fünf Cent stattdessen mir geben. Ich versicherte ihr, dass es ganz bestimmt keine Probleme geben würde. Ich bettelte so lange, bis meine Mutter schließlich einwilligte und meinte: „Okay! Wenn du wirklich vorsichtig bist, dann bekommst du die fünf Cent. Du kannst das Geld in die Sparbüchse tun und zu Weihnachten kannst du davon Geschenke für deine Schwestern kaufen."

Das schien mir eine fabelhafte Idee zu sein. Von da an ging ich also ohne Begleitung zur Schule, nahm das Geld ein und sorgte auf diese Weise dafür, dass das Geld in der Familie blieb.

Jahre später, als meine Mutter bereits nicht mehr unter uns weilte, brachte ich auf einem Familientreffen mit meinen Schwestern das Gespräch darauf, wie selbstständig ich doch schon in jungen Jahren gewesen war. Ich erinnerte sie daran, wie ich ganz allein und ohne Begleitung zur Schule und wieder nach Hause ging und wie ich ihnen auf diese Weise schöne Weihnachtsgeschenke verschaffte.

Meine Schwestern lachten und eine von ihnen meinte: „Dachtest du wirklich, dass du ganz alleine zur Schule gegangen bist? Mama ist dir immer unbemerkt gefolgt. Und nach der Schule hat sie am Ausgang der Schule auf dich gewartet. Sie hat immer aufgepasst, dass du nichts merkst, aber sie war immer da und hat darüber gewacht, dass alles gut geht und niemand dir etwas tut. Ist es dir denn nie komisch vorgekommen, dass du immer einen Moment warten musstest, wenn du an der Tür geklingelt hast? Es dauerte immer ein wenig, weil sie sich erst zur Hintertür ins Haus stehlen und dann nach vorne gehen und dir die Tür öffnen musste. Du dachtest immer, dass du auf dem Schulweg ganz alleine warst, aber in Wirklichkeit hat Mama dich keinen Moment aus den Augen gelassen."

Genauso ist es auch mit Gott!

Der Busfahrer

Dass Gott ein wenig wie ein himmlischer Jagdhund ist, wurde mir spätestens dann klar, als ich die Geschichte von einem Mann in England hörte. Er war Busfahrer in London. Eines Tages erzählte ihm sein Chef, dass Billy Graham, ein Evangelist aus Amerika, in der Stadt sei und dass Massen von Menschen aus der ganzen Umgegend von London mit Bussen zum Wimbley Stadion gekarrt würden. „Mein Chef sagte mir, ich solle ein paar Leute dorthin fahren, die diesen berühmten Amerikaner hören wollten", berichtete der Mann, „und so tat ich, was er mir sagte. Als die Leute aus dem Bus stiegen und ins Stadion gingen, drehte sich einer von ihnen zu mir um und fragte: ‚Warum kommen Sie nicht einfach mit? Kommen Sie doch mit uns und hören Sie sich Billy Graham auch an. Ich könnte mir vorstellen, dass die Dinge, die er zu sagen hat, auch für Sie das Richtige wären.' Aber ich winkte ab.

Ein Jahr später zog ich nach New York. Ich besorgte mir eine befristete Arbeitserlaubnis und fing an, dort als Busfahrer zu arbeiten. Eines Tages hörte ich, dass Billy Graham in diesen Tagen im Madison Square Garden sprach und dass die Leute zum Teil Hunderte von Kilometern weit anreisten, um ihn zu hören. Ich fuhr bis nach Philadelphia, um Leute abzuholen und nach New York zu bringen. Als die Leute ausstiegen, wandte sich einer zu mir um und fragte, ob ich nicht mitkommen wollte. Er meinte, was Billy Graham zu sagen hätte, wäre bestimmt auch gut für mich. Doch ich lehnte ab.

Ich heiratete eine Australierin und zog nach Sydney. Auch dort arbeitete ich wieder als Busfahrer. Und wieder kam der Tag, an dem Billy Graham in der Stadt war und ich Leute zu dem Stadion fahren sollte, in dem der Evangelist seine Veranstaltungen abhielt. Als wir am Stadion geparkt hatten und die Leute ausstiegen, wandte sich wieder ein Mann zu mir um und meinte: ‚Wie wär's, wenn Sie einfach mitkämen? Es würde Ihnen bestimmt gut tun und mir würden Sie damit eine große Freude machen. Sie müssen einfach hören, was dieser Mann zu sagen hat!' Ich dachte mir, dass ich dieses Mal wohl nicht um die Sache herumkommen würde. Wo ich auch hinkam, überall begegnete ich Billy Graham. So ging ich mit ins Stadion und hörte mir seine Predigt an. Es berührte mich sehr und ich traf eine Entscheidung für Jesus."

Wir müssen uns darüber im Klaren sein, dass Gott nicht von uns ablassen wird. Er wird uns bis zum Ende der Welt auf den Fersen bleiben und in seiner Liebe zu uns dafür sorgen, dass wir seine Stimme hören, wenn er uns ruft, ihm unser Leben anzuvertrauen.

Der Gott der Freude

Mach das noch mal!

Mein Freund, Earl Palmer, der Pastor der *University Presbyterian Church* in Seattle, machte mich mit den Büchern von Lord Chesterton bekannt. Lord Chesterton meinte, dass Gott vielleicht das letzte Kind sei, das es im Universum noch gibt. Wir alle haben unsere Fähigkeit zur Freude und zum Staunen infolge unserer Sünde eingebüßt. Das übergeordnete Thema und die folgende Geschichte sind also von Earl inspiriert. Sie basiert auf der Frage, wie Gott die Gänseblümchen erschaffen hat. Ob er dabei wohl einfach gesagt hat: „Wachst, Gänseblümchen!"? Oder war das Ganze vielleicht ein wenig spielerischer und kindlicher?

Ich bin inzwischen Großvater. (Enkelkinder sind übrigens die Belohnung Gottes dafür, dass wir unsere eigenen Kinder nicht einfach irgendwann um die Ecke gebracht haben.) Ich habe einen Riesenspaß, mit meinem kleinen Enkelsohn Roman zu spielen, wenn er zu Besuch kommt. Als er noch ganz klein war, haben wir immer miteinander getobt. Ich warf ihn hoch in die Luft, fing ihn wieder auf, ließ ihn wild auf meinen Knien reiten und setzte ihn schließlich auf den Boden. Dann rief er: „Noch mal, Opapa! Mach das noch mal!" Und ich tat es natürlich. Und jedes Mal rief er wieder: „Mach das noch mal!" Mit jedem Mal wurde er vergnügter und aufgeregter. Nie benahm er sich so, wie ein Teenager es getan hätte: „Nein, danke! Hatten wir schon!" Ich konnte es 50-mal machen, er jauchzte mit immer noch größerer Begeisterung: „Noch mal, Opapa! Mach das noch mal!"

Und so kommen wir zurück zu unserer Frage, wie Gott wohl die Gänseblümchen erschaffen hat. Hat er einfach gesagt: „Wachst, Gänseblümchen!", oder war es vielleicht so, dass Gott, nachdem er das erste Gänseblümchen gemacht hatte, voller kindlicher Freude war und etwas in ihm jauchzte: „Mach das noch mal!" Und so entstand Gänseblümchen Nummer zwei. Und dann das dritte. Und das vierte, das fünfte und das sechste. Und jedes Mal klatschte Gott vergnügt in die Hände und rief: „Mach das noch mal!" Und 50 Billiardentrilliarden Gänseblümchen später klatschte der Gott und Schöpfer des Universums immer noch in die Hände und rief: „Noch mal! Mach das noch mal!"

Eines Tages, nachdem ich diese Geschichte in einem Vortrag erzählt hatte, kam anschließend ein seriöser Herr auf mich zu und sagte: „Ihre Vorstellung, dass Gott ein Gott mit kindlicher Freude ist, finde ich ehrlich gesagt ziemlich abstoßend. Der Gedanke scheint einfach völlig abwegig.“ Ich ersparte es mir, mit ihm darüber zu streiten, aber in mir regte sich Protest: „Genau das ist das Problem bei Ihrer Theologie.“

2. Über Jesus

Die wohl unglaublichste Behauptung, die wir über den Menschen Jesus aufstellen können, ist die, dass er tatsächlich Gott ist. Wir Christen glauben, dass Gott in der Person Jesu einer von uns geworden ist, damit wir durch ihn einen Eindruck davon bekommen, wie Gott ist.

Ameisen

Stellen Sie sich einmal einen Menschen vor, der ein begeisterter Ameisenliebhaber war. Hinter seinem Haus hatte er einen Ameisenbau und so ging er jeden Tag zu seinen Ameisen und rief ihnen aus voller Kehle zu: „Ihr Ameisen, ich liebe euch, ich liebe euch, ich liebe euch!“ Bei den Ameisen kam die Botschaft natürlich nicht an, denn Menschen können mit Ameisen nicht kommunizieren, indem sie auf sie einbrüllen. So fand er andere Wege, um den Ameisen seine Zuneigung zum Ausdruck zu bringen. Jeden Tag brachte er ihnen Zucker, Brotkrümel und andere Leckereien. Während die Ameisen seine Gaben verzehrten, rief er ihnen zu: „Das ist von mir. Es ist ein Geschenk von mir! Ich liebe euch!“ Die Ameisen verstanden dies jedoch nicht. Nehmen wir nun einmal an, dieser Mensch hätte magische Kräfte gehabt und wäre imstande gewesen, sich in jede gewünschte Gestalt zu verwandeln. Es ist natürlich keine Frage, welche Gestalt er sich erwählte. Um sich mit Ameisen verständigen zu können, musste er selbst eine Ameise werden.

Und genau das tat er! Er wurde selbst eine Ameise unter Ameisen und erzählte ihnen von der Güte des großen Mannes, der immer hoch über ihnen stand und sie mit seinen Gaben verwöhnte. Er erzählte ihnen, wie sehr der Mann sie liebte.

Die anderen Ameisen wunderten sich und fragten ihn: „Wie kommt es, dass du so viel über diesen Mann weißt?“

Und unsere außergewöhnliche Ameise meinte: „Ich selbst bin dieser Mann. Ich bin einer von euch geworden, weil ich nur so die Möglichkeit hatte, euch zu vermitteln, wer ich bin und wie wichtig ihr mir seid."

Der Prinz

In Johannes 1,14 wird uns berichtet, dass Gott Mensch wurde und dass wir in ihm einen Eindruck davon bekommen haben, was die Herrlichkeit Gottes wirklich ausmacht. Søren Kierkegaard greift dieses Thema auf, wenn er die Geschichte vom Prinzen erzählt, der sich in eine Jungfrau aus seinem Volk verliebt. Der Prinz denkt sich nun, wenn er mit allen Insignien seiner Majestät zu ihr käme, bliebe der Jungfrau vor Ehrfurcht kaum eine andere Wahl, als ihn zu heiraten. Er aber möchte nicht bewundert werden, er sehnt sich nach ihrer Liebe. So beschließt er also, seine königlichen Gewänder abzulegen und sich als einfacher Bauer zu verkleiden. Dann begibt er sich auf den Marktplatz, wo sie arbeitet, macht ihre Bekanntschaft und beginnt, um sie zu werben. Er kommt zu ihr als einer der ihren, gewinnt ihre Zuneigung und erst dann offenbart er ihr seine wahre Identität.

Ohne Zweifel hat auch der Gott, der uns liebt, unsere Natur angenommen und ist einer von uns geworden, um sich uns mitzuteilen. Wer könnte der Herrlichkeit des allmächtigen Gottes widerstehen? Gott musste sich dieser Herrlichkeit entledigen (Philipper 2) und eine menschliche Gestalt annehmen. Gerade in diesem einen besonderen Menschen offenbart uns Gott seine ganze Fülle. Und deshalb kennen wir ihn.

Das Rennen

Eine andere gute Illustration für Gottes Menschwerdung sah ich bei den Olympischen Spielen im Jahr 1996. Ein amerikanischer Läufer namens Derek Redmond hatte sich für den 400-Meter-Lauf qualifiziert. Viele Jahre lang hatte er mit seinem Vater, der gleichzeitig sein Trainer war, für dieses Rennen trainiert.

Während des Rennens hatte Redmond ein gutes Stück Vorsprung vor den anderen Läufern, als plötzlich seine Achillessehne riss. Er fiel sofort zurück, aber er gab dennoch nicht auf. Hinkend schleppte er sich voran. Das Publikum feuerte den verletzten Läufer begeistert an, aber die Verletzung war so schwer und der Schmerz so unerträglich, dass ihm große Zweifel kamen, ob er es schaffen konnte. Plötzlich sprang ein Mann mittleren Alters über die Absperrung auf die Bahn, rannte zu ihm hin, stützte ihn und half ihm, die restliche Strecke bis zur Zielgeraden zurückzulegen. Es war sein Vater!

Nach dem Rennen meinte Redmond zur Presse: „Er war der Einzige, der mir in diesem Augenblick helfen konnte, weil nur er wusste, was ich alles durchgemacht hatte."

Ebenso kommt unser himmlischer Vater an unsere Seite, um uns den Rest des Weges zu stützen. Er ist der Einzige, der das kann, weil nur er wirklich weiß, was wir durchgemacht haben und was noch vor uns liegt.

Die Hausfrau

Ein Freund von mir, der bekannte Radiosprecher Steve Brown, erzählte einmal von einer Hausfrau, die eines Tages, als die Kinder in der Schule waren, das Geschirr spülte. Plötzlich wurde sie nachdenklich und starrte einen Teller an, den sie gerade in der Hand hielt. Sie fragte sich: „Wie oft mag ich diesen Teller wohl schon abgewaschen haben? Wie oft habe ich ihn abgetrocknet? Und wie oft werde ich ihn wohl noch abwaschen und abtrocknen?" Da stellte sie den Teller beiseite, hängte ihre Schürze an den Haken, packte ein paar Habseligkeiten und ging.

Am Abend rief sie ihren Mann an, um ihm zu sagen, dass es ihr gut ging, aber dass sie nicht mehr nach Hause kommen würde. In den folgenden Wochen meldete sie sich von Zeit zu Zeit, um sich zu erkundigen, wie es ihrem Mann und den

Kindern ging, ohne ihnen jedoch zu verraten, wo sie war. Alles Flehen, sie möge doch nach Hause zurückkommen, blieb wirkungslos.

Schließlich heuerte der Mann einen Detektiv an, um seine Frau ausfindig zu machen. Nachdem er ein paar Hinweisen nachgegangen war, gelang es ihm schließlich, ihr auf die Spur zu kommen. Sie war in einem anderen Bundesstaat und wohnte in einem kleinen Apartment über einem Restaurant, in dem sie als Kellnerin arbeitete. Der Mann machte sich sofort auf den Weg, um sie zurückzuholen. Er klopfte an ihre Wohnungstür. Als sie öffnete und ihn sah, sagte sie kein Wort. Sie ging ins Schlafzimmer, packte ihre Sachen zusammen und folgte ihm wortlos zum Auto. Schweigend fuhren sie zurück nach Hause.

Einige Stunden später, als die beiden allein im Schlafzimmer waren, brach der Mann endlich sein Schweigen und fragte sie: „Warum bist du denn nicht schon vorher nach Hause gekommen? Ich habe dich doch am Telefon angefleht, wieder zu uns zurückzukommen. Warum bist du nicht darauf eingegangen?“

Daraufhin meinte die Frau: „Ich habe deine Worte gehört, aber erst als du zu mir kamst, wurde mir wirklich deutlich, wie wichtig ich dir bin und was ich dir bedeute.“

Genauso kann man auch sagen, dass die Propheten im Alten Testament uns wohl die Liebe Gottes zu vermitteln versuchten, doch wirklich angekommen ist diese Botschaft erst dann, als Gott persönlich zu uns kam. Er selbst trat in die Menschheitsgeschichte hinein, wurde ein Mensch unter Menschen und als einer von uns zeigte er uns seine Liebe leibhaftig.

Ein wahrer Freund

In Jesus gibt Gott uns zu verstehen, dass wir seine Freunde sind. Einen Hinweis darauf, wie diese Freundschaft aussehen könnte, finden wir in einer verbreiteten Anekdote über eine Gruppe von Soldaten im Ersten Weltkrieg.

Eines Nachts, als sich die Kämpfe zum Schützengrabenkrieg entwickelt hatten, befahl ein Leutnant seinen Männern, sich über ein Feld hinweg an den Feind heranzupirschen. Wie befohlen, krochen die Soldaten aus ihrem sicheren Graben heraus und fingen an, auf den Feind zuzurobben. Plötzlich brach Abwehrfeuer los! Gewehrkugeln schossen aus allen Richtungen durch die Luft. Die verschreckten Männer huschten, so schnell sie nur konnten, in ihre Schützengräben zurück und gingen in Deckung.

Als das Feuer verebbte, kehrte eine sonderbare Stille ein, die nur vom Seufzen und Stöhnen eines Verwundeten unterbrochen wurde, der auf dem Feld zurückgeblieben war. Der Mann rief nach seinem Freund George, er solle doch kommen und ihn holen. George flehte seinen Leutnant an, ihm die Erlaubnis dazu zu geben. Aber der junge Leutnant lehnte ab. Er versuchte, ihm zu erklären, dass er nicht noch einen Mann verlieren wolle, noch dazu bei einem Rettungsversuch, der offensichtlich nicht gut gehen konnte. „Ich habe einen Mann verloren und ich möchte nicht noch einen Mann verlieren!“, schrie er. Doch der junge Rekrut blieb hartnäckig, bis der Leutnant schließlich grimmig einwilligte: „Na gut! Wenn Sie unbedingt ins Gras beißen wollen, dann bitte schön! Ich habe keine Lust, mir Ihr Gejammer anzuhören. Wenn Sie sich umbringen wollen, dann tun Sie es halt!“

Der junge Soldat kroch also wieder aus dem Schützengraben heraus und pirschte sich vorsichtig Zentimeter für Zentimeter an seinen Freund heran, griff ihn und schleifte ihn mit sich zurück in die Sicherheit des Grabens. Dort angekommen, schob er ihn zuerst hinein und ließ sich anschließend selbst hinabfallen. Es war jedoch schon zu spät. Sein Freund war tot.

Der Leutnant schrie: „George, ich habe Ihnen doch gesagt, dass es keinen Sinn hat. Warum haben Sie so unnötig Ihr Leben aufs Spiel gesetzt? Die ganze Einheit haben Sie in Gefahr gebracht – und was haben Sie nun davon? Das war idiotisch von Ihnen!“

George erwiderte: „Das sehe ich anders, Herr Leutnant.

Als ich bei ihm ankam, da war er noch am Leben und seine letzten Worte waren: ‚George! Ich wusste, dass du kommen würdest!'"

So handelt ein Freund. Und genau das hat Jesus für uns getan. Er kam in unserer Verzweiflung und Hoffnungslosigkeit zu uns. Er ließ die Sicherheit des Himmels hinter sich und kam zu uns, um uns zu sich in Sicherheit zu holen.

Was er für uns tat

Wenn wir uns die Frage stellen, was Jesus am Kreuz für uns getan hat, dann gibt es eine ganze Reihe von Aspekten, die wir betrachten können. Als er dort am Balken hing und die Strafe für unsere Sünde auf sich nahm, da brachte er uns Erlösung. Darum brauchen wir am Tag des Gerichts keine Angst mehr vor der Verurteilung zu haben, denn in Römer 8,1 steht: „Vor dem Gericht Gottes gibt es also keine Verurteilung mehr für die, die mit Jesus Christus verbunden sind." Doch das ist noch nicht alles, was Jesus für uns getan hat. Er hat nicht nur die Schuld für unsere Sünden auf sich genommen, er vergisst sogar, dass wir überhaupt gesündigt haben. Um ganz ehrlich zu sein, ich würde nicht gerne im Himmel auftauchen, wenn Gott noch an meine Sünden denken würde. Ich erwarte eigentlich, dass Gott, wenn ich dort ankomme, sagen wird: „Campolo! Wir haben schon auf dich gewartet!" Gott sei Dank werden unsere Sünden ausgetilgt und am tiefsten Punkt des Meeres versenkt, wenn wir sie zu Jesus bringen. Es gibt keine Erinnerung mehr daran (siehe Apostelgeschichte 3,19 und Psalm 51,9).

Der genaue Zeitpunkt

Ein junger Mann drängte sich durch die Menge der Leute, die am Flugsteig warteten. Er betätigte sich als treuer Evangelist, indem er ein kleines Büchlein mit dem Titel *Die vier geistlichen Gesetze* verteilte.

Im Wartebereich saß auch ein älterer farbiger Mann, ein würdiger Herr mit grauem Haar und einem modisch geschnittenen Anzug. Er war auf seinem Sessel eingenickt und schlief ganz fest, doch der junge Evangelist ließ sich davon in seinem missionarischen Eifer nicht beirren und tippte dem älteren Herrn beherzt aufs Knie. Der schreckte hoch und fragte völlig verwirrt: „Was? Wo bin ich? Was ist los?"

„Mein Herr! Sind Sie gerettet?", fragte der energische junge Mann ganz direkt und unverblümt.

„Ja", meinte der ältere Herr. „Ja, doch. Ich denke schon! Ich denke, ich bin gerettet!"

„Das reicht aber nicht!", erwiderte der junge Mann. „Können Sie mir den genauen Zeitpunkt nennen, wann Sie gerettet wurden?"

„Genau nicht", meinte der ältere Herr. „Es ist so etwa 2000 Jahre her!"

Das nenne ich gute Theologie. Unsere Erlösung beruht auf dem, was Gott vor 2000 Jahren getan hat. Damals wurde der Preis für unsere Erlösung bezahlt und die Strafe für unsere Sünde wurde aufgehoben. Wir mögen es vielleicht gerade erst erkannt haben, aber Jesus hat damals vor 2000 Jahren am Kreuz alles getan, was dafür notwendig war.

Ein leeres Band

Als ich noch ein kleiner Junge war, kam einmal ein Evangelist in unsere Gemeinde und meinte, am Tag des Gerichts würde auf einer großen Leinwand ein Film abgespielt (heute würden wir sicher von einem Video sprechen), der kurze Sequenzen von allen schmutzigen Taten unseres Lebens enthielte. Dann schaute er mich an und sagte: „Und deine Mutter wird auch da sein!" Mich schauderte bei dem Gedanken!

Während der Anhörungen zum Watergate-Skandal legte die Staatsanwaltschaft ein Tonband vor, auf dem zu hören sein sollte, wie Richard Nixon zwei Mitglieder seines Führungsstabes beauftragte, die Watergate-Affäre zu vertuschen. Im Laufe der Anhörungen wurde Rosemary

Woods, Richard Nixons Privatsekretärin, in den Zeugenstand gerufen und das Tonband wurde in aller Öffentlichkeit vorgespielt. Große Teile des Fernsehpublikums schauten live zu; es war ein dramatischer Augenblick.

Das Band lief bis zu der Stelle, wo das Verbrechen angeblich dokumentiert sein sollte, doch dann verstummte der Ton. Die Zuschauer im ganzen Land hörten gebannt zu, 18 ½ Minuten lang lief das Band weiter, ohne dass auch nur ein einziger Ton zu hören war. Rosemary Woods hatte die Aufnahme gelöscht!

Ich erzähle diese Geschichte hier deshalb, weil sie eine gute Illustration dafür ist, dass es sehr wahrscheinlich kein Videoband gibt, auf dem alle meine Sünden zu sehen sind. Und auch von Ihren Sünden gibt es vermutlich keine Videoaufnahme. Doch für den Fall, dass doch, hören Sie die tröstliche Botschaft des Evangeliums: JESUS HAT DIE AUFNAHME GELÖSCHT!

Vergessen

Es wird berichtet, ein katholischer Bischof sei einmal erbost darüber gewesen, dass eine Frau in seiner Diözese behauptete, sie sei täglich mit Jesus im Gespräch. Um sie herum hatte sich eine kleine Kultgemeinde gebildet. Jeden Tag versammelten sich Menschen um ihr Haus. Sie gingen auf die Knie, beteten, sangen Lieder und beteten den Rosenkranz.

Der Bischof befürchtete, dass die Dinge womöglich seiner Kontrolle entgleiten könnten, und so stattete er der Frau einen Besuch ab. Er erläuterte ihr, dass er sich – auch wenn er wisse, dass sie tatsächlich *glaube*, sie führe Gespräche mit Jesus – doch ziemlich sicher sei, dass alles nur ein Produkt ihrer Fantasie sei. Um sein Argument zu untermauern, sagte er: „Wenn Jesus wirklich hier bei Ihnen in diesem Raum ist und Sie mit ihm reden können, dann bitten Sie ihn doch einmal, Ihnen die drei Sünden zu nennen, die ich heute Morgen in der Beichte bekannt habe. Wenn Sie mir nach diesem inneren Dialog, den Sie als Gespräch mit Jesus bezeichnen, sagen können, welches diese drei Dinge waren, dann könnte ich Ihnen vielleicht Glauben schenken."

Die Frau saß eine ganze Weile lang schweigend da. Dann lächelte sie, schaute den Bischof an und meinte: „Ich habe ihn gefragt. Die Antwort Jesu war: ‚Ich habe sie vergessen.'"

Wir haben einen Gott, der nicht nur vergibt, sondern auch vergisst. Er nimmt uns unsere Sünden ab und vergisst, dass wir sie jemals begangen haben.

Die Handgranate

Ein junger Rekrut begann seine Grundausbildung bei der Marine in der Kaserne von Paris Island. Er war einer jener Typen, die einfach anders sind als die anderen, und so war er ein beliebtes Opfer derer, die sich gerne einen Spaß daraus machen, Leute zu verspotten, die nicht ganz der Norm entsprechen.

In der Baracke, in der dieser junge Mann untergebracht war, ging es besonders rau zu. Die anderen Rekruten taten, was sie konnten, um ihren neuen Kameraden zu demütigen. Eines Tages hatte jemand die grandiose Idee, dass sie ihn zu Tode erschrecken könnten, indem sie eine entschärfte Handgranate auf den Boden werfen und dann so tun würden, als ob sie jeden Moment hochgehen würde. Alle anderen wurden eingeweiht, und jeder freute sich darauf, mal wieder herzhaft über den Neuen lachen zu können.

Die Handgranate wurde also auf den Boden geworfen und jemand schrie: „Die ist scharf! Die ist scharf! Alle Mann volle Deckung!"

Sie nahmen an, dass ihr Kamerad die Nerven verlieren und womöglich in heller Panik aus dem Fenster springen würde. Doch stattdessen warf er sich auf die Granate, umschlang sie und rief den anderen zu: „Los! Rennt um euer Leben! Sonst seid ihr alle tot!"

Die anderen Soldaten erstarrten vor Scham. Ihnen wurde bewusst, dass er, über den sie sich laufend lustig gemacht hatten, bereit war, sein Leben für sie zu opfern. Genauso war es auch mit Jesus.

Zeitlos

Nach Albert Einsteins Relativitätstheorie verhält sich Zeit relativ zur Bewegung. Je schneller wir uns fortbewegen, desto mehr wird die Zeit komprimiert. Rein hypothetisch ist es so, dass Sie, wenn Sie in einer Rakete mit einer Geschwindigkeit von 272.000 Kilometern pro Sekunde durch den Weltraum fliegen und in zehn Jahren zurückkehren würden, nur halb so schnell gealtert wären wie wir, die wir hier geblieben sind. 20 Jahre auf der Erde wären für Sie nur zehn Jahre. Wenn Sie mit einer Geschwindigkeit von 288.000 Kilometern pro Sekunde durch das All fliegen könnten, dann würden unsere 20 Jahre für Sie sogar zu einem Tag zusammenschrumpfen. Und wenn Sie 300.000 Kilometer pro Sekunde schnell wären, also mit Lichtgeschwindigkeit fliegen würden, dann würde die ganze Zeit in einen einzigen Moment komprimiert. Anders gesagt, alles würde sich gleichzeitig ereignen. Bei Lichtgeschwindigkeit würde die Zeit, wie wir sie heute kennen, aufhören zu existieren.

Ich bin davon überzeugt, dass Jesus, als er damals am Kreuz hing, zugleich Gott und Mensch war, so undenkbar das auch klingen mag. Als Mensch starb er und sein Tod ist ein Ereignis in der Vergangenheit. Weil er jedoch am Kreuz zugleich Gott war, war er und ist er bei jedem Menschen in der ganzen Menschheitsgeschichte gegenwärtig. Damit möchte ich sagen, dass Jesus in diesem Augenblick, da Sie dies lesen, am Kreuz von Golgatha mit Ihnen ist. In diesem Moment blickt er vom Kreuz von Golgatha auf Sie herab. In seinem göttlichen Wesen erlebt er die Zeit in einer anderen Dimension. Darum konnte er sagen: „Ehe Abraham wurde, BIN ICH" (Johannes 8,58; Luther). Das war nicht einfach nur ein grammatikalischer Fehlgriff. Er meinte damit, dass die Zeit, bevor Abraham existierte, für ihn gegenwärtig ist. Und er meinte damit, dass jeder Einzelne von uns in jedem

Augenblick seines Lebens zugleich in Gottes ewiger Gegenwart steht.

Als Jesus vor 2000 Jahren am Kreuz hing, da war er zugleich ein Zeitgenosse von uns; der Moment des Kreuzes und der gegenwärtige Moment, da Sie diese Zeilen lesen, ereignen sich parallel. Wenn Sie sich darauf einlassen, dann wird Jesus vom Kreuz herab mit Ihnen in Kontakt treten. Wie ein Schwamm wird er die dunklen Seiten Ihres Menschseins in sich aufsaugen. Er wird alles Unreine, Schmutzige und Hässliche wie in einer osmotischen Reaktion absorbieren. Es geht ganz und gar in seiner Person auf! In seinem Wesen! Aus diesem Grund heißt es in der Bibel: „Denn er hat den, der von keiner Sünde wusste, für uns zur Sünde gemacht“ (2. Korinther 5,21; Luther).

Jesus liebt mich

Eine der letzten Vorlesungen seines Lebens hielt der große Schweizer Theologe Karl Barth an der theologischen Fakultät der Universität von Chicago. Zum Ende seines Vortrags ergriff der Dekan der Fakultät das Wort und ließ die Zuhörer wissen, dass Professor Barth sich nicht wohl fühle und erschöpft sei. Obwohl Professor Barth bereit sei, Fragen aus dem Publikum zu beantworten, wäre ihm eine solche Strapaze sicherlich nicht zuzumuten. „Deshalb“, so der Dekan weiter, „möchte ich Ihnen gerne eine einzige Frage im Namen von uns allen stellen.“ Er wandte sich Karl Barth zu und fragte: „Welche von allen theologischen Erkenntnissen, die Sie im Laufe Ihres Lebens gewonnen haben, war die wichtigste?“

Dies war eine erstaunliche Frage an einen Mann, der im Laufe seines Lebens Zehntausende von Seiten verfasst hatte und dessen theologische Gedanken an Komplexität kaum zu überbieten waren. Die Studenten saßen mit gezücktem Notizblock auf ihren Stühlen und spitzten die Ohren, bereit, das Substrat der Einsichten des größten Theologen seiner Zeit möglichst wortgetreu festzuhalten.

Karl Barth schloss die Augen und dachte einen Moment lang nach. Dann lächelte er, schlug die Augen auf und sagte den jungen Seminaristen: „Die größte theologische Einsicht meines Lebens ist diese: ‚Jesus liebt mich, ganz gewiss, denn die Bibel sagt mir dies!'"*

Jesus will uns in anderen Menschen begegnen

Hauptthema meiner Theologie ist die Überzeugung, dass derselbe Jesus, der am Kreuz starb, auferstanden ist und wiederkommen wird, in dieser Welt in einem geistlichen Sinne persönlich gegenwärtig ist. Diese Erkenntnis habe ich von einem meiner großen Vorbilder für ein authentisches Leben als Christ, Franz von Assisi.

Der Leprakranke

Franz von Assisi hatte einmal eine sonderbare Begegnung mit Jesus. Er war auf dem Weg in eine Schlacht für seine Stadt. Er trug eine Rüstung und ritt mit seinem Pferd auf der Straße nach Perugia. Plötzlich stand vor ihm ein in Lumpen gekleideter Leprakranker. Ein Teil seines Gesichts war durch die Krankheit schon ganz verstümmelt. Franz bat den Mann, aus dem Weg zu gehen, doch dieser stand einfach nur stumm da.

Einem inneren Impuls folgend stieg Franz vom Pferd, ging zu dem Mann und gab ihm ein wenig Geld, doch der Kranke blieb einfach unbeweglich stehen.

Dann nahm Franz den Umhang von seinen Schultern und legte ihn dem Mann um, doch der regte sich noch immer nicht.

Schließlich nahm Franz den Kopf des Mannes zwischen seine Hände und küsste ihn auf seine deformierten Lippen.

---

* bekanntes Kinderlied. Den vollständigen Text finden Sie unter http://www.cyberhymnal.org/non/de/jelmganz.htm.

Als er wieder aufs Pferd gestiegen war und sich von dem Mann verabschieden wollte, da war niemand mehr vor ihm auf der Straße zu sehen. Der Kranke war spurlos verschwunden. In diesem Augenblick wusste Franz, dass ihm in diesem Leprakranken Jesus selbst begegnet war.

Die Geringsten meiner Brüder

Jeder geistlich sensible Mensch hatte schon einmal solche Begegnungen wie die von Franz. Sie sind vielleicht nicht so dramatisch, aber wenn Sie mit offenen Augen durchs Leben gehen, dann werden Sie Jesus sehen – vor allem in den Armen und Unterdrückten. Ich habe sicherlich schon viele hundert Male die Begebenheit erzählt, die ich auf einem kleinen Flugplatz im Norden Haitis direkt an der Grenze zur Dominikanischen Republik erlebt habe. Ich wartete auf ein kleines Flugzeug, das mich abholen und in die Hauptstadt zurückfliegen sollte. Während ich dort stand und den Horizont nach meinem Flugzeug absuchte, kam eine Frau auf mich zu, die ihr Kind im Arm hielt. Das Kleine war völlig abgemagert. Arme und Beine hingen leblos herab. Sein Bauch war dick aufgebläht, sodass er das Vier- bis Fünffache seines normalen Umfangs hatte, nicht etwa, weil das Kind zu viel gegessen hatte, sondern weil es völlig ausgehungert war. Die Verdauungssäfte hatten offensichtlich die Schleimhäute seines Verdauungstraktes angegriffen und für diese Schwellung gesorgt.

Die Frau hielt mir ihr Baby mit seinem rostbraunen Haar und seinem eingefallenen Gesicht entgegen und begann mich anzuflehen: „Bitte nehmen Sie mein Kind! Nehmen Sie mein Kind! Bitte, mein Herr, nehmen Sie mein Baby! Wenn Sie es nicht nehmen, dann stirbt es. Nehmen Sie mein Kind! Bitte nehmen Sie mein Kind!"

Ich versuchte, ihr zu sagen, dass ich leider keine Möglichkeit sah, ihr zu helfen. Ich versuchte, ihr zu erklären, dass ich ihr Kind unmöglich mitnehmen konnte. Ich versuchte, mich abzuwenden und die Frau zu ignorieren, doch wohin ich mich auch drehte, sie redete weiter hartnäckig auf mich ein und flehte mich an, ich solle ihr Kind mitnehmen. „Bitte nehmen Sie mein Kind zu sich!“, sagte sie. „Geben Sie ihm zu essen. Bringen Sie es in ein Krankenhaus. Retten Sie es. Bitte! Bitte! Bitte!“

Wie erleichtert war ich, als ich endlich meine kleine *Piper-Cub*-Maschine erblickte. Kaum hatte sie am Ende der Graspiste aufgesetzt, rannte ich darauf zu. Doch die Frau lief hinter mir her und schrie: „Nehmen Sie es mit! Bitte nehmen Sie mein Kind mit! Nehmen Sie mein Kind mit!“

So schnell ich konnte, kletterte ich in das Flugzeug und schloss die Tür. Ich wies den Piloten an, er solle uns schleunigst von dort wegbringen. Er fuhr den Motor hoch, aber es ging nicht schnell genug. Wenige Augenblicke später stand die Frau neben dem Flugzeug, ihr sterbendes Kind im Arm, und trommelte gegen die Tür. Das Flugzeug gewann allmählich an Geschwindigkeit und rollte die Piste entlang, bis es schließlich abhob.

Etwa auf halbem Weg zurück in die Hauptstadt dämmerte mir die Erkenntnis, wen ich da auf dem Flugplatz zurückgelassen hatte. Es war Jesus! Ich kannte noch nicht einmal den Namen des Kindes, aber ich hatte auf einmal die Worte Jesu im Ohr, wie sie in Matthäus 25,42–43 überliefert werden: „Denn ich war hungrig, aber ihr habt mir nichts zu essen gegeben; ich war durstig, aber ihr habt mir nichts zu trinken gegeben; ich war fremd, aber ihr habt mich nicht aufgenommen; ich war nackt, aber ihr habt mir nichts anzuziehen gegeben; ich war krank und im Gefängnis, aber ihr habt euch nicht um mich gekümmert.“

Und ich hörte mich antworten: „Herr, wann sahen wir dich jemals hungrig oder durstig, wann kamst du als Fremder, wann warst du nackt oder krank oder im Gefängnis – und wir hätten uns nicht um dich gekümmert?“

Und Jesus antwortete: „Was ihr an einem von meinen geringsten Brüdern oder an einer von meinen geringsten Schwestern zu tun versäumt habt, das habt ihr an mir versäumt“ (Matthäus 25,45).

Ich glaube, dass Jesus sich mir in einem geheimnisvollen Sinne in diesem Kind gezeigt hat und dass ich, indem ich dieses Kind zurückwies, Jesus selbst abgewiesen habe. Wie gut, dass ich aus Gnade gerettet bin und nicht aus meinen eigenen Werken heraus! Nur durch die Gnade Gottes kann ich von den Folgen meines Versagens errettet werden.

Das Sakrament der Armen

Der heilige Franz lehrte uns, dass wir die Armen als ein Sakrament ansehen müssen. Er meinte, dass wir jedes Mal, wenn wir einem Armen in die Augen schauen, jenes sonderbar befremdliche Gefühl haben werden, dass Jesus uns durch diese Augen hindurch anschaut.

Wann immer ich davon spreche, dass die Armen den Charakter eines Sakraments haben, bekommen die Katholiken unter meinen Zuhörern leuchtende Augen, weil Katholiken für alles Sakramentale sehr viel übrig haben. Sie glauben, dass Brot und Wein bei der heiligen Kommunion buchstäblich zu Leib und Blut Jesu Christi werden. Am anderen Ende des theologischen Spektrums stehen Leute wie ich. Ich bin Baptist und glaube, dass bei der Kommunion Brot und Wein ihrer Substanz nach bleiben, was sie sind, und dass sie lediglich als Symbole für den Leib und das Blut Jesu dienen.

Zwischen diesen beiden Extremen befinden sich die Anglikaner und die Lutheraner. Sie glauben, dass bei der heiligen Kommunion Brot und Wein bleiben, was sie sind, aber dass sich in ihnen die leibhaftige Gegenwart Christi manifestiert. Obwohl es sich um ganz normales Brot und ganz normalen Wein handelt, wird Christus darin erfahrbar.

Ich möchte in dieser theologischen Debatte keine Partei ergreifen, aber ich glaube, dass das, was die Anglikaner und Lutheraner über Brot und Wein im Abendmahl lehren, ziemlich genau dem entspricht, was Franz von Assisi über die Armen und Unterdrückten lehrte. Auch wenn sie weder Christen noch irgendwie heilige Menschen sein mögen, kommt doch *durch* sie Jesus zu uns. Wenn wir ihnen mit Liebe und Fürsorge begegnen, dann dienen wir damit Jesus persönlich. Er wartet darauf, dass wir ihn in Gestalt dieser Menschen lieben.

Ich bin Jesus

Während des Zweiten Weltkriegs kamen die Nazis in ein polnisches Dorf, trieben die Juden zusammen, stellten sie in einer Reihe auf und erschossen sie. Sie fielen in ein riesiges Massengrab, das sie sich zuvor selbst hatten ausheben müssen. Als man das Grab zuschüttete, merkte niemand, dass einer der Jungen im Grab unverletzt geblieben war. Er wühlte sich langsam wieder an die Oberfläche. Als er oben angekommen war, war es bereits dunkel geworden. Er rannte zurück ins Dorf in der Hoffnung, dass ihn irgendjemand aufnehmen würde, doch jeder, der ihn sah, schlug ihm die Tür vor der Nase zu. Sie erkannten den Jungen und wussten, dass er einer der Juden war, die vom Exekutionskommando aus dem Dorf getrieben worden waren. Keiner wollte etwas mit ihm zu tun haben aus Angst, von den Nazis dafür bestraft zu werden, ein jüdisches Kind aufgenommen zu haben. Wieder klopfte er an eine Tür, und bevor die Frau im Haus dazu kam, sie ihm vor der Nase zuzuschlagen, rief er diesmal: „Erkennst du mich denn nicht? Ich bin Jesus! Erkennst du mich denn nicht?“ Blitzschnell öffnete die Frau und zog den Jungen zu sich herein. Von diesem Tage an sorgte sie für ihn, als wäre er ihr eigenes Kind.

In späteren Jahren, als der Junge erwachsen war, erinnerte er sich an jenen verhängnisvollen Abend, doch er konnte sich nicht erklären, wie er dazu gekommen war, ausgerechnet diesen Satz zu sagen. Ich persönlich glaube zu wissen, wie er darauf kam. Ich bin fest davon überzeugt, dass der Heilige Geist uns in Momenten wie diesem Worte eingibt (siehe 2. Mose 4,15).

In seinem Buch *Franny und Zooey* thematisiert J. D. Salinger ebenfalls die Botschaft, dass Jesus den Bedürftigen nahe ist. Falls Sie das Buch gelesen haben, werden Sie sich erinnern, dass Franny nach ihrem Studium an der Universität psychisch und emotional vollkommen durcheinander nach Hause zurückkehrt. Sie war einer religiösen Sekte auf den Leim gegangen, die sie in tiefe Depressionen gestürzt hatte. Ihr Bruder Zooey tut sein Möglichstes, um sie wieder aufzubauen. Am Ende gelingt es ihm, in ihr die Erinnerung an etwas zu wecken, das in ihrer Kindheit geschehen war.

Die Familie machte damals eine Radiosendung, in der die Kinder als Genies auftraten, die jede nur erdenkliche Frage beantworten konnten, die ihnen gestellt wurde. Zooey fragt Franny nun, ob sie sich noch daran erinnern könne, was ihr älterer Bruder Seymour ihnen kurz vor der Sendung immer gesagt habe. Franny erinnert sich, dass er ihnen immer gesagt hatte, sie sollten die Schuhe putzen, sich ordentlich anziehen und die Haare kämmen. Weiterhin meinte er, sie sollten ihr Bestes geben – um der „Dicken Frau" willen.

Zooey erwidert daraufhin: „In meinem Gehirn [entstand] eine schrecklich klare Vorstellung von der Dicken Frau. Ich hatte sie den ganzen Tag hier auf der Terrasse sitzen, sie schlug mit der Klatsche nach den Fliegen und hatte von früh bis spät in die Nacht das Radio auf volle Lautstärke gedreht. Ich stellte mir vor, wie schrecklich die Hitze war, und sie hatte wahrscheinlich Krebs, und – ich weiß nicht, was. Jedenfalls schien es mir vollkommen klar, warum Seymour darauf bestand, dass ich mir vor jeder Sendung die Schuhe putzte. Es hatte *Sinn.*"

Dann beschreibt Franny das Bild, das ihr immer vor Augen stand, wenn sie an diese Frau dachte: „Meine saß in einem schrecklichen Korbstuhl. Auch *meine* hatte Krebs, und sie hatte auch das Radio von früh bis spät auf volle Lautstärke gedreht. Meine auch!"

Zooey erklärt daraufhin: „Ich werde dir ein schreckliches

Geheimnis erzählen – hörst du mir zu? *Da unten sitzt keiner, der nicht Seymours Dicke Frau wäre.* Und das schließt deinen Professor Tupper ein, Mädchen. Und Dutzende von seinen blöden Vettern. Es gibt nirgendwo *irgend*einen, der nicht Seymours Dicke Frau wäre."*

Jesus begegnen

Der Pastor einer großen Gemeinde in einem Stadtviertel, das als sozialer Brennpunkt galt, richtete im Untergeschoss seines Gemeindegebäudes eine Armenspeisung ein, um etwas für die vielen Obdachlosen und gestrandeten Existenzen zu tun, die im Umkreis der Gemeinde auf der Straße saßen. Tag und Nacht strömten die Bedürftigen dorthin, um sich die dringend benötigte Unterstützung zu holen.

Nach und nach begannen einige dieser Obdachlosen auch in den Hauptgottesdienst der Gemeinde am Sonntagmorgen zu gehen. Die wohlsituierten Gemeindeglieder, die dort zusammenkamen, fühlten sich in Gegenwart dieser abgerissenen Gestalten äußerst unwohl. Irgendwann kam einer der Gemeindeältesten zum Pastor und meinte: „Müssen diese Leute denn wirklich mit uns zusammen im Gottesdienst sein? Könnten wir nicht vielleicht einen Extragottesdienst nur für sie einführen?"

Der Pastor antwortete: „Ich finde, jeder sollte die Gelegenheit haben, Jesus von Angesicht zu Angesicht zu begegnen."

„Natürlich", erwiderte der Älteste. „Jeder sollte die Chance haben, Jesus zu begegnen. Ich meine auch keineswegs, dass man solchen Leuten die Gelegenheit dazu vorenthalten sollte."

Der Pastor erwiderte: „Ich spreche aber gar nicht von diesen Leuten, ich spreche von Ihnen!"

Ich bin mir sicher, dass dies den Ältesten ziemlich zum

---

* J. D. Salinger, Franny und Zooey. Köln/Berlin: Kiepenheuer & Witsch, 1963, S. 240 f.

Nachdenken gebracht haben dürfte. Immerhin hatte der Pastor ihm ja deutlich zu verstehen gegeben, dass er selbst diese Begegnung mit Jesus brauchte, der da in Gestalt der Obdachlosen sonntags in den Gottesdienst kam. Solche Begegnungen sind es, die den Prozess der Heiligung in uns vorantreiben.

> Ein Freund von mir besuchte einmal eine Gemeinde in einem ärmeren Stadtviertel, die eine sehr bedeutende Arbeit unter den Armen in der Stadt verrichtete. Dazu gehörte auch eine Armenküche. Bevor die Türen geöffnet wurden, kam das Küchenteam immer zu einem kurzen Gebet zusammen. Dabei ergriff einmal auch eine ältere farbige Dame das Wort. Sie betete: „Herr, wir wissen, dass du heute mit in dieser Warteschlange stehst, und ich bitte dich, dass du uns hilfst, dich gut zu behandeln."

Ein Becher Kaffee

Wenn Sie auf der Suche nach guten Anekdoten sind, dann brauchen Sie nur nach Philadelphia zu kommen und hier ein wenig in der Innenstadt spazieren zu gehen. Danach werden Sie unweigerlich um einige eigentümliche Erfahrungen und sonderbare Begegnungen reicher sein.

Eines Tages ging ich um die Mittagszeit durch die *Chestnut Street* und bemerkte, wie ein Stadtstreicher auf mich zukam. Er war von Kopf bis Fuß völlig verdreckt. Seine Haut war geradezu von einer dicken Dreckkruste überzogen. Das Auffälligste an ihm war jedoch sein Bart. Er reichte ihm fast bis zur Hüfte herab und in ihm klebten unzählige verfaulte Essensreste. In der Hand hielt er einen Becher Kaffee von McDonald's. Die Dreckspuren von seinen Lippen waren nicht zu übersehen. Er torkelte auf mich zu und schaute in seinen Becher. Plötzlich blickte er zu mir herüber und rief: „Hallo, Sie! Schluck Kaffee gefällig?"

Ich muss ehrlich gestehen, dass mir der Sinn nicht sonderlich danach stand. Aber ich wusste, dass es richtig wäre, seine großzügige Geste anzunehmen, und so erwiderte ich: „Klar, ich nehme gerne einen Schluck."

Als ich ihm den Becher zurückgab, schaute ich ihm direkt ins Gesicht und meinte: „Na, Sie sind aber ganz schön spendabel, dass Sie einfach so Ihren Kaffee verschenken. Wie komme ich denn zu dieser Ehre?“

Der alte verdreckte Mann schaute mir in die Augen und antwortete: „Tja, ... irgendwie hat der Kaffee heute besonders gut geschmeckt, und ich finde, wenn Gott einem was Gutes gibt, dann sollte man es mit anderen teilen.“

Ich dachte: *Mann, jetzt hat er mich! Unter fünf Dollar werde ich hier wohl kaum davonkommen.* Dann fragte ich ihn: „Sicher gibt es etwas, womit ich Ihnen als Gegenleistung einen Gefallen tun kann, oder?“

„Ja, Sie könnten mich zum Dank in den Arm nehmen!“

(Ehrlich gesagt, hatte ich insgeheim gehofft, mit fünf Dollar davonzukommen.)

So legte er den Arm um mich und ich legte den Arm um ihn. Plötzlich merkte ich etwas. Er wollte gar nicht wieder loslassen! Die Leute gingen an uns vorüber. Sie starrten mich an. Da stand ich nun in meinem feinen Anzug und umarmte diesen stinkenden, verdreckten Typen! Es war mir peinlich. Ich wusste nicht, wie ich mich verhalten sollte. Plötzlich jedoch wich meine Scham, und ich fing an, wirklich Achtung für diesen Menschen zu empfinden. In diesem Moment hörte ich, wie eine Stimme durch die Korridore der Zeit hindurchhallte: „Denn ich bin hungrig gewesen. Hast du mir zu essen gegeben? Ich bin nackt gewesen. Hast du mich gekleidet? Ich bin krank gewesen. Hast du mich versorgt? Ich war der Stadtstreicher in der *Chestnut Street*. Hast du mich in den Arm genommen? Denn was du diesen meinen geringsten Brüdern getan hast, das hast du mir getan.“

Geht zu Jesus!

Früher befasste sich Will Campbell als Mitarbeiter des *National Council of Churches* mit Bürgerrechtsfragen. Inzwischen jedoch versteht er sich als Missionar unter eingefleischten konservativen Evangelikalen. Einmal hörte ich eine Predigt von ihm, in der er die Praxis des Altarrufs kritisierte, so wie man ihn unter Baptisten kennt. Diejenigen unter uns, die mit dieser Sitte vertraut sind, wissen, dass ein ordentlicher evangelikaler Pastor, der etwas auf sich hält, zum Ende seiner Predigt die Frage stellt, wer sein Leben Jesus übergeben möchte, und dann alle, die sich angesprochen fühlen, nach vorne bittet.

Will Campbell meinte: „Ich hoffe, dass es irgendwann einmal einen evangelistischen Gottesdienst geben wird, in dem der Pastor einen Altarruf macht und den Leuten, die daraufhin nach vorne kommen, zuruft: ‚Nicht hierher sollt ihr kommen, geht zu Jesus! Kommt nicht hierher, zu mir, geht zu Jesus!'

Und daraufhin machen die Leute auf dem Absatz kehrt, gehen zur Tür hinaus, setzen sich in ihre Autos und fahren davon. Dann ruft er den übrigen Gemeindemitgliedern, die noch im Saal sind, zu: ‚Warum geht ihr nicht auch zu Jesus? Warum geht ihr nicht alle einfach zu Jesus?' Und die Leute erheben sich und strömen zur Tür hinaus. Im Nu ist der Parkplatz wie leer gefegt.

Ich male mir aus, wie dann, eine halbe Stunde später, das Telefon auf der Polizeiwache nicht mehr stillsteht. Ein Anrufer sagt so etwas wie: ‚Ich rufe aus dem Altersheim an. Da stehen ein paar Verrückte vor der Tür und sagen, sie wollen reinkommen und Jesus besuchen. Ich sage ihnen immer wieder, dass Jesus nicht hier ist! Hier gibt es nur ein paar alte Damen, die alle schon mit einem Bein im Grab stehen. Aber sie wollen sich einfach nicht abbringen lassen und sagen immer wieder: ›Aber wir wollen zu Jesus! Wir wollen zu Jesus!‹'

Der nächste Anruf kommt vom Gefängniswärter. Er sagt: ‚Schickt uns schnell Verstärkung rüber! Da stehen lauter Verrückte vor dem Tor und rufen: ›Lasst uns rein! Wir wollen Jesus besuchen! Wir wollen Jesus besuchen!‹ Ich sage ihnen immer wieder, dass wir hier nur Mörder, Diebe und Sexualstraftäter haben. Aber die wollen sich nicht abwimmeln lassen. Sie rufen immer weiter: ›Lasst uns rein! Wir wollen Jesus besuchen!‹'

Kaum hat der Polizist auf der Wache den Hörer aufgelegt, da klingelt es schon wieder. Dieses Mal ist der Leiter des psychiatrischen Landeskrankenhauses dran und bittet um Hilfe. Er beschwert sich, dass da eine Gruppe von Verrückten ist, die unbedingt hereingelassen werden will. Auch diese Leute wollen Jesus besuchen. Der Leiter des Krankenhauses erklärt: ‚Ich sage ihnen immer wieder, dass Jesus nicht hier ist. Wir haben nur einen Haufen Durchgeknallter, aber sie lassen sich nicht beirren. Sie rufen immer weiter: ›Wir wollen Jesus sehen!‹'"

Ich erzähle diese Geschichte sehr gerne, weil sie auf brillante Weise deutlich macht, dass wir Jesus dienen, wenn wir den Ausgestoßenen der Gesellschaft helfen. In ihnen begegnen wir niemand anderem als Jesus selbst.

3. Über den Heiligen Geist

Wann immer ich an das Wirken des Heiligen Geistes denke, fällt mir unweigerlich ein, was meine Freunde aus der Vineyard-Bewegung „Zeichen und Wunder“ nennen. In der Tat ist das Leben voller Zeichen und Wunder, und es gibt viel mehr Dinge, die man mit Fug und Recht als Wunder bezeichnen kann, als wir meinen.

Jesus will uns in anderen Menschen begegnen

Die Reifenpanne

Ich selbst kann ein Wunder bezeugen, für das es keine natürliche Erklärung gibt. Als ich in meinen Teenagerjahren zur Schule ging, war meine Familie bitterarm. Ich nahm eine Reihe von verrückten Jobs an, um meinen Eltern zu helfen und einen Beitrag zu unserem Auskommen zu leisten.

Eines Tages machte ich die Entdeckung, dass eine große Bäckerei nur wenige Straßen von unserem Haus entfernt ihr Brot spät am Abend zu einem Zehntel des normalen Preises abgab. Ich merkte sehr schnell, dass einige Restaurants in der Gegend bereit waren, mir dafür das Dreifache meines Einstandspreises zu zahlen, und so wurde ich Unternehmer. Ich fuhr gegen neun Uhr abends zur Bäckerei, kaufte Brot, lud es auf einen Karren, den ich hinten an meinem Fahrrad befestigt hatte, und lieferte es an die Restaurants.

Das Wunder ereignete sich eines Abends, nachdem ich mein Brot ausgeliefert hatte und auf dem Heimweg war. Es war so gegen elf Uhr nachts. Meine Jacke war schon völlig durchnässt vom eisigen Regen und ich zitterte. Ich konnte mich nicht erinnern, jemals eine dunklere und kältere Nacht erlebt zu haben als diese, und als ich auf dem Heimweg war, fühlte ich mich ganz elend. Plötzlich platzte einer meiner beiden Reifen. Ich hatte eines von diesen alten Fahrrädern mit Ballonreifen, und wenn so ein Reifen platzte, dann tat er es mit einem lauten Knall. Es ist schwer zu beschreiben, was ich in diesem Augenblick dachte und fühlte. Ich stieg vom Fahrrad, setzte mich an den Straßenrand, hielt mir die Hände vors Gesicht und fing an zu heulen. Ich war erschöpft und völlig niedergeschlagen. Ich hatte mir solche Mühe gegeben, meine Sache gut zu machen und ein wenig Geld für meine Familie zu verdienen, und nun das! Ich erinnere mich noch, wie ich Gott die Ohren voll jammerte: „Gott, es heißt doch immer, du wärst gut, und für andere mag das ja auch so sein, aber zu mir bist du irgendwie ganz schön gemein. Wie konntest du das nur zulassen? Warum kannst du mir nicht helfen? Weißt du was? Ich glaube, von heute an werde ich einfach nicht mehr an dich glauben!"

Ich weiß nicht mehr, wie lange ich da gesessen habe, doch irgendwann raffte ich mich wieder auf und machte mich daran, mein Fahrrad im eisigen Regen den langen Weg nach Hause zu schieben. Ich war noch nicht weit gekommen, da fiel mein Blick auf eine Tankstelle. Ich weiß nicht, was mich dazu bewog, aber ich ging zur Luftpumpstation hinüber und versuchte, den platten Reifen aufzupumpen. Normalerweise waren die Pumpen so spät abends nicht mehr in Betrieb, und wenn der Kompressor abgeschaltet war, dann gab es keine Luft. Wenn ich vorher nachgedacht hätte, dann hätte mir eigentlich klar sein müssen, dass das, was ich da versuchte, völlig sinnlos war. Der Reifen war ja geplatzt, und zwar richtig! Trotzdem versuchte ich es. Ich klemmte den Stutzen des Pumpschlauches auf das Ventil meines Reifens und betätigte den Pumphebel. Erstaunlicherweise kam um diese Zeit tatsächlich noch Luft! Und der Reifen schwoll an! Ich konnte es kaum fassen.

Ich zögerte nicht lange. Ich schwang mich auf mein Fahrrad und fuhr durch die Dunkelheit nach Hause. „Danke, Herr!", rief ich immer wieder. „Danke, Herr! Danke, Herr!"

Als ich zu Hause ankam, trug ich mein Fahrrad die Stufen

zur Veranda hinauf und schloss es ab. Es war so gegen halb zwölf. Ich steckte gerade den Schlüssel ins Schloss der Haustür, als ich ein Zischen hörte. Ich drehte mich um und sah, wie die ganze Luft aus dem Reifen entwich. Innerhalb von wenigen Sekunden war der Reifen wieder platt. Als ich am nächsten Morgen nach dem Reifen schaute, stellte ich fest, dass sich an der Seite des Mantels ein circa sieben Zentimeter langer Riss befand und dass der Schlauch selbst völlig zerfetzt war. Es war mir vollkommen klar, dass ich am Abend zuvor ein Wunder erlebt hatte.

Wenn ich heute an diesen Abend zurückdenke, dann glaube ich wirklich, dass Gott damals vom Himmel herabschaute und einen Jungen sah, der einfach am Limit angekommen war. Ich stand am Abgrund, und Gott wollte nicht zulassen, dass ich über die Grenzen meiner Belastbarkeit hinaus getrieben wurde. In der Bibel finden wir die klare Zusage, dass Gott in solchen Momenten eingreift (siehe 1. Korinther 10,13). Ich bin mir nicht sicher, ob ich meinen Glauben nicht über Bord geworfen hätte, wenn Gott in diesem Augenblick nicht eingegriffen und ein Wunder getan hätte. Aber er hat es getan!

Die Entenfrau

Ein weiteres Wunder, von dem ich Ihnen gerne berichten möchte, ereignete sich eines Abends nach einer Vorlesung, die ich an der Universität von Pennsylvania gehalten hatte. Ich stand an der Kreuzung 34. Straße/*Spruce Street,* als ich hinter mir die Entenfrau hörte. Das war eine obdachlose schizophrene Frau, die immer all ihre Habseligkeiten in Tüten mit sich herumtrug. Wir nannten sie so, weil sie immer pausenlos „Quack, quack“ sagte. Man hörte sie schon von weitem, weil sie ziemlich laut war. „Quack, quack, quack, quack!“, hörte ich sie rufen. Schließlich stand sie unmittelbar neben mir.

Während ich darauf wartete, dass die Fußgängerampel auf Grün sprang, drehte ich mich langsam zu ihr um. Sonderbarerweise drehte sie sich im selben Augenblick zu mir um. Unsere Blicke begegneten sich und es kam zu einer geheimnisvollen Begegnung zweier Herzen! Der Heilige Geist gab mir die Fähigkeit, sie nicht nur einfach anzuschauen, sondern in sie hineinzusehen. Mit einer Kraft, die ganz tief aus mir herausströmte, blickte ich durch ihre Augen hindurch in die Tiefen ihres Seins hinein. Mit der Kraft des Heiligen Geistes, der in mir war, drang ich vor bis zum Grund ihrer Seele.

Jesus sagte einmal, dass das Auge das Licht unseres Leibes ist (siehe Matthäus 6,22). Ich glaube, dass sich das auch so ausdrücken lässt: „Das Auge ist der Zugang zum Leib." Wenn ein Mensch seine Augen „dichtmacht", dann sind sie in Dunkelheit. Die Augen der Entenfrau waren der Zugang zu ihrer Seele, und während ich ihr in die Augen schaute, nahm der Heilige Geist in mir Kontakt zu ihrer Seele auf.

Sie hörte auf, „Quack" zu sagen! Ich hatte noch nie erlebt, dass sie einmal damit aufgehört hätte, doch in diesem Moment tat sie es! Dann, in einem Ausdruck von ehrfurchtsvollem Erstaunen, hellte sich ihr Gesicht spontan auf. Sie schaute sich um, und obwohl sie sich nach wie vor in einem tranceartigen Zustand befand, sagte sie: „Das ist schön! Das ist wirklich wunderbar!" Sie schien die Bäume und den Himmel um sich herum ganz intensiv wahrzunehmen.

Noch bevor ich irgendetwas darauf antworten konnte, sprang die Ampel auf Grün. Jemand rempelte sie im Vorbeigehen versehentlich an, und ich sah, wie sie den Kopf schüttelte. Dann fiel sie in ihren schizophrenen Zustand zurück und fing wieder an mit ihrem „Quack, quack". Sie ging ziellos ihrer Wege und verschwand im Getümmel der Passanten.

Ich stand noch eine Weile da, vergegenwärtigte mir, was soeben passiert war, und dachte: *Wenn ich doch nur ein wenig länger ausgehalten hätte. Wenn ich doch nur ein wenig mehr Nächstenliebe in meinem Herzen gehabt hätte. Wenn wir doch nur ein paar Minuten länger in der Kraft des*

Heiligen Geistes hätten verbunden bleiben können, vielleicht wäre es dann nicht nur ein kurzer Moment der Befreiung gewesen. Vielleicht wäre die Befreiung von Dauer gewesen.

Manche Leute meinen nun sicher: „Du bist doch Sozialwissenschaftler. Findest du nicht, dass die Entenfrau ein Fall für Psychiater und Psychotherapeuten ist?“

Darauf gibt es für mich nur eine Antwort: „Ganz ohne Frage!“ Psychiater und Psychotherapeuten sollen ihr Glück mit ihr versuchen. Doch wenn sie alles getan haben, was in ihren Kräften steht, und immer noch keine Heilung geschehen ist, dann will ich bereit sein zu verkünden: Es gibt eine Salbe in Gilead, die die Seele zu heilen vermag, die in ihrer Sünde dahinsiecht (siehe Jeremia 8,22).

Hoppla!

Es geschehen so viele wunderbare Dinge unter dem Vorzeichen der Pfingstbewegung und der charismatischen Bewegung, dass selbst ein eingefleischter alter Baptist wie ich nicht umhin kommt, zuzugestehen, dass hier wirklich etwas Authentisches im Gange ist. Natürlich, wo immer im Namen Jesu etwas Echtes geschieht, wird es auch Fadenscheiniges geben. Es wird immer Menschen geben, die vorgeben, echte geistliche Vollmacht und übernatürliche Erfahrungen zu haben, obwohl dies in Wirklichkeit überhaupt nicht der Fall ist.

Ein Freund von mir erzählte mir einmal von einer charismatischen Gemeinde, wo eine Frau mitten im Gottesdienst aufstand und behauptete, ein prophetisches Wort zu haben. Sie stand in einem tranceähnlichen Zustand da und sprach mit einer unnatürlich schwülstig klingenden Stimme. Jeder lauschte gebannt, was sie zu sagen hatte. „So spricht der Herr ...“, verkündete sie mit großer Kühnheit, „... so wie Mose die Tiere in die Arche geführt hat, so werde ich mein Volk in Sicherheit führen, wenn es mir vertraut.“

Überall im Raum steckten die Leute ihre Köpfe zusammen und flüsterten: „Hat sie wirklich *Mose* gesagt? Ich glaube, sie hat *Mose* gesagt!"

Nachdem die Frau ihren Monolog beendet hatte, der ein Wort unmittelbar von Gott sein sollte, nahm sie wieder Platz. Einige Minuten später stand sie erneut auf. Wieder schien sie in ihrem tranceähnlichen Zustand zu sein, als sie verkündete: „So spricht der Herr: Es war nicht *Mose*, es war *Noah*!"

Ein amüsiertes Raunen ging durch den Saal. Ganz offenkundig war hier etwas schief gegangen.

Die Früchte des Geistes

Ich habe absolut keinen Zweifel daran, dass die Gaben des Heiligen Geistes für unsere Zeit relevant sind. Ich glaube, dass sich im Leben von Menschen, die sich Gott hingeben und dem Heiligen Geist erlauben, von ihnen Besitz zu ergreifen, Gaben manifestieren, die denen, die in der neutestamentlichen Gemeinde sichtbar waren, ganz ähnlich sind. Einige besaßen die Gabe des Predigens, andere die Gabe des Lehrens, wieder andere die Gabe des Heilens. Ich könnte noch eine ganze Reihe von anderen Gaben auflisten, die in der Bibel genannt werden. Trotzdem bin ich zutiefst davon überzeugt, dass die Gaben des Geistes im Endeffekt nicht die entscheidende Größe darstellen. So wichtig sie für das Leben der Gemeinde auch sein mögen, scheint es mir doch ganz deutlich zu sein, dass die Frucht des Geistes schwerer wiegt. „Die Frucht aber des Geistes ist Liebe, Freude, Friede, Geduld, Freundlichkeit, Güte, Treue, Sanftmut, Keuschheit" (Galater 5,22; Luther). So wunderbar es ist, die Gaben des Geistes auszuüben, scheint es mir doch noch weitaus wichtiger zu sein, dass wir die Frucht des Geistes besitzen. Der Apostel Paulus macht dies in 1. Korinther 13 sehr deutlich. Hier spricht er davon, dass wir mit Menschen- und Engelszungen reden können, doch wenn es uns an Liebe mangelt (die erste und wichtigste Frucht des Geistes), dann ist es alles nichts wert. Denjenigen, die die Gabe der Prophetie ausüben, spricht Paulus seine Anerkennung aus, ebenso wie denen, die „durch den Heiligen Geist den Willen Gottes klar erkennen“ (das lesen wir bereits in 1. Korinther 12,8; Hoffnung für alle). Doch Paulus lässt in diesem großartigen Kapitel zum Thema Liebe zugleich keinen Zweifel daran, dass man zwar die Gabe der Prophetie besitzen und Gottes Willen klar erkennen kann, doch dass solche Gaben ohne Liebe völlig nutzlos bleiben. Aus diesem Grund möchte ich gerne im noch verbleibenden Rest dieses Kapitels auf die ultimative Frucht des Heiligen Geistes, nämlich die Liebe, zu sprechen kommen.

Viel weiter gegangen

In der chassidischen Tradition des Judentums gibt es die folgende Anekdote über einen Rabbi: Von diesem Rabbi erzählte man sich, er sei so heilig, dass er am Sabbat nachmittags immer in den Himmel auffahre, um mit Gott persönlich zu sprechen. Eines Tages beschlossen ein paar Jungen aus der Synagoge, dem Rabbi nach dem Gottesdienst heimlich zu folgen, um herauszufinden, was er wirklich tat. Sie stellten fest, dass der Rabbi seinen Nachmittag damit zubrachte, alte und kranke Nichtjuden zu besuchen. Er kochte ein paar alten Damen etwas zu essen und putzte bei älteren Herren.

Am nächsten Sabbat fragten einige der Ältesten der Synagoge die Jungen scherzhaft, ob der Rabbi denn nun tatsächlich im Himmel gewesen sei, um mit Gott zu reden. „O nein“, erwiderten die Jungen. „Er war nicht im Himmel, er ist noch viel weiter gegangen!“

Der Putzmann

Wir neigen dazu, das Wirken des Heiligen Geistes immer dort zu suchen, wo etwas Dramatisches geschieht. Doch das Wirken des Heiligen Geistes ist keineswegs immer spektakulär. Ich liebe dieses alte Kirchenlied, in dem es heißt: „Denn nicht mit Schwerterklirren und blut'gem Kriegeszeug: Im Tatendrang der Liebe kommt, Herr, dein Himmelreich." Wie oft ist es eine Fülle von kleinen Dingen, in denen sich das Werk des Heiligen Geistes manifestiert!

Man könnte auch umgekehrt sagen, dass sich ein Mangel an Geistlichkeit durch Verhaltensweisen ausdrückt, die gedankenlos und verletzend sind, ohne dass die betreffende Person dies überhaupt wahrnimmt. Eines Tages zum Beispiel ging ich einmal in die Bahnhofstoilette auf dem Amtrak-Bahnhof in Philadelphia und stellte zu meiner Überraschung fest, dass dort ein lieber Bruder aus unserer Gemeinde arbeitete. Er wischte die Böden, reinigte die Toiletten und achtete darauf, dass alles sauber blieb. Als ich ihn fragte, wie es denn so sei, dort zu arbeiten, meinte er, es sei eigentlich ganz in Ordnung. Das Einzige, was ihn wirklich störe, sei, Zigarettenkippen aus den Pissoirs fischen zu müssen. Ich höre noch seine Worte: „Denken die Raucher, die die Kippen da reinwerfen, denn überhaupt nicht darüber nach, dass nachher jemand mit der Hand ins Becken greifen muss, um sie wieder rauszuholen? Machen die sich denn nicht klar, was es bedeutet, seine Hand da einzutauchen und nach vollgesogenen Kippen zu angeln? Warum sind die Leute nur so gedankenlos?"

In der Tat eine sehr berechtigte Frage!

Sie kann meins haben

Ein Lehrer in einer kleinen Dorfschule irgendwo im Staat New York unterrichtete Kinder mehrerer Jahrgänge in einem Klassenraum. Darunter war auch ein kleiner Junge, der, wohlwollend ausgedrückt, immer als „Sonderkind" bezeichnet wurde. Er war, offen gesagt, einfach „langsam".

In der Weihnachtszeit beschloss der Lehrer, mit den Kindern ein Weihnachtsstück einzuüben. Der lernschwache Junge wollte natürlich auch gerne eine Rolle haben. Er wollte nicht nur einfach auf der Bühne herumstehen, sondern auch etwas sagen dürfen. Alle wussten, dass er Mühe hatte, sich seinen Text zu merken, aber am Ende kam man doch zu einer Lösung, die brauchbar erschien: Wenn Maria und Josef an die Tür klopften, sollte er einfach sagen: „Alles voll!" Dann würde Maria etwas entgegnen, woraufhin er wieder sagen sollte: „Alles voll!" Alle waren zuversichtlich, dass er hier nicht allzu viel falsch machen konnte. Um ganz sicher zu gehen, bestimmten sie jemanden, der neben ihm stehen und ihm im entscheidenden Augenblick einen Stups geben und ihm gegebenenfalls seinen Text ins Ohr flüstern sollte, falls er ihn vergessen haben würde.

Am Abend der Aufführung schien alles wie am Schnürchen zu laufen, bis Maria und Josef an die Tür der Herberge klopften. Maria klopfte, und als unser kleiner Freund die Tür öffnete, da sagte er tatsächlich seinen Text: „Alles voll!"

„Aber, mein Herr", erwiderte Maria, „es ist bitterkalt. Hätten Sie nicht vielleicht doch noch irgendein kleines Eckchen, wo wir bleiben können? Ich friere so und mir ist gar nicht gut. Ich glaube, mein Baby kommt, und wenn Sie uns nicht helfen, dann wird es in der Kälte der Nacht im Freien zur Welt kommen."

Der Junge stand da und sagte keinen Ton. Der Souffleur stieß ihn an und flüsterte ihm zu: „‚Alles voll!' Du musst ‚Alles voll!' sagen."

Der Junge drehte sich herum und sagte laut und vernehmlich: „Ich weiß, was ich sagen soll! Aber sie kann doch eigentlich mein Zimmer haben!"

Manchen Menschen fällt es von Natur aus zu, anderen mit Liebe zu begegnen, sie müssen gar nicht darüber nachdenken. Wir Übrigen müssen uns immer wieder ganz aktiv dazu entschließen, und der Heilige Geist ist gekommen, um uns dabei behilflich zu sein.

Die falsche Feier

Eines Nachmittags saß ich in meinem Büro, als das Telefon klingelte. Es war meine Mutter. Sie erzählte mir, dass Mrs

Kirkpatrick gestorben sei, und meinte, dass ich mich doch auf der Beerdigung blicken lassen sollte. Wie für alle Italienerinnen waren Beerdigungen für meine Mutter immer enorm wichtig. Sie meinte, man müsse dem Verstorbenen seinen „Respekt“ zeigen, indem man an der Trauerfeier teilnehme. In meinen Jugendjahren habe ich aus „Respekt“ mehr Beerdigungen besucht, als ich zählen kann. Im Fall von Mrs Kirkpatrick jedoch war es weit mehr als „Respekt“, was mich dazu bewog, auf die Bitte meiner Mutter einzugehen. Mrs Kirkpatrick war eine überaus liebenswerte Frau gewesen, und als ich noch klein war, hatte sie sich immer alles Mögliche für die Kinder in der Gemeinde einfallen lassen. Ich konnte mich zum Beispiel immer darauf verlassen, dass sie mir zu Weihnachten etwas Süßes schenkte. Eines Tages lud sie mich zu einem Konzert ein, damit ich einmal ein richtiges Symphonieorchester hören konnte. Ich hatte Mrs Kirkpatrick so viele schöne Erinnerungen zu verdanken, und deshalb hatte meine Mutter vollkommen Recht. Zu ihrer Beerdigung zu gehen war einfach das Mindeste, was ich tun konnte, um noch einmal meinen Respekt und meine Anerkennung für diese Frau zu zeigen.

Ich traf um Punkt zwei Uhr an der Trauerhalle ein, eilte die Treppen hinauf und passierte den feierlich dreinschauenden Herrn am Eingang. In diesem Gebäude fanden offenbar zur selben Zeit noch andere Trauerfeiern statt. Ich betrat den Saal, in dem, wie ich annahm, gerade die Feier für Mrs Kirkpatrick begonnen hatte, und nahm schnell auf dem erstbesten Stuhl Platz. Ich war so überstürzt in den Raum hineingeeilt, dass ich im ersten Moment gar nicht gemerkt hatte, dass außer mir nur eine einzige ältere Dame im Raum war. Ich schaute über den Rand des Sarges, der mit geöffnetem Deckel vorne stand. Dieser Mann dort war ganz bestimmt nicht Mrs Kirkpatrick! Ich war auf der falschen Beerdigung! Gerade wollte ich mich wieder davonstehlen, als sich die Frau zu mir herüberbeugte, mich am Arm griff und mit deutlicher Erschütterung in der Stimme sagte: „Sie waren doch sicher ein Freund von ihm, nicht wahr?“

Ich wusste nicht, was ich sagen sollte. Dietrich Bonhoeffer, der berühmte deutsche Märtyrer aus dem Dritten Reich, hat einmal gesagt: „Im Leben eines jeden Menschen kommt einmal der Moment, wo er mit seiner ganzen Fantasie, mit ganzem Ernst und mit ganzer Hingabe lügen muss!" Ich weiß nicht, ob Sie Bonhoeffer hierin zustimmen, aber der Ehrlichkeit halber muss ich gestehen, dass ich in dieser Situation tatsächlich gelogen habe. Was hätte ich sonst tun sollen? Die Frau suchte irgendwie Trost in der Gewissheit, dass irgendjemand sich für ihren Mann interessierte und an seinem Tod Anteil nahm. Was hätte ich ihr in diesem Moment sagen können? „Verzeihen Sie, ich habe mich im Saal geirrt. Ihr Mann hatte keine Freunde." Sie griff nach dem Strohhalm, dass es offenbar doch jemanden gab, dem ihr Mann irgendetwas bedeutet hatte. Und so griff ich zu einer Lüge und behauptete, ich hätte ihn gekannt und er sei immer gut zu mir gewesen.

So blieb ich die ganze Trauerfeier über bei ihr sitzen. Danach gingen wir beide hinaus und nahmen in der einzigen Limousine Platz, die dem Leichenwagen zum Friedhof folgte.* Ich dachte, nun müsste ich das Spiel auch bis zum Ende weiterspielen. Ich konnte diese arme Frau doch nicht einfach so in der Stunde ihrer tiefsten Trauer sitzen lassen.

Wir standen am Rand des Grabes und sprachen ein paar Gebete. Als der Sarg in der Erde verschwand, warfen wir beide eine Blume hinterher. Dann stiegen wir wieder ins Auto und fuhren zurück zur Trauerhalle. Dort angekommen, nahm ich die alte Dame bei der Hand und sagte: „Mrs King, ich muss Ihnen etwas gestehen. Ich habe Ihren Mann überhaupt nicht gekannt. Ich möchte Ihnen einfach ein Freund sein, und das kann ich nur, wenn ich Ihnen die Wahr-

---

* Anmerkung des Übersetzers: In den USA finden Trauerfeiern im Allgemeinen nicht in einer Friedhofskapelle, sondern in einem Trauersaal des Bestattungsunternehmens statt, wo der Tote aufgebahrt ist. Danach fährt die Trauergesellschaft in einem Autocorso hinter dem Leichenwagen her zum Friedhof.

heit sage. Ich kannte Ihren Mann nicht, ich bin nur aus Versehen in die falsche Trauerfeier hineingeraten."

Ich wartete eine ganze Weile und fragte mich, wie sie wohl reagieren würde. Sie griff meine Hand und hielt sie eine schier endlose Zeit lang fest. Dann antwortete sie: „Sie können sich überhaupt nicht vorstellen, was für einen großen Gefallen Sie mir heute getan haben."

Ich weiß, dass es Menschen gibt, die nun sagen werden, dass ich diese Frau niemals hätte anlügen dürfen. Aber auf der anderen Seite ist es immer leicht, so etwas zu fordern, wenn man nicht selbst in einer solchen Situation ist. Ich jedenfalls hatte am Ende dieses Tages das Gefühl, dass jemand auf mich herabschaute und sagte: „Sehr gut, du tüchtiger und treuer Diener!"

Durch unsere Liebe

Die Liebe, die der Heilige Geist in uns hervorbringt, gilt nicht nur den Menschen, die wir kennen, sondern auch denjenigen, die wir nicht kennen. Dies wurde mir vor einigen Jahren einmal besonders deutlich, als ich auf einer Evangelisationsveranstaltung in der Arco-Arena in Sacramento sprach. Der erste Abend war ein Riesenerfolg. Tausende waren gekommen. Die Musik war hervorragend. Der Geist Gottes war spürbar am Wirken und viele Menschen kamen zum Glauben.

Am nächsten Morgen fand ein Treffen des Planungskomitees statt. Ich war sehr überrascht, dass die Mitglieder des Komitees offenbar verärgert waren. Nicht wegen mir oder weil ich irgendetwas falsch gemacht hätte. Sie ärgerten sich über die Medien. Sie beklagten sich darüber, dass, obwohl am Abend zuvor Tausende gekommen waren, um Gottes Wort zu hören, Zeitungen und lokale Fernsehstationen scheinbar überhaupt keine Notiz von uns nahmen. Nachdem ich ihnen eine Weile zugehört hatte, äußerte ich meine Meinung. Ich wies darauf hin, dass Mick Jagger gerade eine Woche zuvor in der Stadt gewesen war und das Stadion bis auf den letzten Platz gefüllt hatte und ebenfalls kaum ein Medienecho erhielt. Allein die Tatsache, dass man ein Stadion füllt, war für die Medien uninteressant. Dann machte ich einen Vorschlag: „Diese Woche ist doch AIDS-Woche. Warum greifen wir das nicht auf? Wenn Sie die Medien zum Aufhorchen bringen wollen, dann geben Sie einfach eine Pressemitteilung raus, dass das Opfer, das heute Abend eingesammelt wird, an Werke im Raum Sacramento geht, die sich für AIDS-Kranke einsetzen. Wenn Sie in die Nachrichten wollen, dann müssen Sie für Nachrichten sorgen! Und ich sage Ihnen, es ist eine ganz besondere Nachricht, wenn eine Gruppe von Evangelikalen auf einmal die Bereitschaft zeigt, etwas Sinnvolles für AIDS-Kranke zu tun. Wir sagen zwar immer, dass wir diese Leute lieben, aber meistens sind es doch nur Lippenbekenntnisse. Lassen Sie uns nicht nur den Mund aufmachen, sondern auch das Portemonnaie, und einfach mal schauen, was passiert."

Das Ganze ist bereits einige Jahre her. Damals war die Panik vor AIDS auf einem Höhepunkt angelangt und die Betroffenen stießen überall auf Verachtung. Prediger im Radio erzählten den Christen laufend, dass AIDS eine Geißel Gottes sei, um die Homosexuellen zu bestrafen. Die Polemik gegen AIDS-Kranke war einfach unerträglich. Die Veranstalter dieser Großevangelisation jedoch waren gottesfürchtige Leute, und sie kamen zu dem Schluss, dass eine Sammlung für die AIDS-Kranken eine gute Sache wäre, egal, wie viel Aufmerksamkeit sie dafür in den Medien bekommen würden. Schließlich hatten sie ja die Miete für das Stadion schon bezahlt, ebenso wie einen Großteil der übrigen Kosten.

An diesem Abend zeigten die Medien sehr großes Interesse. Jeder der drei großen lokalen Fernsehsender war mit Kamerateams vertreten und die beiden großen Tageszeitungen hatten Reporter geschickt.

Der riesige Chor sang, doch die Kameras blieben aus. Ich predigte, doch auch dafür zeigten sie kein Interesse. Sie warteten darauf, dass wir am Ende der Veranstaltung das Opfer einsammelten. Erst dann, als die Eimer durch die Reihen gingen und das Geld für die AIDS-Kranken floss, liefen die Kameras und die Pressefotografen schossen ihre Bilder. Das war es, was sie sehen wollten. Da waren evangelikale Christen, die Geld für AIDS-Kranke spendeten, für Menschen, von denen die meisten damals homosexuell waren.

Als ich später an jenem Abend in meinem Hotelzimmer war, schaltete ich noch kurz die Abendnachrichten ein, um mir die Berichterstattung anzuschauen. Sie zeigten nicht nur, wie das Opfer eingesammelt wurde, sondern interviewten auch ein paar Leute auf dem Weg nach draußen. Eine ältere Dame war zu Tränen gerührt und sagte: „Mein Enkel hat AIDS und heute Abend kann ich zum ersten Mal offen darüber reden. Bisher ist mir immer der Eindruck vermittelt worden, dass ich mich für ihn schämen muss, aber heute Abend hatte ich das Gefühl, dass man zu ihm stand.“ Es gab noch eine Reihe von weiteren Kommentaren, aber die beste Aussage, die ich an jenem Abend hörte, stammte von einem ziemlich rauen Typen, der mächtig Übergewicht hatte. Sein Haar war vollkommen zerzaust, und er sah so aus, als könnte er eine Rasur vertragen. Trotzdem hielten sie ihm das Mikrofon vor die Nase und fragten ihn: „Was denken Sie über das Opfer, das heute Abend eingesammelt wurde?“ Der Mann antwortete mit rauer Stimme: „Was soll ich darüber denken?“

„Na, Leute mit AIDS sind doch im Allgemeinen homosexuell“, erwiderte der Reporter, „und Sie als evangelikale Christen sind Schwulen gegenüber ja oft nicht gerade freundlich gesonnen, oder? Wie finden Sie es denn, Leuten Geld zu geben, die vermutlich schwul sind?“

Die Reaktion des Mannes war einfach fabelhaft. Er sagte: „Ich hab keine Ahnung von all diesem Homokram. Ich weiß nur, dass kranke Leute unsere Hilfe brauchen. Wir geben deshalb, weil Christen alle Menschen lieben.“

Ich sprang im Hotelzimmer aus meinem Sessel auf, riss die Arme in die Höhe und jauchzte vor Freude.

Am Ende werden wir als Christen eben nicht daran

erkannt, dass wir Zeichen und Wunder tun, sondern an unserer Liebe.

Party auf Zimmer 210

Ich bin Leiter einer Missionsorganisation, die in Haiti tätig ist. Durch die Anstrengungen unserer Mitarbeiter ist es gelungen, ein Netzwerk von 85 Schulen zu schaffen, das sich für Kinder einsetzt, deren Lebensbedingungen an die von Sklaven erinnern. Die meisten der Kinder, die unsere Schulen besuchen, stammen aus Familien, die so arm sind, dass sie ihre Kinder nicht selbst aufziehen können. Sie geben sie in andere Familien, wo sie dann die niedrigsten Arbeiten verrichten müssen mit der Aussicht, dass sich daran ihr ganzes Leben lang nichts ändern wird. Diese Kinder schleppen zum Beispiel den ganzen Tag Wasser und schuften auf Zuckerrohrfeldern. Der Unterricht findet vom späten Nachmittag bis in den Abend hinein statt, weil die Kinder dafür nicht von der Arbeit freigestellt werden. Trotzdem kommen sie regelmäßig, weil sie wissen, dass sie in einem Land mit einer Analphabetenquote von 85 Prozent nur dann eine Chance haben, ihren bedrückenden Lebensumständen zu entfliehen, wenn sie lesen und schreiben können.

Wenn ich nach Haiti fliege, dann übernachte ich meistens im *Holiday Inn* direkt im Zentrum von Port-au-Prince. Einmal wurde ich am Eingang von drei Mädchen abgefangen. Ich sage „Mädchen“, weil sie höchstens 15 oder 16 Jahre alt waren. Eine der drei sagte: „Hallo, Mister, für zehn Dollar können Sie mich die ganze Nacht haben.“ Ich war erschüttert. Ich fragte das nächste Mädchen: „Und du? Bist du auch für zehn Dollar zu haben?“ Es nickte.

Dann fragte ich das dritte Mädchen. Auch sie nickte und versuchte, ihre Verachtung für mich hinter einem Lächeln zu verbergen. Aber es ist schwer, sexy zu sein, wenn man gerade mal 15 oder 16 Jahre alt und bitterarm ist und die Familie nichts zu essen hat.

„In Ordnung“, sagte ich. „Ich habe 30 Dollar. Ich wohne

in Zimmer 210. Kommt in einer halben Stunde. Dann bekommt ihr das Geld, und ich möchte, dass ihr die ganze Nacht bleibt."

Dann eilte ich ins Zimmer, griff nach dem Telefonhörer und rief bei der Rezeption an: „Hier ist Zimmer 210. Bitte bringen Sie mir doch alles, was Sie an Disney-Zeichentrickfilmen im Haus haben. Alles, was Sie von Disney haben. Schicken Sie es bitte gleich zu mir."

Dann rief ich im Restaurant an und fragte, ob man mir vier Bananensplits machen könne, und zwar mit einer Extraportion von allem – mit extra viel Schlagsahne, extra viel Schokoladensirup und extra vielen Nüssen. Sie sollten riesig sein und köstlich aussehen.

Nach einer halben Stunde kamen die Videofilme, die Bananensplits und die drei Mädchen. Ich sagte den Mädchen, sie sollten sich auf die Bettkante am Fußende des Bettes setzen. Dann aßen wir unsere Bananensplits und schauten uns einen Videofilm nach dem anderen an. Es war eine richtige kleine Party bis ein Uhr morgens. Dann war die Letzte der drei auf dem Bett eingeschlafen.

Während ich in meinem Sessel saß und die drei anschaute, wie sie da auf dem Bett lagen, dachte ich: *Was ändert das schon? Nichts! Morgen sind sie wieder auf der Straße. Sie werden wieder für zehn Dollar auf den Strich gehen, weil es immer irgendwelche miesen Dreckskerle gibt, die für zehn Dollar die Würde dieser kleinen Mädchen mit Füßen treten. Nichts hat sich geändert!*

Dann hörte ich, wie der Geist Gottes zu mir sprach: „Aber du, Tony, hast es ihnen ermöglicht, für eine Nacht einfach mal kleine Mädchen zu sein. Eine Nacht lang durften sie wieder zu Kindern werden. Du hast zwar nicht ihr Leben umgekrempelt, aber du hast ihnen eine Nacht lang ihre Kindheit zurückgegeben!"

Ich bin überzeugt, dass dieses Zeichen der Liebe und die kleine Party auf Zimmer 210 im *Holiday Inn* von Port-au-Prince ein Werk des Heiligen Geistes war.

Roger

Manche Leute sind nicht gut auf mich zu sprechen, weil sie der Auffassung sind, dass ich mich ein wenig zu deutlich für Barmherzigkeit mit Schwulen und Lesben ausspreche. Sie meinen, es wäre ja nichts dagegen einzuwenden, dass man rücksichtsvoll mit diesen Leuten umgeht, aber für mich wäre das Thema offenbar zu einem Steckenpferd geworden, das ich überall immer wieder aufwärmen muss.

Sie verstehen mich einfach nicht, weil sie natürlich nicht wissen können, dass ich mit meinem vermeintlichen Übereifer ein schweres Versäumnis aus meiner Schulzeit wettzumachen versuche. Auf meiner Highschool gab es einen Jungen namens Roger. Er war schwul und wir wussten es. Wir haben Klatsch über ihn verbreitet und ihm das Leben schwer gemacht. Wann immer wir ihm auf dem Flur begegnet sind, haben wir mit einer hohen, weiblich klingenden Stimme seinen Namen gerufen. Wir machten zweideutige Gesten und dreckige Witze über ihn. Freitags hatten wir Sport und danach gingen wir in der Umkleide duschen. Roger zog es vor, nicht zu duschen. Er fürchtete sich vor uns, und das aus gutem Grund. Wenn wir aus der Dusche kamen, dann rollten wir unsere nassen Handtücher auf und schlugen damit auf ihn ein. Wir fanden das urkomisch.

Ich war nicht mit dabei, als sie Roger eines Tages packten und in die Dusche schleiften. Er lag in der Ecke auf dem Boden zusammengekauert und weinte, während fünf Jungs über ihm urinierten.

An jenem Abend ging Roger abends gegen zehn Uhr zu Bett. Es hieß, er sei dann gegen zwei Uhr morgens aufgestanden und in den Keller gegangen. Dort erhängte er sich. Als ich davon erfuhr, wurde mir schlagartig klar, dass ich kein Christ war. O ja, ich glaubte die richtigen Dinge. Ich war theologisch ausgewogen, wie man es von einem Evangelikalen erwarten konnte. Ich wusste, was ich zu glauben hatte, und war voll und ganz davon überzeugt, aber ich hatte mein Leben nicht dem Heiligen Geist unterstellt. Wenn der

Heilige Geist in mir gewesen wäre, dann hätte ich für Roger Partei ergriffen. Ich hätte den einen Arm um seine Schulter gelegt und mit dem anderen die johlenden Jungs weggestoßen, die sich über ihn lustig machten. Ich hätte gerufen: „Lasst ihn in Ruhe! Er ist mein Freund! Hört auf damit!" Aber ich fürchtete mich davor, sein Freund zu sein. Ich war zu feige, mich schützend vor ihn zu stellen, weil mir nur zu sehr bewusst war, dass man selbst zur Zielscheibe boshafter Verdächtigungen wird, wenn man sich für Menschen wie Roger einsetzt. Und so blieb ich schön auf Distanz und versäumte es, Nächstenliebe zu üben, wie der Heilige Geist es eigentlich von mir wollte. Mein Leben war damals noch nicht unter dem Einfluss des Heiligen Geistes. Wäre es so gewesen, dann wäre Roger vielleicht heute noch am Leben.

4. Noch mehr über den Heiligen Geist

Ein besonders verbreitetes Problem in unserer gestressten Welt sind Depressionen. Jede christliche Gemeinde ist voll von Menschen, die irgendwie unglücklich sind und bei denen dieses Gefühl von Zeit zu Zeit unerträglich wird. Ich möchte nicht behaupten, dass eine persönliche Beziehung zu Gott und ein Lebensstil der Hingabe an den Heiligen Geist ein sicherer Schutz gegen Depressionen sind, vor allem wenn sie auf körperliche Ursachen zurückzuführen sind. Doch solche körperlichen Faktoren lassen sich nicht immer ohne weiteres klar definieren. Manchmal spielen hormonelle Veränderungen eine Rolle, manchmal ist eine falsche Ernährung mit im Spiel und manchmal liegen genetische Ursachen vor. Ich sage das ganz bewusst, weil ich nicht den Eindruck vermitteln will, ein gesundes geistliches Leben wäre ein Allheilmittel gegen Depressionen. Einige der bedeutendsten Heiligen in der Kirchengeschichte wurden immer wieder von depressiven Einbrüchen geplagt. Nachdem dies klargestellt ist, möchte ich dennoch deutlich sagen, dass Menschen, die die Fülle des Heiligen Geistes in ihrem Leben erfahren haben, im Großen und Ganzen ein klares Zeugnis dafür sind, dass der Heilige Geist uns aus den Abgründen herausführt, wie auch immer diese für uns aussehen mögen.

Freude im Geist

Höhere Tiefen

Einige Jahre lang war ich an dem Aufbau einer Missionsarbeit in der Dominikanischen Republik beteiligt. Wenn man dort in die etwas abgelegeneren Dörfer fuhr, wurde man ganz schön durchgeschüttelt. Die Straßen waren voller Schlaglöcher und Furchen, sodass man auf seinem Sitz immer auf und ab und auf und ab hüpfte. Für einige unserer Projekte mussten wir in Dörfer fahren, die hoch in den Bergen lagen. Um dorthin zu gelangen, musste man viele Serpentinen fahren, und die Straßen waren dort oben kein Stück besser als anderswo. Auch dort hüpfte man auf seinem Sitz auf und ab. Ich will damit Folgendes deutlich machen: Wenn man 1600 Meter hoch über dem Meer ist und auf seinem Sessel auf und ab hüpft, dann ist man selbst auf dem Tiefpunkt dieses ewigen Auf-und-Abs immer noch höher, als man unten im Tal war.

Es gibt immer diese Zeiten, in denen uns der Heilige Geist durch Tiefen gehen lässt. Doch heute, da mich der Heilige Geist auf höher gelegenes Terrain geführt hat, würde ich die Tiefpunkte, die ich jetzt hin und wieder durchmache, nicht mit den Hochpunkten der Zeiten damals im Tal tauschen wollen, bevor der Heilige Geist anfing, mein Leben zu erfüllen.

Feuer und Freude

Nach Auffassung von Albert Einstein war Blaise Pascal der klügste Kopf der letzten tausend Jahre. Die Leistungen Pascals auf den Gebieten Mathematik, Philosophie und Naturwissenschaften suchen ihresgleichen. Seine vielleicht größten Gedanken jedoch hat er auf religiösem Gebiet vorgebracht. Die Einsichten, die er in seinen *Pensées* darlegte, sind der Grundstein für einen christlichen Existenzialismus. Dieser Gelehrte aus dem 17. Jahrhundert schrieb:

FEUER! Gott Abrahams, Gott Isaaks, Gott Jakobs, nicht der Gott der Philosophen und Gelehrten – vollkommene Gewissheit – über alle Vernunft hinaus.

FREUDE! FRIEDE! Ein Vergessen der Welt und aller anderen Dinge außer Gott! Die Welt hat dich nicht gekannt, aber ich habe dich gekannt. FREUDE! FREUDE! FREUDE! Tränen der Freude!

Welch ein besseres Zeugnis für die Freude des Geistes könnte es geben?

Mit oder ohne Stiefel

Mein Pastor, Dr. Albert Campbell von der *Mount Carmel Baptist Church,* erzählte einmal die folgende Anekdote, die sich in der Zeit vor der Abschaffung der Sklaverei zugetragen haben soll. Damals hatten die Weißen ihre Bänke unten, während die Farbigen oben auf der Empore Platz nehmen mussten. Unter den Farbigen auf der Empore saß auch Frank, der den Gottesdienst immer dadurch störte, dass er lautstark Gott pries, wann immer der Prediger etwas sagte, das ihm besonders treffend erschien. Der weiße Besitzer von Frank ärgerte sich über die ständigen Einwürfe. Er versprach Frank, wenn er es fertig brächte, die ganze Predigt lang stillzuhalten, dann würde er ihm ein neues Paar Stiefel kaufen. Frank entschloss sich, den Mund zu halten, egal, was der Pastor auf seiner Kanzel auch an wunderbaren Botschaften über Gott verkünden würde.

Am darauf folgenden Sonntag hatte der Pastor seiner Gemeinde offenbar einige besonders großartige Dinge über Gott mitzuteilen und darüber, was er in Jesus für uns vollbracht hat. Der arme Frank konnte im Gottesdienst nur mit Mühe an sich halten. Mehrmals war er drauf und dran, zu vergessen, dass er seinem Herrn versprochen hatte, sich seine Zwischenrufe zu verkneifen. Er presste die Lippen zusammen und dachte immer an die Stiefel, die er zur Belohnung bekommen sollte. Doch in seinem Herzen rief es laut: Halleluja!

Irgendwann jedoch sagte der Prediger etwas, das Frank so begeisterte, dass er einfach nicht mehr schweigen konnte: „Mit oder ohne Stiefel – Preis dem Herrn!“

Dies ist ein schönes Bild für jene unbändige Freude, die uns erfüllt, wenn der Heilige Geist uns vor Augen führt, was Gott in Jesus Christus für uns vollbracht hat.

Freude an der Mautstation

Als mein Sohn noch klein war, sagte er immer: „Papa, du bist echt ein prima Typ, aber du bist auch ganz schön gefährlich." Ich weiß genau, was er damit meinte. Manchmal kann ich mich einfach nicht zurückhalten. Ich muss einfach für ein wenig Spaß sorgen, nicht nur um meinetwillen, sondern auch um der Leute willen, die um mich herum sind.

Es gibt eine gebührenpflichtige Brücke, die Palmyra im Bundesstaat New Jersey mit Tacony, einem Stadtteil von Philadelphia, verbindet. Als meine Frau und ich noch nicht verheiratet waren, frequentierte ich diese Brücke immer ganz regelmäßig. Damals kostete es nur 25 Cent, und von Zeit zu Zeit, wenn ich genug Geld hatte, gab ich dem Kassierer an der Mautstation 50 Cent und sagte ihm, ich würde für einen Freund, der im Auto hinter mir führe, mitbezahlen. In Wirklichkeit kannte ich die Person hinter mir zwar gar nicht, aber es war einfach zu schön, durch die Schranke zu fahren und im Rückspiegel zu sehen, wie der Kassierer dem Fahrer klarzumachen versuchte, warum er nicht zu bezahlen brauchte. Wenn Sie nicht verstehen, was das mit der Freude am Herrn zu tun hat, dann weiß ich nicht, wie ich es Ihnen erklären soll.

Sichtbare Freude

Besonders gefährlich bin ich immer dann, wenn ich im Aufzug stehe und die Tür hinter mir zugeht. In unserer Gesellschaft lernt man, dass man sich im Aufzug gefälligst der Tür zuwendet und sich still verhält. Ich dagegen machte mir in meinen jüngeren Jahren oft einen Spaß daraus, den anderen Leuten geradewegs ins Gesicht zu schauen und zu sagen: „Vermutlich werden Sie sich jetzt fragen, warum ich diese Konferenz einberufen habe."

Einmal fuhr ich in einem New Yorker Wolkenkratzer im Aufzug, der voll besetzt war mit Geschäftsleuten, die alle sehr seriös dreinschauten. Kaum war die Tür zu, lächelte ich und sagte: „Entspannt euch, Leute, wir haben noch ein ganz schönes Stück Weg vor uns bis da oben. Also, was wollen wir zusammen singen?“ Sie machten tatsächlich mit! Ich weiß nicht, ob sie einfach nur zu schüchtern waren, um Nein zu sagen, oder ob es ihnen wirklich Spaß machte, aber die Herren mit ihren Aktenkoffern und die Damen in ihren eleganten Kostümen sangen tatsächlich mit mir zusammen „You Are My Sunshine.“*

Als ich im 70sten Stock den Aufzug verließ, stieg außer mir noch ein anderer Mann aus und ging mit mir zusammen den Flur entlang. Er strahlte über das ganze Gesicht. Ich fragte ihn: „Gehen Sie zur selben Sitzung wie ich?“

„Nee“, erwiderte er. „Ich wollte nur das Lied noch mit zu Ende singen.“

In Archibald MacLeishs großartigem Theaterstück *J. B.* wird Satan einmal gefragt, was er am meisten vermisse, wenn er an seine Zeit im Himmel zurückdenke, worauf dieser antwortet: „Den Klang der Fanfaren!“

In der Gegenwart Gottes zu sein heißt, an einem gewaltigen Fest teilzunehmen. Manchmal fällt es mir schwer, das zu glauben, wenn ich auf der Kanzel stehe und in die finsteren Gesichter meiner Zuhörer schaue. Wenn ich dann ihr „Wir freuen uns im Herrn!“ höre, dann möchte ich immer am liebsten fragen: „Warum sorgt ihr dann nicht dafür, dass diese Neuigkeit auch zu euren Gesichtsmuskeln durchdringt?“

Mit lautem Jubel

Für einige Jahre war ich jedes Jahr als Redner auf einem christlichen Festival in Pennsylvania. An diesem pfingstgemeindlich geprägten Festival nahmen immer Zehntausende von Jugendlichen teil.

Der Samstagabend war immer der Höhepunkt des Festivals und ich durfte mehrmals der Hauptredner bei dieser

---

* Berühmter Country-Song

Veranstaltung sein – so auch in jenem Jahr, und irgendwie sprach sich herum, dass ich am nächsten Morgen im Gottesdienst in einer lutherischen Gemeinde in der Nähe sprechen würde. So kamen Hunderte von begeisterten Jugendlichen vom Festival um elf Uhr in den Sonntagsgottesdienst. Die Kirche war voll. Statt der üblichen vier- bis fünfhundert Besucher befanden sich mindestens 1500 Menschen im Gottesdienstraum und auf der Empore.

Es war eine sehr „ehrwürdige" Gemeinde. Der Pastor trug einen Talar und der Gottesdienst wurde von Glockengeläut, Kerzen und allem, was sonst noch dazugehört, begleitet. Als wir gemeinsam nach vorne gingen und der Pastor die große Menge der Besucher sah, flüsterte er mir zu: „Es überrascht mich nicht. Ich habe eine Annonce in die Zeitung gesetzt." Er ahnte natürlich nicht, worauf er sich dabei eingelassen hatte.

Er trat in gewohnter Manier ans Rednerpult und sprach in seinem üblichen, zeremoniellen Ton: „Dies ist der Tag, den der Herr macht; lasst uns freuen und fröhlich an ihm sein. Gehet zu seinen Toren ein mit Danken, zu seinen Vorhöfen mit Loben; danket ihm, lobet seinen Namen!"

Daraufhin rief einer der pfingstlerischen Jugendlichen auf der Empore mit lauter Stimme: „Na, dann auf!" Hunderte von Jugendlichen im Gottesdienstraum fingen spontan an, zu jubeln und zu klatschen.

Es war ziemlich amüsant, die Reaktion des Pastors zu beobachten. Seine Knie fingen buchstäblich an zu zittern. Er wusste nicht, wie er darauf reagieren sollte! Er hätte nie gedacht, dass irgendjemand ihn beim Wort nehmen und Gott tatsächlich „mit lautem Jubel" loben würde.

Freude im Geist

In Römer 8,14 lesen wir, dass der Heilige Geist uns im Alltag leitet, und es ist gut, das zu wissen. Wir treffen laufend Entscheidungen und wünschen uns, dass Gott uns klar zeigt, was wir zu tun haben. Diese Hinweise sind aber nicht immer so klar und deutlich, wie wir uns das wünschen würden. Manchmal haben wir solche Mühe, Gott zu hören, dass wir seine Führung einfach nicht erkennen. Trotzdem gilt die Verheißung, dass wir Gottes Führung erleben, wenn wir nur bereit sind, auf ihn zu hören.

Gott ist mein Copilot

Wenn ich Ihnen den Weg zu mir nach Hause erklären wollte, dann könnte ich Ihnen eine Wegskizze zeichnen und Ihnen erklären, welche Straßen und Abfahrten Sie nehmen müssen. Ich könnte Ihnen auch genau die Entfernungen sagen und Ihnen die Namen der Straßen nennen, in die Sie einbiegen müssen. Doch wenn Sie eine Person auf dem Beifahrersitz neben sich sitzen hätten, die den Weg genau kennt, wäre das noch viel besser. Dann bräuchten Sie keine Karte und keine Wegbeschreibung, denn Sie hätten ja jemanden bei sich, der Ihnen genau sagt, wo es langgeht.

Genau das ist die Aufgabe des Heiligen Geistes. In Johannes 14 spricht Jesus davon, dass er uns den Heiligen Geist als Tröster schicken würde. Das griechische Wort im Urtext, das vielfach mit „Tröster" übersetzt wird, könnte man von der Bedeutung her auch mit „Copilot" wiedergeben. Es bedeutet so viel wie „jemand, der an unsere Seite kommt, um uns beizustehen". Der bekannte Satz „Gott ist mein Copilot" ist also gar nicht so daneben.

Die verirrte Lokomotive

Ich erinnere mich noch an eine Geschichte, die ich als Kind gehört habe. Sie handelte von einer Lokomotive, die partout nicht auf ihren Gleisen bleiben wollte. Sie wollte gerne die Städte erkunden und in den Feldern, die sie von der Eisenbahnstrecke aus immer sah, spazieren fahren.

Eines Tages verließ sie tatsächlich das Gleis! Doch als sie in der Stadt umherfuhr, waren die Leute alles andere als erfreut. Der Rauch, den sie beständig ausstieß, setzte sich auf ihre sauberen Kleider. Sie behinderte den Verkehr und mit ihrem mächtigen Gewicht zerstörte sie alle Straßen.

Als sie in die Felder fuhr, um die Blumen zu genießen, die sie sonst immer nur von weitem sah, blieb sie sofort stecken und die Bauern mussten mit Traktoren anrücken, um sie wieder herauszuziehen. Wo sie auch auftauchte, gab es nichts als Ärger, und je mehr Ärger sie verursachte, desto verzweifelter wurde sie. Schließlich setzten die Leute aus der Stadt sie wieder auf ihre Gleise, für die sie gemacht war. Dort merkte sie, dass sie nicht glücklich werden würde, wenn sie nicht auf dem richtigen Gleis bleiben und auf den Wegen fahren würde, die ihr bestimmt waren.

Ich erzähle diese nette kleine Geschichte deshalb, weil sie uns daran erinnert, dass Gott für jeden von uns einen Lebensweg vorbereitet hat. Wenn wir von diesem Weg abkommen, dann verursachen wir viel Leid und Chaos – für uns selbst ebenso wie für andere. Es ist die Aufgabe des Heiligen Geistes, uns auf diesem Weg zu halten und uns in die Richtung zu führen, die uns bestimmt ist.

Ein Fahrrad für zwei

Bislang hat meine Frau fast jedes Jahr dafür gesorgt, dass wir ihren allerliebsten Ferienort auf der Welt besuchen: Ocean City, New Jersey. Ich persönlich liebe es, im Urlaub Fahrräder zu mieten und dort auf einem langen Holzsteg durch die Dünen zu fahren. Einmal mietete ich ein Tandem. Ich saß vorne und meine Frau hinten. Nach einer Weile sagte sie, dass ihr das Tandemfahren keinen Spaß mache, weil sie nicht lenken könne und außerdem auch nicht richtig sehe, wo wir hinführen. Also tauschten wir die Plätze, und von da an hatte sie das Sagen und bestimmte, wo wir hinfuhren. Das sagte ihr wesentlich mehr zu. Ich glaube, wir haben uns danach nie wieder ein Tandem gemietet.

Irgendwie finde ich, dass die Erfahrung, die wir mit dem Tandem gemacht haben, in gewisser Weise ein Abbild des

Lebens ist. Wir wollen alle vorne am Lenker sitzen und bestimmen, wo es langgeht. Gott dagegen möchte, dass wir den hinteren Sitz einnehmen und ihm den Platz am Lenker überlassen. Wenn wir uns vom Heiligen Geist führen lassen, so die Zusage Gottes, dann wird er uns auf dem Weg der Gerechtigkeit führen und uns in die Richtung leiten, die für uns am besten ist.

Den Autor kennen

In Johannes 14,26 spricht Jesus davon, dass der Heilige Geist zu uns kommen und uns in alle Wahrheit leiten wird. Unter der Leitung des Heiligen Geistes werden wir in die Lage versetzt, die Antworten auf die letzten Fragen unseres Lebens zu erfassen. Ohne den Heiligen Geist hingegen bleibt vieles widersprüchlich. Dies gilt in besonderem Maße für die Heilige Schrift. Die Bedeutung der Bibel ist manchmal nur schwer zu begreifen, aber wenn wir uns vom Heiligen Geist erfüllen und leiten lassen, während wir in der Bibel lesen, dann wird sie in besonderer Weise zu uns sprechen.

Als ich noch zur Schule ging, gab meine Mutter mir einmal ein Buch mit dem Titel *Silver Trumpet* („Die silberne Trompete") von James Wesley Ingles. Ich las es auf Geheiß meiner Mutter, aber ehrlich gesagt konnte ich nicht allzu viel damit anfangen. Einige Jahre später schrieb ich mich als Student am *Eastern College* in St. Davids, Pennsylvania, ein und stellte zu meinem Erstaunen fest, dass mein Englischprofessor dort niemand anderes war als James Wesley Ingles selbst. Er sollte zu einem der Lehrer in meinem Leben werden, die mich besonders inspiriert haben.

Ich las *Silver Trumpet* noch ein zweites Mal. Bei dieser zweiten Lektüre fand ich das Buch ungemein faszinierend, und ich gewann eine Fülle von Einsichten, die ich beim ersten Mal nicht gehabt hatte. Der Unterschied bestand darin, dass ich inzwischen den Autor kennen gelernt hatte. Wenn man den Autor kennt, gewinnt alles, was man von ihm liest, eine ganz neue Bedeutung.

Mit der Bibel ist es nicht anders. Solange man den Autor, den Heiligen Geist, nicht persönlich kennt, bleibt die Wahrheit der Bibel unweigerlich wie von einem Schleier verhüllt.

Der Heilige Geist zeigt uns, wie wir beten können

Wenn wir beten, dann ist es allzu oft so, dass wir Gott eine Liste mit Forderungen präsentieren. Wir tun so, als wäre Gott dieser Geist aus der Wunderlampe, der uns alle unsere Wünsche erfüllt, wie egozentrisch sie auch immer sein mögen. Ich erinnere mich noch gut daran, wie mein Sohn als kleiner Junge abends vor dem Zubettgehen oft noch ins Wohnzimmer kam und sagte: „Ich gehe jetzt schlafen! Und vorher bete ich noch! ... Hat jemand irgendwelche Wünsche?"

Sonst ...

Manchmal schachern wir im Gebet richtiggehend mit Gott. Wir sagen ihm, dass wir bereit sind, die guten Werke zu tun, die er von uns erwartet, wenn er dafür tut, was wir uns von ihm wünschen. Manchmal hat das fast schon etwas Erpresserisches.

Es gibt eine nette Geschichte von einem kleinen Jungen, der Gott im Gebet um ein neues BMX-Fahrrad bat. Seine Mutter korrigierte ihn und sagte, dass es im Gebet nicht darum gehen sollte, unsere selbstsüchtigen Wünsche vor Gott zu tragen. Gebet sei also nicht das geeignete Mittel, um an ein BMX-Rad zu kommen.

Weihnachten nahte, und als die Mutter eines Morgens die Treppe herunterkam, bemerkte sie, dass in der Krippe unter dem Weihnachtsbaum etwas fehlte. Die Mariafigur war verschwunden und an ihrer Stelle lag ein kleiner Zettel. Auf dem Zettel stand: „Lieber Jesus, wenn du deine Mutter jemals wiedersehen willst, dann mach, dass ich ein BMX-Rad bekomme."

Da will jemand einfach nicht hören

Eine meiner Lieblingsanekdoten zum Thema Gebet handelt von einer älteren Missionarin, die einmal auf einer Frauenkonferenz zum Thema Gebet sprach. Sie berichtete dem kleinen Kreis, der sich da versammelt hatte, dass sie, als sie 50 Jahre zuvor zum ersten Mal in die Mission gegangen war, sehr einsam gewesen sei. Sie sah die anderen Missionare, die verheiratet waren und Kinder hatten, und trauerte darüber, dass sie selbst allein war. In ihrer Einsamkeit betete sie, Gott möge ihr doch bitte einen Ehemann schenken. Sie erzählte, wie sie betete, was das Zeug hielt, und irgendwie die Gewissheit hatte, dass Gott sie erhören würde.

„Aber Sie waren doch nie verheiratet!", wandte eine der Frauen ein. „Sie sind doch bis heute ledig!"

Die ältere Missionarin erwiderte: „Sie haben Recht! Aber ich bin mir sicher, dass es irgendwo einen 74-jährigen Mann gibt, der sich nun schon seit 50 Jahren dem Willen Gottes widersetzt."

Diese Anekdote ist nicht nur amüsant, sie zeigt auch, dass wir von Gott nicht erwarten dürfen, andere Menschen nach unseren eigensüchtigen Vorstellungen zu manipulieren.

Charlie Stoltzfus

Wenn der Heilige Geist uns leitet, geht es oft auch sehr amüsant zu.

Vor einigen Jahren war ich als Sprecher auf einer Konferenz an einem kleinen pfingstlerisch geprägten College ganz in der Nähe des Eastern College, wo ich selbst unterrichte. Ich bin dort immer sehr gerne als Gastredner, weil die Leute dort so ein klares Verständnis davon haben, was es heißt, sich vom Geist Gottes leiten zu lassen.

Vor dem Gottesdienst baten mich einige der Lehrer in einen Nebenraum, um für mich zu beten. Ich ging auf die Knie und sechs Personen umringten mich, legten mir die Hände auf und baten den Heiligen Geist, mich zu erfüllen und mich während des Gottesdienstes als sein Werkzeug zu gebrauchen, um den Studenten zu dienen. Pfingstler scheinen im Allgemeinen länger und dynamischer zu beten als wir Baptisten. So beteten auch diese Lehrer lang und ausdauernd, und je länger sie beteten, desto stärker lehnten sie sich auf meinen Kopf. Sie beteten und beteten, und ihre Hände wurden schwerer und schwerer. Schließlich flüsterte einer von ihnen: „Spüren Sie den Geist Gottes? Können Sie ihn spüren?" Offen gesagt spürte ich etwas in meinem Genick, aber ich war mir nicht ganz sicher, ob ich dieses Gefühl wirklich dem Heiligen Geist zuschreiben sollte.

Einer der anwesenden Lehrer nannte im Gebet immer einen Mann namens Charlie Stoltzfus. Als ich dies so hörte, wurde ich allmählich ein wenig ungeduldig. *Wenn er sich schon auf meinen Kopf stützt*, so dachte ich im Stillen, *dann kann er doch wohl wenigstens für mich beten!* Er betete immer weiter für diesen Mann, der offenbar drauf und dran war, seine Frau und seine drei Kinder zu verlassen. Ich höre ihn noch, wie er rief: „Herr! Herr! Bitte lass nicht zu, dass dieser Mann Frau und Kinder verlässt! Bitte schick einen Engel, um ihn zu seiner Familie zurückzubringen. Lass nicht zu, dass diese Familie zerbricht. Du weißt, von wem ich spreche ... ich meine Charlie Stoltzfus, der hier in unserer Straße in dem silbernen Wohnwagen wohnt!"

Ziemlich genervt dachte ich mir: *Gott weiß doch, wo er wohnt ... Dieser Mann tut fast so, als würde Gott oben im Himmel sitzen und sagen: „Ach ja, Charlie Stoltzfus – wie war doch noch gleich die Adresse?"*

Nach dem Gottesdienst setzte ich mich ins Auto und machte mich auf den Heimweg. Ich war gerade an der Auffahrt zur Pennsylvania-Schnellstraße, als ich am Straßenrand einen Mann sah, der per Anhalter mitgenommen werden wollte. Ich gabelte ihn auf. (Ich weiß, das sollte man eigentlich nicht tun, aber ich bin eben im Herzen ein Baptistenprediger, und wenn sich mir die Gelegenheit bietet, einem Menschen von Gott zu erzählen, ohne dass er mir davonlaufen kann, dann kann ich einfach nicht widerstehen.) Während wir auf die Schnellstraße fuhren, stellte ich mich ihm vor. „Ich heiße Tony Campolo. Und Sie? Wie heißen Sie?“

„Ich heiße Charlie Stoltzfus“, erwiderte er.

Ich sagte kein Wort. Ich nahm die nächste Abfahrt und kehrte geradewegs wieder um. Als er merkte, was geschah, sagte er: „Sagen Sie mal, wo fahren Sie denn eigentlich mit mir hin?“

„Ich bringe Sie nach Hause!“, erwiderte ich.

„Warum? Was soll das?“, fragte er.

„Weil Sie gerade dabei sind, Ihre Frau und Ihre drei Kinder sitzen zu lassen. Habe ich Recht?“, fragte ich ihn.

„Stimmt!“, sagte er. „Das stimmt!“

Den Rest der Fahrt über saß er nur gegen die Tür gelehnt da und starrte zu mir herüber. Ich nahm die nächste Abfahrt und fuhr ihn auf direktem Weg zurück nach Hause zu seinem silbernen Wohnwagen. Als ich in die Einfahrt einbog, schaute er mich mit ungläubigem Staunen an und fragte: „Woher wissen Sie, dass ich hier wohne?“

„Das hat Gott mir gesagt“, entgegnete ich.

Ich bin wirklich davon überzeugt, dass Gott das getan hat. Ich glaube, dass Gott oft einfach so dafür sorgt, dass sich Umstände zueinander fügen. Ich glaube, dass es für ihn oft ein ganz schöner Frust ist, im Himmel zu sitzen und sich all die Dinge mit ansehen zu müssen, die auf der Erde vor sich gehen. Ich kann mir gut vorstellen, wie Gott Petrus einen Rippenstoß gibt und sagt: „So, mein Sohn, jetzt pass mal auf!“

Ich sagte: „So, Charlie, wir gehen jetzt zusammen in diesen Wohnwagen und dann möchte ich mit Ihnen und Ihrer Frau reden.“

Er lief voraus. Ich weiß nicht, was er seiner Frau gesagt hat, aber als ich zur Tür hereinkam, stand sie mit weit aufgerissenen Augen da. Wir setzten uns zusammen hin und ich sagte: „So, jetzt hören Sie mir mal gut zu ...“

Und sie hörten zu! Im Laufe der folgenden Stunde führte

ich die beiden in eine persönliche Beziehung zu Jesus. Heute ist der Mann ein Pfingstprediger irgendwo in den Südstaaten.

Wenn wir uns vom Heiligen Geist leiten lassen, dann warten alle möglichen Überraschungen auf uns.

Geduld hat ihren Preis

Ein junger Methodistenprediger bekam Besuch von seinem Bischof. Am Ende des Besuchs fragte der Bischof: „Nun, mein Sohn, gibt es irgendetwas, das dich bewegt und wofür ich beten kann?"

„Ja", erwiderte der junge Pastor. „Mir fehlt es irgendwie an der nötigen Geduld mit meiner Gemeinde. Ich habe viele Träume und Visionen, aber die Gemeindemitglieder scheinen irgendwie nicht so richtig darauf anzuspringen. Sie sind mir einfach zu unbeweglich, und ich bin es leid, dass sie immer auf der Bremse stehen, wenn ich in der Gemeinde etwas verändern will. Bitte, Herr Bischof, beten Sie für mich, dass Gott mir Geduld schenkt."

Der Bischof und der junge Mann gingen zum Altar, knieten nieder, und der Bischof begann zu beten: „Lieber Herr, bitte bring Schwierigkeiten in das Leben dieses lieben jungen Bruders! Bitte schenke ihm Leiden! Bitte wirke du, dass Probleme und Anfechtungen kommen! Bitte bring eine Fülle von Prüfungen über ihn."

Der junge Pastor unterbrach ihn: „Halt! Ich wollte doch Geduld, nicht Schwierigkeiten, Prüfungen und Anfechtungen."

Daraufhin sagte der Bischof: „Aber, mein Sohn, in der Bibel heißt es doch: ‚Durch Leiden lernen wir Geduld.' Wenn du Geduld lernen willst, dann wirst du feststellen, dass sie nicht umsonst zu haben ist. Die Schwierigkeiten und Anfechtungen, die das Leben mit sich bringt, werden dich zu einem geduldigen Menschen machen."

Der Heilige Geist zeigt uns, wie wir vergeben können

Im Vaterunser bitten wir Gott, uns so zu vergeben, wie wir anderen Menschen vergeben. Es kann jedoch unendlich schwer sein, anderen Menschen zu vergeben. Das Gute ist, dass der Heilige Geist uns zu Hilfe kommt, wenn wir uns Gott hingeben. Er ist es, der uns die Fähigkeit verleiht, anderen so zu vergeben, wie Christus uns vergibt.

Seien Sie der Erste, der vergibt

Ich war einmal als Gastprediger in einer Gemeinde in South Jersey. Als ich auf der Kanzel stand, um mit meiner Predigt zu beginnen, da bemerkte ich links vor mir in der ersten Reihe eine ältere Dame mit einem grimmigen Gesichtsausdruck. Ich beschloss spontan, beim Predigen nicht auf diese Seite der Gemeinde zu blicken.

Vielleicht haben Sie sich hin und wieder einmal die Frage gestellt, warum Prediger sich manchmal nur der einen Seite des Auditoriums zuzuwenden scheinen. Vielleicht liegt das ja daran, dass es auf der anderen Seite jemanden gibt, dessen Blicke er nach Möglichkeit meiden will. An jenem besagten Sonntag war dies bei mir jedenfalls der Grund. Als ich mich also der rechten Seite zuwandte, musste ich feststellen, dass dort ebenfalls eine ältere Dame mit einem ebenso grimmigen Gesichtsausdruck saß, die der anderen Dame ziemlich ähnlich sah. An jenem Sonntag predigte ich nahezu ausschließlich zum Mittelgang!

Nach Ende des Gottesdienstes fragte ich einen der Diakone nach den beiden Damen, die so grimmig dreinschauten. Er erzählte mir, die beiden seien Schwestern. Ich fragte ihn, warum sie getrennt voneinander auf jeweils unterschiedlichen Seiten saßen. Er meinte, die beiden hätten nur wenig miteinander zu tun. „Dann ist es sicherlich gut, dass sie nicht zusammen wohnen", erwiderte ich. „Doch", sagte er, „die beiden wohnen zusammen."

Ich hatte keine Gelegenheit, mit einer der beiden Damen

zu sprechen, aber wenn ich es getan hätte, dann hätte die entsprechende Schwester sicherlich die Hand in einer frommen Geste aufs Herz gelegt und gesagt: „Ich bin eine gute Christin! Natürlich bin ich bereit, meiner Schwester die Dinge zu vergeben, die sie mir vor 25 Jahren angetan hat, Mr Campolo. Aber sie hat mich in all den Jahren nie um Verzeihung gebeten. Kann man einem Menschen vergeben, auch wenn er einen nie um Vergebung bittet?"

Und wenn ich danach zu ihrer Schwester gegangen wäre, dann hätte ich vermutlich ziemlich genau dasselbe zu hören bekommen: „Natürlich bin ich bereit, ihr zu vergeben, aber sie hat mich ja nie darum gebeten!"

Und so sitzen sie getrennt voneinander, jede auf ihrer Seite, und warten hartnäckig darauf, dass die jeweils andere die Initiative ergreift und den ersten Schritt zur Versöhnung tut. Die frohe Botschaft des Evangeliums ist die, dass Jesus nicht darauf gewartet hat, bis wir endlich zu ihm kommen und ihn um Vergebung bitten. Die Bibel berichtet, dass er den ersten Schritt tat und sich für uns am Kreuz hingab, als wir noch tief in unsere Sünde verstrickt waren. Wir haben einen Gott, der uns durch die Kraft seines Heiligen Geistes beibringen will, wie wir es ihm gleichtun und die Initiative ergreifen können, sodass wir eine Kettenreaktion der Vergebung auslösen, die zerbrochene Beziehungen wiederherstellt.

Den Graben überwinden

Eine der vielleicht bewegendsten Szenen, die ich je erlebt habe, ereignete sich in Portadown in Nordirland. Zwei Tage vor dem Triumphumzug der Protestanten durch katholische Wohnviertel, der alljährlich durchgeführt wird, um die dort lebenden Katholiken zu verhöhnen, wurde im Rathaus ein Friedenstreffen abgehalten, und ich war als Gastredner eingeladen.

Das Gebäude war ziemlich heruntergekommen. Auf der einen Seite waren die Fenster mit Holzplatten vernagelt, weil die Scheiben durch Bombenexplosionen zu Bruch gegangen waren. Es waren etwa hundert Menschen zusammengekommen, die eine Hälfte Katholiken, die andere Protestanten. In den nun folgenden Stunden baten Menschen von beiden Seiten des religiösen Grabens einander um Vergebung.

Tomás Borge

Eine vielleicht noch bewegendere Anekdote handelt von Tomás Borge, dem Freiheitskämpfer aus Nicaragua. Er war seinerzeit einer der führenden Köpfe im Kampf gegen das totalitäre Regime, das sein Land beherrschte.

Während der Revolution wurde er gefangen genommen und eingekerkert. Er wurde an der Wand festgekettet und musste in seinem hilflosen Zustand mit ansehen, wie seine Feinde seine Frau hereinzerrten und sie reihum vergewaltigten. Dann kastrierten sie ihn, um sein Selbstwertgefühl als Mann vollends zu zerstören.

Nach dem Ende der Revolution wurde Tomás Borge freigelassen und er zog als Nationalheld durch die Straßen. Während der Siegesfeier erblickte er in der Menge einen seiner früheren Peiniger. Er war einer der Männer gewesen, die seine Frau vergewaltigt hatten.

Borge verließ die Reihen der Parade, lief auf den Mann zu und packte ihn an der Schulter. Er schüttelte ihn und rief: „Erinnerst du dich, wer ich bin? Erinnerst du dich? Erinnerst du dich?"

Der Mann zitterte vor Angst und tat so, als hätte er Borge noch nie zuvor gesehen. Aber Borge blieb hartnäckig und schrie: „Aber ich werde nie vergessen, wer *du* bist! Ich werde es nie vergessen!" Dann fragte er: „Hast du überhaupt irgendeine Ahnung, worum es in dieser Revolution geht? Hast du irgendeine Vorstellung davon?"

„Ja! Ja!", erwiderte der Mann mechanisch, während er Borge völlig verwirrt und in heller Panik anstarrte.

„Nein!", erwiderte Borge daraufhin. „Du weißt es eben nicht!" Dann umarmte er den Mann und rief: „Ich vergebe dir! Ich vergebe dir! Das ist es, worum es in dieser Revolution geht!"

Was für eine unglaubliche Geschichte! Sie ist ein Abglanz der Vergebung, die Jesus uns geschenkt hat. Wir haben ihn gekreuzigt. Wegen unserer Sünden musste er durch die Abgründe der Hölle gehen. Trotzdem nimmt er uns in den Arm, offenbart uns seine revolutionäre Vergebung und macht uns das unfassbare Geschenk seiner Liebe.

Freiheit

Der amerikanische Expräsident Clinton berichtete einmal von seiner ersten Begegnung mit Nelson Mandela. In einer Unterredung mit diesem großartigen Staatsmann aus Südafrika sagte der Präsident: „Als Sie aus dem Gefängnis entlassen wurden, da habe ich meine Tochter um drei Uhr morgens geweckt, weil ich wollte, dass sie diesen historischen Augenblick miterlebt. Als Sie aus dem Gebäude kamen und über den Hof zum Tor der Haftanstalt gingen, da zeigte die Kamera Ihr Gesicht aus nächster Nähe. Ich habe noch nie ein solches Maß an Wut, ja, sogar Hass in einem Menschen gesehen wie in diesem Moment in Ihrem Gesicht. Das war damals nicht der Nelson Mandela, den ich heute kenne. Was war damals anders als heute?"

Mandela erwiderte: „Es überrascht mich, dass Sie das damals so gesehen haben, und ich bedaure, dass meine Wut vor laufender Kamera so sichtbar wurde. Als ich damals über den Gefängnishof ging, dachte ich: *Sie haben dir alles genommen, was dir wichtig war. Dein Anliegen ist tot. Deine Familie ist zerstört. Deine Freunde sind umgekommen. Du bist zwar in Freiheit, aber es ist nichts mehr da, wofür es sich zu leben lohnt.* Ich war damals so voller Hass auf sie wegen allem, was sie mir angetan hatten. Doch dann hörte ich eine innere Stimme, die zu mir sagte: ‚Nelson! Du warst 27 Jahre lang ihr Gefangener und doch warst du immer ein freier Mann! Nun lass nicht zu, dass sie dich am Tag deiner Freilassung zu einem Gefangenen machen!'"

Die mangelnde Bereitschaft zu verzeihen lässt unsere Seele bitter werden und macht uns innerlich zu Gefangenen. Wenn wir nicht vergeben, dann werden wir unfrei.

Einander vergeben

Wer durch die Kraft des Heiligen Geistes Vergebung von anderen erfahren hat, der spürt, dass Gott ihm vergeben hat, und er wird durch den Geist verändert, sodass er nun seinerseits anderen Menschen vergeben kann. Alle Bitterkeit verfliegt, wenn der Geist in unserem Herzen die Herrschaft übernimmt. Wer Vergebung empfangen hat, der vergibt auch anderen.

Chuck Colson, der ehemalige Berater des Präsidenten und Begründer der *Prison Fellowship*, erzählte die unglaubliche Geschichte, wie er einmal im Staatsgefängnis des US-Bundesstaats Indiana einen Gottesdienst vor zum Tode verurteilten Häftlingen abgehalten hatte. Nach dem Gottesdienst wurde das Team, das den Gottesdienst durchgeführt hatte, zum Ausgang geleitet. Plötzlich fiel auf, dass einer der Mitarbeiter fehlte. Colson eilte zurück in den Zellenblock und fand ihn in einer Zelle mit einem Häftling. Die beiden saßen nebeneinander und der Mitarbeiter hatte seinen Arm um den Mann gelegt. Colson war ziemlich wütend über diese Eigenmächtigkeit und fuhr ihn an: „Ist Ihnen eigentlich klar, dass Sie hier gerade unsere Besucherprivilegien grob fahrlässig missbrauchen? Wenn wir die Anweisung bekommen zu gehen, dann ist nicht die Zeit, mit Häftlingen zu beten! Durch Ihr eigenmächtiges Handeln können Sie uns ganz gewaltig in Schwierigkeiten bringen."

Der Mitarbeiter schaute auf und sagte: „Verzeihen Sie, Mr Colson. Das hier ist James Brewer. Er ist zum Tode verurteilt. Und ich bin Richter Clement. Ich bin der Richter, der das Todesurteil über ihn verkündet hat. Es tut mir aufrichtig Leid, dass ich noch geblieben bin, aber wir beide brauchten einfach noch einen Moment, um einander zu vergeben."

Der Heilige Geist gibt uns Träume und Visionen

Petrus spricht davon, dass die Ausgießung des Heiligen Geistes zu Pfingsten die Erfüllung der alttestamentlichen Prophetie war, wonach alte Männer und Frauen Träume haben und die Jungen Visionen empfangen sollten (Joel 3,1; Apostelgeschichte 2,17).

Dinge, auf die wir hoffen

Glauben heißt Vertrauen, und im Vertrauen bezeugt sich die Wirklichkeit dessen, worauf wir hoffen. Unsere Hoffnungen und Träume für die Zukunft helfen uns, unser Menschsein in seiner ganzen Fülle zu entfalten.

Eine meiner Lieblingsgestalten der Bibel ist Abraham. Als er seine Vision empfing, war er Ende 90. Ich stelle mir vor, wie dieser alte Mann eines Morgens aufwacht, seiner Frau einen Stups gibt und mit gebrechlicher Stimme sagt: „Sarah?“

Die alte Dame, die auch schon mindestens 92 ist, antwortet daraufhin mit müder Stimme: „Ja, Abilein, was ist denn?“

„Du, ich hatte da eben eine Vision“, erwidert der alte Mann.

„Was denn für eine Vision, Abilein?“, fragt sie.

„Ich hatte eine Vision von einer neuen Welt!“, berichtet der alte Mann weiter. „Und von einer neuen Menschheit! Ich habe ein neues Volk gesehen! Und wir beide haben eine ganz neue Epoche der Menschheitsgeschichte eingeleitet!“

„Und wie soll diese neue Epoche beginnen?“, fragt Sarah.

„Gut, dass du fragst!“, erwidert er mit einem verschmitzten Lächeln.

> Helen Keller, jene blinde und taube Frau, die Geschichte machte, indem sie sich nicht von ihrer Behinderung unterkriegen ließ, wurde einmal gefragt, ob es wohl irgendetwas Schlimmeres gäbe, als blind zu sein. Darauf erwiderte sie: „O ja! Es gibt etwas, das viel schlimmer ist, als blind zu sein. Nämlich wenn man sieht, aber keine Perspektive vor Augen hat!“

Und nun versuchen Sie einmal, sich die nächste Szene vorzustellen. Der alte Mann, inzwischen weit über 90, vielleicht mit Gehgestell, humpelt mit seiner *schwangeren* Frau Anfang 90 davon. (Wenn Sie Gott keinen Humor zutrauen, dann sollte dies Ihnen eigentlich zu denken geben!)

„Wohin gehst du denn, Abraham?“, fragen die Leute.

„Keine Ahnung“, erwidert der alte Mann.

„Warum dann dieser plötzliche Aufbruch?“

„Weil Gott mir eine Vision gegeben hat!“, ruft Abraham.

Träume und Visionen

Ich war einmal als Sprecher zu einer Veranstaltung von Studenten an der *University of California* in Los Angeles eingeladen. Während der Frage-Antwort-Stunde wurde klar, dass die Studenten von einem geradezu nihilistischen Zynismus erfüllt waren. Sie glaubten an nichts und niemanden. Gegen Ende der Veranstaltung rief ich laut: „Ich bin 62 Jahre alt! Die Meisten von Ihnen sind vielleicht 22 oder 23! Aber mir scheint es fast so, als wäre ich im Herzen jünger als Sie alle. Ein Mensch ist immer so jung wie seine Träume und Visionen und so alt wie sein Zynismus. Ich träume noch immer, aber Sie scheinen Ihre Träume schon in jungen Jahren begraben zu haben.“

In Arthur Millers eindrucksvollem Theaterstück *Tod eines Handlungsreisenden* wird Willy Loman, die tragische Hauptfigur, die das Stück dominiert, nach ihrem Selbstmord zu Grabe getragen. An einem trüben und verregneten Tag stehen seine nächsten Angehörigen und Freunde zusammen am Grab und betrachten den Sarg. Seine Witwe weint und schluchzt: „Ich kann's nicht verstehen.“ Willys Sohn Biff sagt daraufhin: „Er hatte nur den falschen Traum. Völlig falsch.“*

---

* Arthur Miller, Tod eines Handlungsreisenden. Frankfurt: Fischer-Tb, April 1996, S. 114

Ohne Hoffnung und Vision gehen Menschen im wahrsten Sinne des Wortes zugrunde!

Unmögliche Träume

Während der Aufführung des Musicals *Der Mann von La Mancha* in einem Theater in New York fing eine Frau in der Reihe vor mir auf einmal an, im Flüsterton energisch auf ihren Mann einzureden: „Hör auf damit! Hör jetzt auf! Du blamierst uns!"

Ich beugte mich ein Stück nach vorne, um den Mann sehen zu können. Er war fein angezogen und allem Anschein nach ein wohlsituierter Herr, von dem man annehmen konnte, dass er sich zu benehmen wusste. Trotzdem konnte er nicht mehr an sich halten und schluchzte hemmungslos. Ich wusste auch, warum. Es war wegen des Liedes, das der Darsteller von Don Quixote gerade auf der Bühne sang: „Der unmögliche Traum". Er sang davon, „den unbezwingbaren Feind" zu besiegen, und davon, wie es ihn danach verlange, mutig an Orte zu gehen, wo selbst die Tapfersten sich nicht hinwagen. Er sang davon, dass die Welt reicher würde durch einen, der weder Wunden noch Narben scheue und der sich durch nichts davon abbringen ließe, nach unerreichbaren Sternen zu greifen. Der Mann weinte, weil er seine Träume verloren hatte. Irgendwo auf dem Weg war ihm seine Lebensvision abhanden gekommen.

Ich weiß nicht, wodurch Ihre Träume und Perspektiven inspiriert worden sind, aber irgendwann auf dem Weg hat Gott zu Ihnen gesprochen. Vielleicht war es auf einer Gemeindekonferenz der Baptisten, während Sie gerade zum 20sten Mal „So wie ich bin" gesungen haben, oder auf einer Freizeit der Methodisten bei der 50sten Strophe von „Kumbaya" – irgendwo, irgendwann hat Gott zu Ihnen gesprochen und Ihnen Träume und Visionen gegeben.

Wenn die Fakten dagegen sprechen

In dem oben genannten Musical ist Sancho Panza, der leicht vertrottelt wirkende Diener und Schildknappe Don Quixotes, treu an der Seite seines Herrn, als die beiden vor einem heruntergekommenen Gasthaus stehen. Don Quixote schwärmt mit großen Worten vom herrlichen Schloss, das da vermeintlich direkt vor ihnen steht. Voller Wonne schwärmt er von den Türmen und herrlichen Torbögen. Bis in die Einzelheiten hinein malt er sich dieses Schloss aus, so grandios, dass es selbst den Vergleich mit dem berühmten Alcazar von Sevilla nicht zu scheuen braucht. Sancho Panza blinzelt mit den Augen und versucht angestrengt, zu sehen, was sein Herr ihm da beschreibt, doch schließlich gesteht er freimütig, dass er nichts zu sehen vermag als ein altes, halb verfallenes Gasthaus. Als er anfängt, ihm den Anblick zu schildern, fährt Don Quixote dazwischen und ruft: „Halt! Ich werde nicht zulassen, dass deine Fakten meiner Vision widersprechen!"

Wenn wir mit dem Heiligen Geist erfüllt werden, dann empfangen wir Träume und Visionen, die gegen die Wirklichkeit sprechen. Wann immer ich jungen Menschen begegne, die davon träumen, etwas Außergewöhnliches für Gott zu tun, kann ich fast sicher sein, dass ihre Eltern versuchen, ihnen Knüppel zwischen die Beine zu werfen. Oft tun sie das in der wohlmeinenden Absicht, ihren Kindern dabei zu helfen, realistisch zu bleiben, doch solche Eltern begreifen nicht, dass Gott ihren Kindern Träume und Visionen schenkt, die sie gerade dazu zwingen, sich über die Fakten hinwegzusetzen und manchmal Dinge zu tun, die den Regeln der Vernunft zuwiderlaufen. Wir dürfen nicht versuchen, sie von diesen Träumen und Visionen abzubringen, denn sie sind es, die unserem Leben Sinn und Richtung geben.

Der Heilige Geist macht uns lebendig

Carpe diem

Vor einigen Jahren sah ich den Film *Der Club der toten Dichter* mit Robin Williams in der Rolle eines Lehrers in einem Elite-Internat. In einer der Anfangsszenen des Films führt er seine Schüler ins Foyer vor dem Klassenraum und zeigt ihnen eine Vitrine, in der Trophäen ausgestellt sind. Er lenkt ihre Aufmerksamkeit vor allem auf das Foto einer Footballmannschaft vom Anfang des 20. Jahrhunderts und macht ihnen auf eindrucksvolle Weise deutlich, was die Spieler von damals ihnen sagen würden, wenn sie es könnten, nämlich: „Carpe diem! Carpe diem!"

Als ihn dann einer der Jungs fragt, was „Carpe diem" heiße, antwortet er, dies sei lateinisch und bedeute so viel wie „Nutze den Tag". Der Rest der Geschichte handelt davon, wie diese Jungs ganz neue Seiten des Lebens entdecken, indem sie die Werke großer englischer Dichter lesen. Sie dringen zu einer Qualität des Bewusstseins vor, die sie nie zuvor gekannt haben. Die längst verstorbenen Dichter weisen ihnen den Weg, wie sie ihr Leben jeden Tag neu mit Leidenschaft ergreifen können.

Als ich diesen Film sah, war ich zutiefst beeindruckt davon, was dort durch die Beschäftigung mit Poesie alles möglich war. Je mehr ich jedoch darüber nachdachte, desto deutlicher wurde mir bewusst, dass der Heilige Geist uns sogar noch weitere Dimensionen des Lebens voller Leidenschaft erschließen kann. In Römer 8,11 spricht Paulus davon, dass der Heilige Geist uns vom Tod unserer Vergangenheit auferweckt und lebendig macht. Dies ist womöglich eine der wichtigsten Dimensionen des neuen Lebens im Geist überhaupt, die der Erfüllung mit dem Heiligen Geist ihre besondere Attraktivität verleiht.

Wie lebendig sind Sie?

Vor einigen Jahren unterrichtete ich an der Universität von Pennsylvania ein Seminar mit dem Titel „Existenzialismus und Soziologie". In einem Semester fragte ich in der ersten Stunde einen der anwesenden Studenten ganz spontan: „Wie lange leben Sie schon?" Der Student wusste nicht so recht, wie er darauf reagieren sollte, und meinte: „Na ja, ich bin 22 Jahre alt."

„Nein, nein, nein!", erwiderte ich. „Jetzt haben Sie mir gerade verraten, wie lange Ihr Herz schon Blut durch Ihre Adern pumpt. Meine Frage war: Wie lange leben Sie schon?"

Der Student schaute verblüfft drein und wusste immer noch nicht so recht, was ich meinte. Dann erzählte ich ihm ein besonderes Erlebnis, das ich hatte, als ich in der neunten Klasse auf Klassenfahrt in New York war.

Wir waren auf der Aussichtsplattform des Empire State Buildings und ich war – wie es für Jungs in diesem Alter typisch ist – damit beschäftigt, herumzutoben und die Mädchen zu jagen. Plötzlich überkam es mich! Ich trat ganz dicht an das Geländer heran und schaute hinab. Vor mir lag das unbeschreibliche Panorama der Wolkenkratzer von New York und mir stockte förmlich der Atem. Ich war wie verzaubert und sog den Anblick dieser Stadt in mich auf. Dieser Moment war so intensiv, dass ich mich auch dann noch daran erinnern würde, wenn ich eine Million Jahre alt würde. Ich war in jenem Augenblick so ganz und gar lebendig, dass er mir bis in Ewigkeit gegenwärtig bleiben wird.

Ich schaute dem Studenten wieder in die Augen und fragte ihn erneut: „Wie lange leben Sie schon?"

Er war sehr nachdenklich: „Na ja, wenn Sie so wollen, lebe ich vielleicht seit ein paar Minuten. Ich kann es eigentlich gar nicht richtig sagen. Die meiste Zeit meines Lebens ist irgendwie einfach so vorbeigegangen. Nur hier und da zwischendurch gab es mal einen lichten Moment, in dem ich mich wirklich lebendig gefühlt habe."

Kein Wunder, dass der Apostel Paulus im 8. Kapitel des

Römerbriefes davon spricht, dass wir früher einmal durch die Übertretungen unserer Sünde tot waren, nun aber durch die Kraft des Heiligen Geistes ganz lebendig geworden sind. Jesus möchte, dass wir durch und durch lebendig werden und das Leben mit all seinen wunderbaren Möglichkeiten ergreifen. Damit dies möglich wird, haben wir den Heiligen Geist empfangen.

Wirklich lebendig

Fjodor Dostojewski berichtet davon, wie er auf Befehl des Zaren verhaftet und zum Tode verurteilt worden war. Zur damaligen Zeit setzte der Zar Untergebene, die gegen sein Regime aufbegehrten, einer üblen Form der psychischen Folter aus. Sie wurden mit verbundenen Augen an die Wand gestellt. Ein Erschießungskommando zog auf und zielte auf sie. Sie hörten einen Knall, doch sie spürten nichts. Nach und nach dämmerte es ihnen, dass die Gewehre nur mit Platzpatronen geladen gewesen waren.

Das psychische Trauma, dem Tod ins Auge zu sehen, ohne wirklich zu sterben, führte bei den Betroffenen zu tief greifenden Veränderungen. Bei Dostojewski hatte es ganz gewiss enorme Auswirkungen. Er berichtete, wie er am Morgen seiner Scheinexekution in dem festen Bewusstsein aufwachte, dass dies der letzte Tag seines Lebens sein würde. Als er seine Henkersmahlzeit einnahm, genoss er jeden einzelnen Bissen. Er tat jeden Atemzug im vollen Bewusstsein dessen, wie vergänglich und kostbar die Zeit war, die ihm noch blieb. Jeden Menschen, dem er begegnete, nahm er ganz bewusst wahr und versuchte, alles ganz tief zu verinnerlichen. Als er in den Hof hinausgeführt wurde, spürte er, wie die Sonne warm auf ihn herabschien, und er genoss jeden Sonnenstrahl wie nie zuvor. Alles um ihn herum schien auf magische Weise verändert und er konnte die Dinge mit ganz neuen Augen sehen. Alle seine Sinne waren so wach wie nie zuvor. Er war wirklich *ganz und gar* lebendig!

Nachdem man ihm die Augenbinde abgenommen hatte, wurde ihm bewusst, dass er noch lebte. Trotzdem war alles verändert. Plötzlich begegnete er Menschen, die er zuvor gehasst hatte, mit Dankbarkeit. Er konnte alles, was ihm widerfuhr, vor allem aber das Leben selbst dankbar annehmen. Dostojewski behauptet, dieses Erlebnis habe ihn dazu gebracht, Schriftsteller zu werden, und es habe ihm eine Wahrnehmungsfähigkeit gegeben, die er nie zuvor besessen habe.

Die frohe Botschaft des Evangeliums besteht darin, dass wir nicht erst solche Traumata erleben müssen, um echte Freude am Leben erfahren zu können. Menschen, die den Heiligen Geist nicht haben, werden in der Bibel häufig als schlafend bezeichnet. Aufgabe des Heiligen Geistes ist es, uns die Augen dafür zu öffnen, worum es im Leben wirklich geht. In Römer 12,1 spricht Paulus davon, dass wir unsere Augen vor der Gnade Gottes nicht verschließen sollen. Der Heilige Geist öffnet uns jeden Tag neu die Augen für diese Gnade.

Unsere kleine Stadt

Thornton Wilders Theaterstück *Unsere kleine Stadt* handelt von einer jungen Frau, die die Freuden des Lebens erst viel zu spät entdeckt. Nach ihrem Tod fleht sie die Geister an, noch einmal zurückkehren zu dürfen und einen Tag ihres Lebens noch einmal erleben zu dürfen. Sie wählt dafür ihren zwölften Geburtstag aus.

Dabei stellt sie zu ihrem großen Entsetzen fest, wie wenig die Menschen, die sie am liebsten mag, sich wirklich ganz bewusst am Leben freuen. Sie fleht inständig, die Welt der Lebenden wieder verlassen zu dürfen, damit sie nicht mehr mit ansehen muss, wie wenig die Menschen dort das Leben wertschätzen. Ihre Abschiedsworte sind: „Leb wohl, leb wohl, Welt. Leb wohl, Grover's Corners ... Mama und Papa. Lebt wohl, tickende Uhren ... und Mamas Sonnenblumen. Und Frühstück und Kaffee. Und frisch geplättete Kleider und warme Bäder ... und schlafen und aufwachen. O Erde, du bist zu schön, als dass irgendjemand dich begreifen könnte." Sie stockt und fragt mit Tränen in den Augen: „Begreifen die Menschen jemals das Leben, während sie's leben – jeden, jeden Augenblick?"*

Eine gute Frage. Der Heilige Geist ist in uns am Werk und versucht uns jeden Tag lebendiger zu machen. Ein Gradmesser für unser geistliches Wachstum besteht darin, dass wir uns zunehmend bewusst werden, wie wunderbar die vielen kleinen, alltäglichen Dinge sind, die uns oft so ganz unscheinbar erscheinen.

In der Comic-Serie *Calvin und Hobbes* ruft der kleine Calvin einmal: „Ich fordere mehr als einfach nur Glücklichsein! Ich fordere Ekstase!"
Was Ekstase und Euphorie eigentlich sind, werden wir wohl erst wirklich ermessen können, wenn wir mit Jesus zusammen in der Herrlichkeit angelangt sind. Dies jedoch ist das Ziel, auf das wir zusteuern. Der Heilige Geist kommt uns zu Hilfe, damit wir diesen Endzustand erreichen.

Gelangweilt

Im Film *Die Reifeprüfung* spielt Dustin Hoffman einen jungen Mann, der gerade eben seine College-Ausbildung abgeschlossen hat und sich nun daran macht, seinen Berufseinstieg vorzubereiten. Er lässt sich von der infamen Mrs Robinson, einer Bekannten der Familie, verführen. Während er nun mit dieser Dame reiferen Alters im Bett liegt, versucht er, ein Gespräch mit ihr anzufangen. Er versucht, ihr von den großen Malern zu erzählen, deren Leben und Werk er an der Universität studiert hat, doch das alles langweilt sie offenbar nur. Daraufhin fragt er sie, was sie denn studiert hätte. „Ich habe Kunst studiert", erwidert sie.

---

* Thornton Wilder, Unsere kleine Stadt. Frankfurt: Fischer-Tb, November 1995, S. 83 f.

Diese Szene macht deutlich, dass dieser Frau jegliche Freude an der Kunst und am Leben an sich abhanden gekommen ist. Es fehlt ihr einfach die Lebendigkeit und Erlebnisfähigkeit, die nötig ist, um ein großes Kunstwerk wirklich wertschätzen zu können.

Die Sünde stumpft uns für die erregende Wirklichkeit des Lebens ab. Der Heilige Geist jedoch möchte uns von innen heraus erneuern.

5. Über die Frage „Wie werde ich ein Christ?"

Christ zu werden ist eine Abfolge von Entscheidungsschritten. Dazu gehört der Schritt, zu glauben, was die Bibel lehrt. Weiterhin gehört dazu die Entscheidung, die Person zu werden, von der Jesus will, dass ich sie werde. Und schließlich gehört dazu die Entscheidung, mich Jesus hinzugeben und mich auf die Veränderungen einzulassen, die er in meinem Leben bewirken will.

Glaube ist eine Entscheidung

Zuerst der Glaube

Ich wurde einmal von einer Elite-Universität als Gastredner eingeladen. Die Studenten, die sich im Vorlesungssaal eingefunden hatten, zeigten großes Interesse für die Bibel und die Botschaft des Evangeliums. Es hatte den Anschein, als wollten sie nur zu gerne glauben können und hofften nun, dass ihnen jemand ein paar gute Gründe dafür liefern würde, sich tatsächlich darauf einzulassen.

Nach meinem Vortrag war noch Zeit, Fragen an mich zu richten. Die allererste Frage, die mir gestellt wurde, lautete: „Wie kann man ernsthaft glauben, dass die Bibel die Wahrheit lehrt? Sie scheinen ein ziemlich kluger Mann zu sein und Sie genießen großes wissenschaftliches Ansehen. Wie kann ein Mensch, der so gut ausgebildet ist wie Sie, die Geschichten, die in der Bibel stehen, für wahr halten?"

„Nun, ich habe mich dafür entschieden, es zu tun!", erwiderte ich. „Vor vielen Jahren habe ich mir angesehen, was einem so alles als Wahrheit angeboten wird, und dann habe ich mich dafür entschieden, der Bibel zu glauben. Nachdem ich diese Entscheidung getroffen hatte, verbrachte ich viele Jahre damit, Informationen zu sammeln, die meinen Glauben stützen. Aber, um ganz ehrlich zu sein, der Glaube kam zuerst. Mein ganzes Denken, Philosophieren und Theologisieren dient lediglich dazu, meine *A-priori*-Glaubensentscheidung zu rechtfertigen."

> Anthony Flew, der Philosoph des logischen Positivismus, erzählte einmal die Geschichte von zwei Männern, die durch einen Wald gingen. Sie kamen an eine Lichtung, auf der Blumen wuchsen. Einer von beiden, ein Gläubiger, deutete sofort auf die Blumen und sagte: „Schau nur! Vor uns muss ein Gärtner hier gewesen sein. So viele schöne Blumen!"
> Der andere, ein Zyniker, erwiderte: „Schau dir doch das ganze Unkraut an! Hier war ganz bestimmt kein Gärtner am Werk."
> Der Streit ließe sich beliebig fortsetzen. Am Ende steht schlicht und einfach die Tatsache, dass der Mann, der an den Gärtner glauben wollte, reichlich Hinweise fand, um seine Annahme zu untermauern, ebenso wie der andere, der nicht daran glauben mochte. Das Gleiche gilt auch für den Streit zwischen Gläubigen und Skeptikern. Jeder hat Argumente, die seine *A-priori*-Annahme stützen.

Der junge Mann war ein wenig überrascht, dass ich keinen Hehl daraus machte. Er lächelte und meinte: „Das dachte ich mir!"

„Bevor Sie wieder Platz nehmen", erwiderte ich, „gestatten Sie, dass ich Ihnen auch eine Frage stelle: Warum glauben Sie eigentlich *nicht*, dass die Bibel stimmt? Ist der Grund dafür nicht, dass auch Sie eine Entscheidung getroffen haben, der Bibel eben *nicht* zu glauben? Bitte erzählen Sie mir nicht, dass Sie die Bibel von vorne bis hinten durchgelesen und alles, was Sie darin finden, genau geprüft haben und dass Sie dann empirische Fakten gefunden haben, die der Bibel widersprechen. Bitte versuchen Sie auch nicht, mir weiszumachen, dass die Bibel voller Widersprüche steckt, weil ich mir ziemlich sicher bin, dass Sie nicht in der Lage sind, mir auch nur fünf Widersprüche zu nennen. Ich vermute mal, dass Sie irgendwann einfach für sich die Entscheidung getroffen haben, dass die Bibel nicht der Wahrheit entspricht, und dass Sie dann angefangen haben, Fakten und Argumente zu sammeln, um Ihre *A-priori*-Entscheidung zum Unglauben zu stützen. Seien wir doch ehrlich! Ich habe genauso gute Gründe dafür, an die Bibel zu glauben, wie Sie Gründe haben, nicht daran zu glauben."

Dann fiel mir die so genannte Pascalsche Wette von Blaise Pascal ein. Ich sagte zu dem Studenten: „Wenn meine Glaubensentscheidung ein Irrtum ist und die Bibel falsch ist, es in Wirklichkeit also gar keinen Gott gibt, dann werde ich es niemals erfahren. In diesem Falle wird mein Bewusstsein zum Zeitpunkt meines Todes einfach erlöschen. Wenn sich aber Ihr Atheismus am Ende als Irrtum erweisen sollte, dann werden Sie es ganz gewiss erfahren!"

Eine andere Erklärung

An der Universität hatte ich das Privileg, den bekannten „Gott-ist-tot"-Theologen Paul Van Buren als Doktorvater zu haben. Ich verdanke diesem Mann sehr viel, weil er der Erste war, der mich dazu zwang, meine Gedanken klar und schlüssig zu formulieren. Bei einer Gelegenheit versuchte Dr. Van Buren, mir klar zu machen, dass meine religiösen Überzeugungen empirisch nicht zu beweisen seien. Er meinte: „Wenn Sie die Skeptiker an dieser Universität gerne davon überzeugen möchten, dass Ihr Gott wirklich echt ist, warum machen Sie es dann nicht so wie der Prophet Elia im Alten Testament? Warum bauen Sie nicht einen Altar aus Holz und rufen Feuer vom Himmel herab? Warum gehen Sie nicht an die *Broad Street*, halten den Verkehr an, errichten einen großen Holzhaufen und gießen Wasser darüber? Dann rufen Sie alle Zweifler zusammen, und wenn die Menschenmenge groß genug ist, dann rufen Sie Ihren Gott an und sagen ihm, er solle Feuer vom Himmel regnen lassen.

Das wäre dann ein empirischer Beweis dafür, dass Gott existiert."

> Die Bibel hat allen Anfeindungen standgehalten. Jeder Versuch, ihre Glaubwürdigkeit in Zweifel zu ziehen, ist gescheitert. Die archäologische Forschung hat viele Einzelheiten, die in der Bibel berichtet werden, bestätigt, und auch der Siegeszug der modernen Naturwissenschaften hat der Wahrheit der Bibel keinen Abbruch getan. Niemand kann ihrer Botschaft entfliehen. Ich liebe die Anekdote von W. C. Fields über die Bibel. Er war schwer krank und dem Tode nahe. Als seine Frau ins Krankenhaus kam, um ihn zu besuchen, sah sie, wie er in seinem Bett die Bibel las. „Aber, Schatz!", rief sie. „Du liest ja die Bibel. Ich dachte, du glaubst nicht an diesen Kram." Das wollte W. C. Fields sich nun doch nicht nachsagen lassen. „Ich suche ja auch nur die Fehler, mein Liebes", meinte er.

Ich antwortete mit einer Gegenfrage: „Dr. Van Buren, einmal angenommen, ich würde das wirklich tun. Nehmen wir an, ich würde auf der *Broad Street*, mitten auf unserem Uni-Gelände einen Haufen Balken aufstapeln und dann alle Skeptiker zusammenrufen, um sich das Schauspiel anzusehen, so wie Elia es damals mit den Skeptikern zu seiner Zeit tat. Und nehmen wir mal an, ich würde dann Wasser über das Holz gießen und Feuer vom Himmel rufen und es würde tatsächlich Feuer vom Himmel fallen und den Haufen entzünden. Was würden Sie daraufhin wohl sagen?"

Der Professor lächelte verschlagen. „Dann würde ich vermutlich sagen, dass es wohl noch irgendeine andere Erklärung dafür geben muss!"

Eine Entscheidung zur Hingabe

Entscheidung

Glaube allein reicht nicht. Sie müssen eine Entscheidung zur Hingabe treffen. J. Edwin Orr, ein beliebter Missiologe und Evangelist, liebte es, vor Studenten zu sprechen. Wenn er ein solches Publikum vor sich hatte, dann griff er in der Regel eine junge, unschuldig dreinschauende Frau heraus und bat sie, doch einmal aufzustehen. Dann fragte er sie: „Glauben Sie an die Ehe?“

Wenn die junge Frau die Frage bejahte, stellte er ihr die nächste Frage: „Warum?“

Die jeweilige Frau erklärte dann in der Regel, dass sie an die Ehe glaube, weil sie einer sexuellen Beziehung und der Erziehung der Kinder einen geschützten Rahmen gebe und weil man dann sein Leben lang nicht mehr einsam zu sein brauche. Dann fragte er: „Dann sind Sie also verheiratet?“

Die junge Frau protestierte dann mit ziemlicher Sicherheit und sagte: „Nein, ich bin nicht verheiratet!“, worauf Dr. Orr dann sagte, wenn sie doch an die Ehe glaube, müsse man doch wohl davon ausgehen, dass sie auch verheiratet wäre.

In aller Regel meinte die jeweilige junge Frau dann: „Ich habe den passenden Mann noch nicht gefunden, ich habe mich noch nicht entschieden.“

„Ganz genau!“, erwiderte Dr. Orr daraufhin. „Es reicht nicht, einfach nur zu glauben. Man muss auch eine Entscheidung treffen, und es muss jemanden geben, für den man sich entscheidet.“

So ist es auch als Christ. Der Glaube an die Wahrheit des christlichen Glaubens allein reicht nicht. Man muss auch eine persönliche Entscheidung treffen.

Echter Glaube

Eine Anekdote, die immer wieder gerne verwendet wird, um die Bedeutung einer persönlichen Entscheidung zu verdeutlichen, dreht sich um Blondin, den berühmten französischen Hochseilartisten. Im Jahre 1894 spannte er ein Seil über die Niagarafälle und balancierte vor den Augen von Tausenden von Zuschauern von der kanadischen auf die amerikanische Seite hinüber. Als er sicher drüben angekommen war, jubelte ihm die Menge zu und rief immer wieder seinen Namen: „Blondin! Blondin! Blondin!"

Blondin antwortete der Menge: „Ich bin Blondin! Glaubt ihr an mich?"

Die Menge antwortete: „Ja, wir glauben an dich! Ja, wir glauben an dich!"

Blondin antwortete weiter: „Glaubt ihr, dass ich über den Wasserfall zurückgehen und dabei jemanden auf meiner Schulter tragen kann?"

Wieder rief die Menge: „Ja, das glauben wir! Ja, das glauben wir!"

Daraufhin fragte Blondin: „Wer will sich tragen lassen?"

Auf einen Schlag wurde es totenstill. Nach einer oder zwei Minuten betretenen Schweigens meldete sich schließlich doch noch jemand (es war, wie sich hinterher herausstellte, Blondins Agent). Er stieg auf Blondins Schulter und gestattete dem Artisten, ihn über den gefährlichen Abgrund auf die andere Seite zu tragen.

Der Sinn der Geschichte bedarf an sich keiner weiteren Erklärung. Tausende schrien: „Ich glaube an dich! Ich glaube an dich!", doch am Ende war nur einer wirklich bereit, ihm und seinen Fähigkeiten zu glauben.

Raus aufs offene Meer

Es kursiert die Geschichte von einem Seenotrettungsboot der Küstenwache, das in Cape May im Bundesstaat New Jersey stationiert war. Eines Nachts zog vom Atlantik her ein

Hurrikan heran, und draußen vor der Küste befand sich ein Schiff in der akuten Gefahr, auseinander zu brechen. Der Kommandant des Rettungsbootes weckte seine Männer und gab ihnen die Anweisung, sich zum Einsatz fertig zu machen. „Aber Herr Kapitän!", entfuhr es einem der fassungslosen jungen Rekruten. „Wenn wir bei diesem Wetter da rausfahren, dann kommen wir ja vielleicht nie mehr wieder!"

Der Kapitän erwiderte: „Du brauchst ja auch nicht wiederzukommen! Du brauchst nur rauszufahren!"

Christsein bedeutet, dass wir unser Leben auf die Wahrheit des Evangeliums setzen und ganz bewusst das Risiko eingehen, das damit verbunden ist. Dies setzt voraus, dass wir alle Sicherheiten, die diese Welt uns zu bieten hat, loslassen und uns aufs offene Meer hinauswagen, wo große Gefahren auf uns lauern.

Spring!

Niemand erzählt Geschichten zum Thema Entscheidung zur Hingabe besser als Søren Kierkegaard. Das ist vermutlich deshalb so, weil er die Hingabe als den Kern dessen ansah, was es wirklich bedeutet, Christ zu sein.

Seine wohl berühmteste Geschichte zu diesem Thema ist die eines Mannes, der mit dem Rücken zum Abgrund steht und sich einer Feuerwand gegenüber sieht, die ihm den Rückweg abschneidet und sich langsam auf ihn zuwälzt. Unmittelbar bevor die Flammen ihn erreichen, hört er, wie aus dem dunklen Abgrund eine Stimme ruft: „Spring!"

„Ich sehe nichts! Es ist alles dunkel da unten!"

Die Stimme aus dem Abgrund ruft: „Spring trotzdem! Ich sehe dich sehr gut!"

Kierkegaard gebraucht diese Geschichte, um das zu illustrieren, was er einen „Glaubenssprung" nennt. Was nötig ist, um sich Christus anzuvertrauen, ist so überwältigend, dass nur jene, die verzweifelt genug sind, einen solchen Glaubenssprung zu wagen, wirklich bereit sind, sich dieser Stimme aus der Dunkelheit wirklich anzuvertrauen.

Enten

Eine meiner Lieblingsgeschichten von Kierkegaard ist die Parabel von den Enten. Kierkegaard beschreibt eine Stadt, in der nur Enten leben. Jeden Sonntag kommen die Enten aus ihren Häusern heraus und watscheln die Hauptstraße hinunter zur Kirche. Sie watscheln in das Gotteshaus hinein und hocken sich auf ihre Stammplätze auf den Kirchenbänken. Die Mitglieder des Entenchores nehmen ihre Plätze ein und schließlich tritt der Entenpastor ans Pult und schlägt seine Entenbibel auf. (Wie alle anderen Geschöpfe auf der Erde scheinen auch die Enten ihre eigene Version der Bibel zu haben.) Sodann erhebt er seine Stimme und liest: „Enten! Gott hat euch Flügel gegeben! Flügel, mit denen ihr fliegen könnt! Flügel, mit denen ihr euch in die Lüfte erheben und wie die Adler schweben könnt. Mauern können euch nicht einengen! Zäune sind kein Hindernis für euch! Ihr habt Flügel. Gott hat euch Flügel gegeben und ihr könnt fliegen wie die Vögel!"

Alle Enten riefen: „Amen!" Und dann hüpften sie von ihren Bänken und watschelten nach Hause.

Wie sehr trifft dieses Gleichnis doch auf viele Menschen in der Kirche zu! Sie hören von ihrem Potenzial in Christus. Sie bekunden mit dem Mund das neue Leben, das ihnen durch ihren Glauben geschenkt ist. Am Ende jedoch setzen sie das Gehörte nicht um. Sie geben sich der Realität nicht hin, an die sie glauben. Sie sagen einfach nur „Amen!" und machen so weiter wie bisher.

Wirklich schwimmen

Kierkegaard erzählt auch die Geschichte eines Jungen in einem Schwimmbecken, der versucht, seinen Vater zu beeindrucken, indem er so tut, als könne er schwimmen. Er rudert mit den Armen, planscht mit einem Bein und ruft: „Sieh nur! Sieh nur! Ich schwimme!" Er rudert zwar mit den Armen und planscht mit einem Bein, aber schwimmen tut er nicht – die ganze Zeit über stützt er sich mit dem großen Zeh des anderen Fußes am Boden des Pools ab.

Wie viele von uns rufen laut, um die Leute zu beeindrucken, und sagen, sie seien Christen, obwohl sie nicht wirklich bereit sind, von der Welt zu lassen. Wir sind oft nicht wirklich bereit, alle Sicherheiten loszulassen. Der Junge schwamm nicht, weil er sich nicht wirklich vom Wasser tragen ließ, und wir sind keine Christen, solange wir uns nicht völlig Gott überlassen.

Der Feuerwehrdirektor

Die meisten Menschen, die auf der Suche nach solchen Geschichten Kierkegaard lesen, sind auch immer wieder entzückt, wenn sie auf die Anekdote vom Branddirektor stoßen. Kierkegaard erzählte von einer Stadt, die einen außergewöhnlichen Mann als Feuerwehrdirektor hatte. Jeder fand, dass er ein überaus galanter Gentleman war. Die Kinder genossen es, die Feuerwache zu besuchen und sich die Ausrüstung der Feuerwehr anzuschauen. Wenn er auf der Straße den Damen begegnete, lüftete er zum Gruß seinen Hut, und wenn er mit anderen Männern zusammentraf, dann konnte man darauf zählen, dass es eine angeregte Unterhaltung gab.

Doch eines Tages brach Feuer aus! Der Feuerwehrdirektor alarmierte seine Männer, und sie eilten zum brennenden Gebäude, bei dem die Flammen bereits aus den Fenstern schlugen. Doch zu ihrer größten Überraschung kamen die Feuerwehrleute nicht an das Gebäude heran, weil Hunderte von Leuten aus der Stadt ihnen den Zugang versperrten. Sie hatten alle Wasserpistolen mitgebracht, lächelten einander freundlich zu und von Zeit zu Zeit spritzten sie mit ihren Pistolen in das flammende Inferno hinein. „Und wie reagiert der Feuerwehrdirektor?“, fragt Kierkegaard.

Er ruft: „Was macht ihr denn hier? Was soll denn der Quatsch mit den Wasserpistolen? Das bringt doch gar nichts!“

Der Sprecher der Gruppe antwortet: „Wir sind hier, um Sie zu unterstützen. Wir sind zutiefst von Ihrer wunderbaren Arbeit in dieser Stadt überzeugt, und wir sind gekommen, um unseren bescheidenen Beitrag zu leisten." Daraufhin lächeln alle freundlich, richten ihre Pistolen auf die Flammen und spritzen wieder ein wenig Wasser hinein.

„Wir könnten natürlich noch mehr tun", sagt der Sprecher weiter (Spritz! Spritz!). „Nicht wahr, ihr Leute?" (Spritz! Spritz!)

„Wie aber reagiert der Branddirektor darauf?", fragt Kierkegaard. Er ruft: „Aus dem Weg! So ein Feuer ist nichts für wohlmeinende Leute, die einen kleinen Beitrag leisten wollen! Hier müssen Feuerwehrleute ran, die bereit sind, ihr Leben zu riskieren, um den Brand zu löschen!"

Kierkegaard macht deutlich, dass es ganz nett sein mag, wenn wir alle von Zeit zu Zeit unseren kleinen Beitrag zum Werk Gottes in dieser Welt leisten, aber wenn wir wirklich als echte Christen leben wollen, dann braucht es viel mehr.

Eine Entscheidung, so zu handeln, wie Jesus es tun würde

Christ zu werden bedeutet, eine Verpflichtung zur Veränderung der eigenen Person einzugehen. Es ist der Entschluss, so zu leben, wie die Bibel einen Christen beschreibt. Keiner kann Christ werden, wenn er nicht bereit ist, sich auf eine radikale Veränderung einzulassen.

WWJD

Immer öfter sehe ich Menschen, die kleine Anstecknadeln mit der Aufschrift WWJD* tragen. Diese Buchstaben beziehen sich auf einen Satz aus Charles Sheldons bekanntem

---

* Die Buchstaben WWJD stehen für die Frage „What would Jesus do?" (Was würde Jesus tun?)

Buch *In Seinen Fußstapfen.* Sheldon erzählt darin die Geschichte eines Pastors, der seine Gemeinde auffordert, sich dazu zu verpflichten, im Alltag beständig zu fragen, was Jesus wohl in der momentanen Situation tun würde. Dann sollen sich die Gemeindeglieder bemühen, mit der Hilfe des Heiligen Geistes genau das zu tun. Der Rest des Buches handelt von den erstaunlichen Dingen, die sich daraufhin in dem kleinen Städtchen ereignen, weil Menschen dieser einfachen Maxime des christlichen Lebens Folge leisten.

Ich erinnere mich noch gut daran, wie ich dieses Buch als Jugendlicher gelesen habe. Es hat mich unheimlich berührt und herausgefordert. Als ich am nächsten Tag zur Schule ging, war ich fest entschlossen, zu tun, was Jesus tun würde, wenn er an meiner Stelle wäre.

Ich war damals in der Schulmannschaft und ich bildete mir darauf mächtig etwas ein. Wie die meisten Sportler, die es in die Schulmannschaft geschafft hatten, war ich ziemlich arrogant. Ich ging immer mit stolzgeschwellter Brust den Flur entlang zu unserem Klassenraum. Raum 48! Ihnen sagt das sicherlich nichts, aber für jeden, der im Westen Philadelphias aufgewachsen ist, hat diese Zimmernummer eine große Bedeutung, weil dies der Klassenraum der Schulsportler war. Ich stellte mir dann manchmal vor, wie es wohl wäre, den Flur entlangzuschreiten, mit einem Spalier von Mädchen rechts und links, die mir zusingen: „Wie groß bist du!"

Als ich in meinem Klassenzimmer ankam, fiel mein Blick zuerst auf meine vielen Freunde. Dann jedoch waren da noch fünf Gesichter, die ich am liebsten aus dem Raum verbannt hätte. Sie gehörten zur Schachmannschaft. Heute habe ich nichts gegen Schachspieler. Einige meiner besten Freunde sind leidenschaftliche Schachspieler! Doch diese Typen waren einfach Flaschen. Ich könnte auch „Streber" sagen. Im Allgemeinen ging ich ihnen nach Möglichkeit aus dem Weg und gesellte mich stattdessen zu den Sportlerassen, doch an diesem Tag stellte ich mir die Frage: „Was würde Jesus tun?" Die Antwort konnte ich mir denken, und so beschloss ich, mich neben einen der „Streber" zu setzen.

Wie sich herausstellen sollte, war dies eine der besten Entscheidungen, die ich in meinen Highschool-Jahren getroffen habe. Dieser Typ, neben den ich mich gesetzt hatte, war einfach ein Algebragenie, und er hat mich in diesem Schuljahr quasi gerettet. Doch damit nicht genug. Wie sich herausstellte, war er der faszinierendste und zugleich witzigste Typ, den ich in meiner ganzen Schulzeit kennen gelernt habe. Später wurde mir bewusst, wie sehr ich mich in der Auswahl meiner Freunde von meinen Vorurteilen hatte leiten lassen. Ich musste erkennen, wie sehr mir Stereotype und ein oberflächlicher erster Eindruck den Zugang zu einer Reihe von ganz besonderen Leuten verbaut hatten.

Ich wünschte, diese Geschichte wäre nun so ausgegangen, wie man es in den Geschichten von Evangelisten oft hört. Dann könnte ich sagen: „Weil ich dieser Flasche die Liebe Jesu nahe brachte und weil ich mich seiner damals so annahm, ist er heute einer der großen Männer der Nation!“

Doch dies ist leider nicht der Fall. Er ist einfach ein normaler Mensch mit einem außergewöhnlich scharfsinnigen Humor. Und wenn ihn heute jemand als Flasche bezeichnet, dann bekommt er es mit mir zu tun.

Ein Abendkleid

Eine gute Bekannte von mir, die als stellvertretende Pastorin in einer presbyterianischen Gemeinde in Kalifornien arbeitet, gestand mir einmal, dass sie in der Weihnachtszeit leidenschaftlich gern ins Kaufhaus Nordstrom in Bel Air ginge. Sie konnte es sich zwar nicht leisten, dort einzukaufen, aber sie ging einfach gerne dorthin, um die Atmosphäre zu genießen. Die Weihnachtsdekoration war einfach atemberaubend und auf mehreren Etagen gab es Live-Musik.

Bei einem ihrer Besuche war sie auf der obersten Etage des Kaufhauses, wo die schönsten Kleider ausgestellt waren, die man sich nur vorstellen konnte. Auf einmal ging die Aufzugstür auf und eine Frau mit einer Sporttasche trat heraus.

Ihre Kleidung war schmutzig und ihre Strümpfe bis auf die Knöchel heruntergerutscht. Sie stand einfach nur da und hielt eine Sporttasche in der rechten Hand. Es war ganz offensichtlich, dass diese Frau hier irgendwie fehl am Platz war und garantiert nichts kaufen würde. Die Kleider hier kosteten alle so um die tausend Dollar, und diese Frau wirkte nicht so, als ob sie über das entsprechende Kleingeld verfügte.

Meine Bekannte nahm an, dass sicherlich gleich jemand vom Sicherheitsdienst kommen und sie aus dem Laden hinauskomplimentieren würde, doch stattdessen kam eine elegant gekleidete Verkäuferin auf sie zu und fragte, ob sie ihr behilflich sein könne.

„Ich möchte ein Kleid kaufen!", erwiderte die Frau mit der Sporttasche.

„Und was für ein Kleid darf es denn sein?", fragte die Verkäuferin mit ausgesuchter Höflichkeit.

„Ein Abendkleid!", sagte daraufhin die Frau mit der Sporttasche.

„Da sind Sie am richtigen Ort, meine Dame", erwiderte die Verkäuferin. „Wenn Sie mir bitte folgen würden. Wir haben hier eine Auswahl der schönsten Abendkleider der Welt."

Dann nahm sich die Verkäuferin über zehn Minuten Zeit, die Kleider mit der Hautfarbe und der Augenfarbe ihrer Kundin abzugleichen und ihr zu helfen, das Kleid zu finden, das ihren individuellen Eigenarten am besten entsprach. Nachdem sie drei Kleider herausgesucht hatten, führte die Verkäuferin die Frau mit der Sporttasche zur Anprobekabine. Meine Bekannte ging schnell in eine der benachbarten Ankleidekabinen, um mitverfolgen zu können, wie die Geschichte weiterging. Es war wirklich erstaunlich!

Die Frau mit der Sporttasche probierte mit Hilfe der Verkäuferin ein Kleid an. Plötzlich, nach etwa zehn Minuten, sagte sie mit energischer Stimme: „Ach, wissen Sie, ich habe es mir anders überlegt. Ich möchte heute doch kein Kleid kaufen!"

„Wie Sie wünschen", erwiderte die Verkäuferin mit freundlichem Ton. „Hier haben Sie meine Karte. Wenn Sie einmal wieder zu Nordstrom kommen, dann fragen Sie bitte nach mir. Es wäre mir eine besondere Ehre, Sie das nächste Mal wieder zu bedienen."

Dies ist mit Sicherheit ein hervorragendes Beispiel dafür, was Jesus getan hätte, wenn er Verkäufer bei Nordstrom gewesen wäre.

Die falsche Entscheidung

Ein Freund berichtete mir einmal von einem Abendessen mit einem Kriegsveteranen aus dem Zweiten Weltkrieg. Im Laufe des Abends erzählte dieser ihm eine Begebenheit von der berüchtigten Ardennenschlacht. Er berichtete, an einem nebligen Wintermorgen habe der Kommandant seiner Einheit ihnen den Auftrag gegeben, auszuschwärmen und alle verwundeten feindlichen Soldaten, die sie finden konnten, zu erschießen. Dies widersprach natürlich der Genfer Konvention, aber in den Wirren dieser Schlacht, in der alle Grenzen verwischt worden waren, meinte der Offizier offenbar, dies sei die richtige Entscheidung. In dieser Schlacht gab es keine Regeln und es wurden keine Gefangenen gemacht.

Der Veteran erzählte, er sei dann auf einen deutschen Soldaten gestoßen, der gegen einen Baum gelehnt auf dem Boden saß. Er war nicht verwundet, sondern einfach nur völlig erschöpft und apathisch. Er hatte überhaupt keinen Kampfeswillen mehr und machte keine Anstalten, Widerstand zu leisten. Der Mann, der die Geschichte erzählte, sagte: „Als ich auf ihn anlegte, sprach er mich plötzlich auf Englisch an und bat mich, noch einen Moment zu warten, damit er vor dem Sterben noch beten könne. Ich setzte mich zu ihm, und es wurde klar, dass er ein Bruder im Glauben war. Wir erzählten uns von unseren Familien. Ich zeigte ihm Bilder von meinen Kindern. Er zeigte mir Bilder von seiner Familie und dann lasen wir gemeinsam in der Bibel. Es war eine wunderbare Begegnung."

„Und dann?“, fragte mein Freund. „Was hast du dann mit ihm gemacht?“ Der Mann antwortete zunächst nicht darauf, aber mein Freund blieb hartnäckig. „Wie ging es weiter? Was hast du mit ihm gemacht?“

Der Mann antwortete: „Na ja, ich bin aufgestanden, habe die Waffe auf ihn angelegt und gesagt: ‚Du bist Christ und ich bin Christ. Wir sehen uns dann im Himmel wieder.‘ Und dann habe ich abgedrückt!“

Er mag zu seiner Rechtfertigung sagen, dass er auf Befehl seines Vorgesetzten gehandelt hat. Das mag ihn auch in mancher Hinsicht entlasten, aber am Ende kann er nicht von sich behaupten, dass er so gehandelt hat, wie Jesus es in dieser Situation getan hätte. Christ zu sein bedeutet mehr, als nur an Jesus zu glauben. Es heißt, die richtige Entscheidung zu treffen, wenn man vor der Frage steht, was Jesus in dieser Situation tun würde.

Wenn du groß bist

Im Rahmen einer weltweiten Studie wurden Mütter befragt, was sie sich für ihre Kinder wünschen, wenn diese einmal groß sind. Mütter in Japan sagten fast immer: „Wir wollen, dass unsere Kinder *erfolgreich* sind.“ Die Folge ist, dass die junge Generation in Japan so leistungsorientiert ist wie kaum ein anderes Volk in der Geschichte der Menschheit. Junge Japaner arbeiten ausdauernder und härter als sonst irgendjemand, und sie bringen in allem, was sie tun, hervorragende Leistungen. Der Erfolg, den Japan seit dem Ende des Zweiten Weltkriegs erlebt, ist weitgehend eine Frucht dieser extremen Leistungsorientierung, die den Kindern von Seiten ihrer Eltern anerzogen worden ist.

Sie brauchen sicher nicht lange zu rätseln, wie die Antwort lautet, wenn man amerikanischen Müttern dieselbe Frage stellte: „Wir wollen, dass unsere Kinder einmal *glücklich* sind!“

Glücklich?!?!?!

Sie werden mein Unverständnis vielleicht besser nachvollziehen können, wenn ich Ihnen sage, dass ich in einer sehr traditionellen italienischen Familie aufgewachsen bin. Ich glaube nicht, dass mein Vater sich weiter darum geschert hat, ob ich glücklich war. Natürlich war es ihm nicht unwichtig, und ich bin mir sicher, dass er auch wollte, dass ich erfolgreich bin. Aber wenn Sie meinen Vater und vor allem auch meine Mutter danach gefragt hätten, was sie sich für ihren Sohn wünschen, wenn er einmal groß ist, dann hätten beide geantwortet: „Wir wollen vor allem, dass er ein *anständiger Mensch* ist!"

Bis dass der Tod uns scheidet

Ein Freund von mir, der auf dem Gipfel seiner Karriere eine leitende Funktion an einer christlichen Universität innehatte, trat von all seinen Ämtern zurück und kündigte seinen Job, um seine Frau zu pflegen, die an Alzheimer erkrankt war. Die Frau war gerade mal Anfang 50, und Sie wissen vielleicht, dass die Krankheit, wenn sie so früh einsetzt, relativ schnell zum intellektuellen Verfall führt. Es dauerte nicht lang, bis sie ihre geistigen Fähigkeiten weitgehend verloren hatte. Sie war nicht nur unfähig, ihren Ehemann zu erkennen, sie erkannte noch nicht einmal mehr sich selbst, wenn sie in den Spiegel schaute. Ihr Mann musste sie füttern. Auch die Fähigkeit zum Sprechen hatte sie weitgehend eingebüßt. Sie sabberte und gab gurgelnde Laute von sich. Trotzdem sorgte er tagaus, tagein für sie.

Seine Freunde versuchten ihn davon zu überzeugen, sie doch in ein Heim zu geben, wo sie Tag und Nacht versorgt würde. Sie rieten ihm, er solle sie irgendwohin bringen, wo ihre Bedürfnisse erfüllt würden und wo sie von fürsorglichen Pflegekräften fachgerecht gepflegt würde. Sie bedrängten ihn, er solle doch seine Karriere nicht opfern und seine Zeit vergeuden, indem er für seine Frau sorge. Sie baten ihn inständig, sein wichtiges Amt und seine Aufgabe in der Gemeinde nicht aufzugeben. „Sie erkennt dich doch gar nicht!", riefen sie ihm ins Gedächtnis. „Sie weiß noch nicht einmal, wer du bist! Sie hat keine Ahnung, dass du ihr Mann bist!" Schließlich versuchte jemand, ihn umzustimmen, indem er ihm Schuldgefühle machte: „Du vernachlässigst deine gottgegebene Berufung!"

Seine Antwort auf all diese Argumente hat mich wirklich beeindruckt. „Ihr habt Recht", erwiderte er. „Sie weiß wirklich nicht, wer ich bin. Aber *ich* weiß doch, wer *sie* ist. Und außerdem gibt es etwas, das schwerer wiegt als die Berufung von Gott, und zwar, wenn wir einem Menschen unser Wort gegeben haben. Und ich habe ihr mein Wort gegeben, dass ich für sie da sein werde, bis dass der Tod uns scheidet."

Ich glaube nicht, dass mein Freund ein glücklicher Mann ist, aber ich bin überzeugt, dass er ein anständiger Mann ist. Anständig zu sein ist wichtiger, als glücklich zu sein, und es gibt Zeiten, in denen wir unser persönliches Glück zurückstellen müssen, um das Richtige zu tun, das von uns gefordert ist. So jedenfalls würde Jesus handeln, wenn er an unserer Stelle wäre.

Er musste sterben

Es gibt eine Geschichte von einem jungen Leutnant im Zweiten Weltkrieg, dessen Einheit in einen Hinterhalt von deutschen Soldaten geriet. Fast alle entkamen dem Kugelhagel, indem sie in ein altes Bauernhaus flüchteten. In der Dunkelheit jedoch waren die Schreie und das Stöhnen eines der Verwundeten zu hören. Der junge Leutnant tat etwas sehr Heroisches. Er schlich sich vorsichtig in die Nacht hinaus und schleifte ihn in die Sicherheit des Bauernhauses. Er rettete den Mann, doch in dem Moment, als er durch die Tür ins Haus gehen wollte, traf ihn eine Kugel in den Kopf und er war auf der Stelle tot.

Etwa ein Jahr später war der junge Mann, für den der Leutnant auf so heldenhafte Weise sein Leben gelassen hatte, wieder zurück in den USA. Die Eltern des Leutnants wollten ihn gerne kennen lernen und luden ihn zu sich nach

Hause ein. Als er bei ihnen auftauchte, merkten sie, dass er völlig betrunken war.

Sie setzten sich zum Abendessen zusammen und versuchten, mit ihm ins Gespräch zu kommen, doch der Mann war laut und teilweise sogar richtiggehend vulgär. Zu allem Überfluss erbrach er sich dann zum Ende des Abendessens auch noch! Die Eltern des gefallenen Leutnants taten ihr Bestes, um diesen schrecklichen Abend zu überstehen.

Als der junge Mann gegangen war und die Tür hinter ihm ins Schloss fiel, stützte sich die Mutter gegen die Wand und seufzte: „Wenn ich mir vorstelle, dass unser lieber Sohn für so einen Mann sein Leben gelassen hat ..."

Ich bin mir ziemlich sicher, dass die Engel im Himmel, wenn sie so jemanden wie mich sehen, auch zueinander sagen: „Wenn ich mir vorstelle, dass unser lieber Sohn Gottes für so jemanden sein Leben gelassen hat ..." Ich schulde meinem Herrn etwas Besseres! Er hat sein Leben für mich gelassen, und ich sollte bereit und willens sein, so zu handeln, wie er handeln würde, wenn er an meiner Stelle wäre.

Sehen und lernen

Einer der wohl eindrucksvollsten Männer unserer Zeit ist Dr. Paul Brandt, ein baptistischer Missionar in Indien. Er war Chirurg, und im Laufe der Jahre, in denen er als Missionar tätig war, hat er Tausenden von Menschen das Augenlicht gerettet. Eines Tages führte er einen Besucher durch die Klinik, als sein Blick plötzlich auf einen seiner Praktikanten fiel, der tief in das Gespräch mit einem Patienten versunken war. Dr. Brandt blieb stehen und schaute einen Augenblick lang mit großer Faszination zu. „Schauen Sie doch nur dieses Gesicht an! Schauen Sie sich seinen Gesichtsausdruck an! Ich habe bislang nur einen einzigen Menschen getroffen, der einen Patienten mit einer so durchdringenden Liebe anschauen konnte, und das war mein Lehrer an der Universität, der leitende Arzt, bei dem ich meine Praktikumszeit absolviert habe. Seitdem ist mir nie wieder ein Mensch mit einem so liebevollen Ausdruck begegnet."

„Dr. Brandt", sagte der Besucher lächelnd, „ob Sie es glauben oder nicht, aber ich habe denselben Gesichtsausdruck auch bei Ihnen gesehen, wenn ein Patient Ihnen von seinem Schmerz und seinem Leid erzählt hat."

So ist es, wenn wir Jesus nachahmen und tun, was er tun würde. Wir werden ihm immer ähnlicher, und wir sind ein Vorbild, das andere wiederum nachahmen.

Jeden Tag?

Der bekannte Psychiater und Buchautor M. Scott Peck erzählte einmal eine Anekdote von einer Patientin, die unter extremen Depressionen litt. Eines Tages, als sie einen Termin bei ihm hatte, rief sie kurzfristig an und sagte, sie könne nicht kommen, weil ihr Auto kaputt sei. Dr. Peck bot ihr an, sie auf dem Weg zur Praxis abzuholen, aber er erklärte, er müsse noch für eine kurze Visite in der Klinik vorbeischauen. Wenn sie bereit wäre, im Auto auf ihn zu warten, dann bräuchte der Termin nicht unbedingt auszufallen. Sie sagte zu.

Als sie im Krankenhaus ankamen, hatte Dr. Peck noch eine andere Idee. Er gab ihr die Namen zweier seiner Patientinnen, die gerade in der Klinik waren, und sagte, die beiden würden sich sicher über einen kurzen Besuch von ihr freuen. Als er sie nach eineinhalb Stunden wieder traf, war sie völlig aus dem Häuschen vor Glück. Sie erzählte Dr. Peck, die beiden Krankenbesuche und die Tatsache, dass sie die Patientinnen tatsächlich aufmuntern konnte, hätten ihr unheimlichen Auftrieb verliehen und sie fühle sich nun einfach wunderbar.

„Na, dann haben wir ja jetzt eine Möglichkeit gefunden, wie wir Sie aus Ihrer Depression herausbekommen", meinte Dr. Peck. „Das ist die Lösung Ihres Problems."

„Soll das heißen, dass Sie von mir erwarten, von nun an jeden Tag Krankenbesuche zu machen?", fragte die Frau.

Genau hier liegt die Tragik unseres Lebens. Wenn wir uns nur entschließen könnten, so zu handeln, wie Jesus handeln würde, dann bräuchten wir schon bald nicht mehr Trübsal zu blasen und könnten eine ganz neue Lebensqualität genießen. Trotzdem tun wir es oft nicht, weil wir meinen, Nachfolge Jesu sei eine Last. Doch das Gegenteil ist der Fall! Wenn wir tun, was Jesus uns aufträgt, dann ist das für uns in jeder Hinsicht eine bereichernde Erfahrung. Wir erleben, wie der Heilige Geist in unserem Dienst wirkt.

Was er für mich getan hat

Ein Prediger stieg am Bahnhof *Victoria Station* in London in eine U-Bahn. Ihm gegenüber saßen zwei Männer, die so ungefähr Ende 30 gewesen sein mussten. Etwa zehn Minuten nach der Abfahrt der Bahn hatte einer der beiden einen epileptischen Anfall. Er verdrehte die Augen und zitterte am ganzen Leib. Er rutschte von der Bank und wälzte sich in heftigen Krämpfen auf dem Boden. Es war erschreckend anzusehen. Sein Freund zog den zitternden Mann hoch und hob ihn wieder auf den Sitz. Dann zog er seine Jacke aus und legte sie ihm um wie eine Decke. Er rollte eine Zeitung zusammen und steckte sie seinem Freund zwischen die Zähne, damit er sich nicht auf die Zunge biss. Dann tupfte er ihm liebevoll die Schweißperlen von der Stirn. Nach wenigen Minuten war der Krampfanfall vorüber, ebenso abrupt, wie er gekommen war, und der Mann fiel in einen tiefen Schlaf. Nun wandte sich sein Freund an den Prediger und sagte: „Sie müssen uns entschuldigen. Diese epileptischen Anfälle sind zwar selten, aber man weiß nie, wann sie zuschlagen."

Er machte eine Pause. „Wir waren zusammen in Vietnam", fuhr er schließlich fort. „Wir wurden beide verwundet. Ich habe ein Bein verloren. Das hier ist eine Prothese", sagte er und deutete auf sein rechtes Bein. „Ich habe gelernt, mich damit zu arrangieren. Meinem Freund wurde durch eine Handgranate der halbe Brustkorb weggesprengt.

Überall steckten die Splitter drin und jede Bewegung verursachte ungeheure Schmerzen.

Der Hubschrauber, der uns rausholen sollte, wurde von einer feindlichen Rakete abgeschossen, und als wir die Explosion sahen, wussten wir, dass keine Hoffnung auf Rettung mehr bestand. In dieser Situation nahm mein Freund all seine Kraft zusammen und stand auf. Bei jeder Bewegung schrie er vor Schmerzen, aber irgendwie kam er auf die Beine. Dann griff er nach meinem Hemd und fing an, mich durch den Dschungel zu zerren. Ich versuchte, ihn davon zu überzeugen, mich zurückzulassen. Ich flehte ihn an, er solle an sich selbst denken, und versuchte, ihm klar zu machen, dass er, wenn überhaupt, nur allein eine Chance hätte. Ich werde nie vergessen, wie er sagte: ‚Jack, wenn du hier in diesem Dschungel umkommst, dann sterbe ich mit dir zusammen.' Ich habe keine Ahnung, wie er es geschafft hat, aber irgendwie hat er mich Meter für Meter mit zusammengebissenen Zähnen durchgebracht. Er hat mir das Leben gerettet!

Vor etwa einem Jahr hörte ich dann von seiner Krankheit und davon, dass er jemanden brauche, der immer bei ihm ist. So habe ich meine Eigentumswohnung in New York aufgelöst, mein Auto verkauft und bin hierher gezogen, um für ihn da zu sein. Das ist unsere Geschichte. Ich hoffe, Sie haben Verständnis."

„Aber ich bitte Sie!", erwiderte mein Freund. „Sie brauchen sich doch nicht zu entschuldigen. Ich bin Prediger und eine ergreifende Geschichte kommt mir immer gelegen. Das hier ist eine der schönsten Geschichten, die ich seit langem gehört habe."

Der Mann auf dem Sitz gegenüber sagte: „Das ist aber doch eigentlich gar nichts so Außergewöhnliches! Nach allem, was er für mich getan hat, gibt es nichts, was ich nicht für ihn tun würde."

Ein Christ ist ein Mensch, der sich dessen, was Jesus am Kreuz getan hat, um ihn zu erlösen, immer bewusst ist und der als Reaktion darauf zu Jesus sagt: „Nach allem, was du für mich getan hast, gibt es nichts, was ich nicht für dich tun würde.“ Dies beinhaltet natürlich ganz selbstverständlich, dass wir tun, was Jesus tun würde, wenn er in unserer Situation wäre.

Aus Liebe

Es gibt eine Geschichte von einem baptistischen Pastorensohn namens Richard Bellinger aus South Carolina. Eines Samstagabends beschloss der kleine Richard, seinem Vater die Schuhe zu putzen. Am nächsten Abend legte der Vater eine Dollarmünze auf den Schreibtisch und daneben ein kleines Kärtchen, in dem er sich bedankte und ihn wissen ließ, dass die Münze eine Belohnung fürs Schuheputzen sei.

Am Morgen darauf, als der Vater sich die Schuhe anzog, spürte er etwas Hartes, Metallisches in einem der beiden Schuhe. Er zog den Schuh wieder aus und fand die Münze, die er seinem Sohn am Abend zuvor gegeben hatte, und einen kleinen Zettel, auf dem stand: „Hab’s aus Liebe getan!“

Christ zu sein bedeutet, Jesus so sehr zu lieben, dass man so sein möchte wie er. Es bedeutet, zu tun, was Jesus getan hätte, nicht um einer Belohnung willen, sondern aus Dankbarkeit für alles, was Jesus für uns getan hat.

Eine Entscheidung zur Kapitulation

Christ zu sein heißt mehr, als einfach etwas für Jesus zu *tun*. In Wirklichkeit gehört dazu die Erkenntnis, dass wir nichts zu tun brauchen, um uns seine Liebe zu verdienen. Die Bibel macht unmissverständlich deutlich: „Eure Rettung ist wirklich reine Gnade, und ihr empfangt sie allein durch den Glauben. Ihr selbst habt nichts dazu getan, sie ist Gottes Geschenk“ (Epheser 2,8–9). Der Jesus, von dem ich spreche, ist in diesem Augenblick leibhaftig da. Was er möchte, ist, dass Sie einfach kapitulieren und in ihm zur Ruhe kommen. Seid still und erkennt, dass er Gott ist! Wie es in Jesaja 30,15 heißt: „Wenn ihr zu mir umkehrt und stillhaltet, dann werdet ihr gerettet. Wenn ihr gelassen abwartet und mir vertraut, dann seid ihr stark."

Im Garten

In meiner Teenagerzeit hasste ich die Sonntagabendgottesdienste. Den Morgengottesdienst fand ich nicht so schlimm. Die Predigt hatte immer Form und Struktur. Im Allgemeinen konnte man davon ausgehen, dass sie drei Punkte und ein Gedicht enthielt. Am Abend dagegen war der Pastor meist nicht vorbereitet. Das ließ sich kaum verbergen, denn er kam immer vom Hundertsten ins Tausendste. Doch damit nicht genug – er hatte sich zumeist auch nicht die Mühe gemacht, die Lieder vorher herauszusuchen, denn er fragte immer: „Hat irgendjemand einen Liedwunsch?"

Dann konnte man jedes Mal darauf warten, dass Mrs Kirkpatrick, die immer etwa in der fünften Reihe rechts saß, laut rief: „Nummer 130 im grünen Liederbuch!"

Als Jugendlicher, der unbedingt cool sein wollte, hasste ich dieses Lied. Sie dürfen nicht vergessen, dass ich in den Straßen von West-Philadelphia aufgewachsen bin, wo man nur überlebte, wenn man sich den Anschein gab, ein rauer Typ zu sein, um nur ja jeden potenziellen Angreifer abzuschrecken. So versuchte ich, mich immer möglichst cool zu bewegen und wie ein Schlägertyp auszusehen. Vor diesem Hintergrund wird es Ihnen sicherlich einleuchten, dass ich für die Nummer 130 im grünen Kirchengesangbuch nicht allzu viel übrig hatte. Der Titel des Kirchenliedes lautete: „Im Garten". Die Zeilen dieses Liedes gingen meinem demonstrativ zur Schau getragenen Macho-Selbstverständnis einfach gewaltig gegen den Strich.

Ich höre noch, wie die Gemeinde sang: „Ich geh' in den Garten allein und der Tau liegt noch auf den Rosen ..."

Das Lied war mir einfach viel zu weibisch. In der zweiten Strophe kam es dann noch schlimmer: „Seine Stimme ist da und sie ist ganz nah – sie ist wie ein Liebkosen ..."

Solche Dinge brachte ich nicht über die Lippen. Ich konnte mich einfach nicht dazu durchringen.

Aber das hatte natürlich vor allem etwas mit meinem Alter zu tun. Ich muss Ihnen ganz ehrlich gestehen, dass ich inzwischen, in reiferen Jahren, meine Liebe zu diesem Lied entdeckt habe. Je älter ich werde, desto mehr verändert sich mein Geschmack, und inzwischen kann ich sogar Lied Nummer 130 aus vollem Herzen singen. Vor allem den Refrain, in dem es heißt:

Und er geht mit mir und er spricht mit mir,
und er sagt mir, dass ich sein bin,
und die Freude, die wir teilen dort,
*kann man finden sonst an keinem Ort.**

Christ zu sein hat für mich ganz viel damit zu tun, mich an einen Ort der Stille zurückzuziehen, die Welt hinter mir zu lassen und geduldig darauf zu warten, dass Jesus zu mir kommt und seine Liebe zu mir zum Ausdruck bringt. Dann bringe ich ihm im Gegenzug meine Liebe dar.

Die alten keltischen Christen sprachen davon, an einen „dünnen Ort" zu gehen. Damit meinten sie einen Ort, an dem die Wand, die uns von Gott trennt, so hauchdünn ist, dass Gott durch sie zu uns hinüberströmen und uns einhüllen kann. Wann haben Sie das letzte Mal zehn Minuten in der Stille vor Gott verbracht? Wann haben Sie zum letzten Mal 15 Minuten lang vor Gott geschwiegen? Wann haben Sie das letzte Mal einfach still vor Gott ausgeharrt und sich seiner Liebe hingegeben? Wenn Gott Ihnen nicht real erscheint, dann haben Sie ihm womöglich noch nie die Gelegenheit gegeben, in der Stille zu Ihnen zu kommen und Sie mit seiner liebenden Gegenwart zu umfangen. Wenn Sie ihm das Geschenk der Stille bringen, dann werden Sie feststellen, dass Gott nur darauf wartet, Ihnen in dieser Stille zu begegnen.

---

* Originaltitel: In the Garden, Text: C. Austin Miles

6. Über das Leben als Christ

Es kann wohl kaum ein Zweifel daran bestehen, dass zum Christsein bestimmte praktische Schritte von unserer Seite gehören. Genau darum soll es in diesem Kapitel gehen. Wir werden hier auf einige ganz praktische Lebensanweisungen zu sprechen kommen, die Jesus uns gegeben hat. Jeder, der wirklich Christ sein will, wird diese Anweisungen ernst nehmen und sein Leben danach ausrichten.

Schließen Sie sich einer Gruppe an

Wir haben ein Leck

Irgendwo auf dem Land im hintersten Kentucky gab es einmal einen alten Mann, der immer in die Stadt kam, wenn ein Evangelist zu Gast war. Am Ende des Gottesdienstes kam er dann immer nach vorne, hob die Arme und rief: „Jesus, erfülle mich! Jesus, erfülle mich!" Innerhalb der folgenden ein bis zwei Wochen fiel er dann regelmäßig wieder in seine alten Gewohnheiten zurück. Doch bei der nächsten Evangelisation stand er wieder auf der Matte, ging nach vorne und betete wieder dasselbe Gebet, das er schon Dutzende Male gebetet hatte.

Eines Tages kniete er wieder vorne am Altar und flehte laut: „Jesus, erfülle mich! Jesus, erfülle mich!", als plötzlich eine alte Dame in den hinteren Reihen rief: „Tu's nicht, Herr! Er hat ein Leck!"

Wenn wir's genau betrachten, haben wir alle ein Leck. Die Erfüllung mit dem Heiligen Geist ist keine einmalige Sache. Geistliche Kraft ist flüchtig und wir müssen uns regelmäßig wieder neu vom Geist Gottes erfüllen und beleben lassen.

Leben Sie radikal

Nur wenige Prediger sprechen gerne über den Preis der Jüngerschaft. Zu einem bestimmten Zeitpunkt seiner Laufbahn als Prediger hatte Jesus eine Gefolgschaft von über fünftausend Menschen, doch dann hielt er eine Predigt, die alle bis auf einen kleinen Rest von zwölf Personen verprellte. In dieser Predigt sprach er über den Preis der Nachfolge. Als die Leute hörten, was von ihnen gefordert war und was es sie kosten würde, machten die allermeisten einen Rückzieher. Nur die zwölf Apostel blieben bei Jesus. Als er sie sah, fragte er sie: „Und ihr? Was treibt ihr euch noch hier herum?“ Daraufhin sagte Petrus: „Wir wissen nicht, wohin!“ Wir sind zwar aus Gnade gerettet, aber wenn wir wirklich Jesu Jünger sein wollen, dann wird uns einiges abgefordert.

Na und?

Ich war einmal mit meinem Sohn Bart zusammen auf Haiti. Er war damals gerade erst 17 Jahre alt. Wir gingen eine große Straße in Port-au-Prince entlang, als wir plötzlich von einer Schar armer Kinder in abgerissenen Kleidern umringt waren. Sie bettelten um Pennys, und ich sagte zu Bart: „Gib ihnen nur ja nichts, sonst hören sie nicht mehr auf, bis sie uns den letzten Cent abgeknöpft haben.“

Mein Sohn schaute mich fragend an und meinte nur: „Na und?“

Was für eine treffende und überzeugende Antwort! Mein Sohn stellte damit klar, dass Christsein bedeutet, all unseren Besitz der Verfügungsgewalt Gottes zu unterstellen, damit er ihn zum Wohle der anderen einsetzen kann.

Einfach

In dem Spielfilm *Beckett oder die Ehre Gottes* spielt Richard Burton die Rolle des heldenhaften Erzbischofs von Canterbury. Als der ehemalige Freidenker zum Erzbischof ordiniert wird, durchläuft er eine Zeremonie, in der er seine gesamten irdischen Güter verschenkt. Er lädt die Armen in die Kathedrale ein und fängt an, sein Hab und Gut Stück für Stück unter sie zu verteilen. Irgendwann hält er kurz inne, schaut zum Kreuz, das über dem Altar hängt, und flüstert mit einem leicht ironischen Unterton: „Du da! Du! Du bist der Einzige, der weiß, wie einfach das hier in Wirklichkeit ist! Alle anderen meinen, es wäre schwierig!"

Die Quintessenz dieser grandios dargestellten Szene ist, dass das geistliche Leben uns zwar Opfer abfordert, aber dass die Freude und Erfüllung, die daraus resultiert, dass wir unsere irdischen Güter loslassen, um den Armen zu helfen, alles aufwiegt. Ich habe bis heute meine Mühe damit, diese Freude wirklich in ihrer ganzen Fülle zu begreifen. Trotz all der Dinge, die Jesus gesagt hat, bin ich immer noch geneigt, anzunehmen, dass es mehr Freude bereitet, wenn ich Güter für mich behalte, als wenn ich sie weggebe. Ich muss noch viel lernen.

Jesus war ein Nigger

In einer der dramatischsten Predigten, die je am *Eastern College* gehalten wurden, schockierte ein prominenter farbiger Theologe die Zuhörer mit seiner Beschreibung Jesu. Er begann seine Predigt mit dem Satz: „Jesus war ein Nigger!" Er fuhr fort, indem er erklärte, dass er damit keineswegs behaupten wolle, dass Jesus eine dunkle Hautfarbe gehabt hätte. Nigger zu sein, so meinte er weiter, habe vielmehr etwas damit zu tun, wie man in den Augen der Welt wahrgenommen würde. Es gäbe sogar Farbige, die andere Farbige als „Nigger" bezeichneten. Das Wort „Nigger" sei im Grunde genommen ein Synonym für die Ausgestoßenen, Zertretenen, Gedemütigten und Verachteten. Auf der Basis dieser Definition, so bekräftigte er, sei es durchaus legitim, Jesus als Nigger zu sehen. Weiterhin meinte er, wenn man das 53. Kapitel des Propheten Jesaja lese, käme man kaum um diese Schlussfolgerung herum. In diesem Kapitel spricht der Prophet davon, dass der Messias verachtet, verspottet und verflucht sein würde und dass wir das Angesicht vor ihm verbergen würden.

Dann machte er eine weitere Äußerung, die beinahe ebenso schockierend war wie die erste: „Wenn du so wie Jesus sein willst, dann musst auch du bereit sein, ein Nigger zu werden! Du musst bereit sein, deinen bisherigen Wohlstand, deinen bisherigen Status und Einfluss hinter dir zu lassen. Wenn du es vorziehst, dich vor dieser Berufung zu drücken, dann solltest du wissen, dass nur Nigger gerettet werden können!"

Wer wir sind

Im Film *Zivilprozess* spielt John Travolta die Rolle eines Anwalts, der eine Gruppe von Klägern in einem Rechtsstreit gegen eine große Firma vertritt, die in fahrlässiger Weise die Umwelt verseucht. In einer Stadt in Massachusetts werden verseuchte Abwässer in einen Fluss eingeleitet, was dazu führt, dass es bei der Bevölkerung vermehrt zu Krebserkrankungen kommt.

Leider ist dieser Anwalt mit seiner kleinen Kanzlei den Rechtsanwälten, die eine große Firma sich leisten kann, nicht gewachsen. Nach und nach gehen seine finanziellen Ressourcen zur Neige und seine Kanzlei driftet in den finanziellen Ruin. In einer hochdramatischen Szene steht der Anwalt vor dem Konkursrichter und erklärt, dass 14 Dollar und ein tragbares Radio alles seien, was ihm an irdischen Besitztümern noch geblieben sei. Der Richter ist völlig verblüfft und fragt: „Wo sind denn nur all die Dinge, die man im Leben so ansammelt, um sich eine Identität zu geben?"

Diese Frage spricht Bände. Genau daran misst die Welt, in der wir leben, unseren Wert. Geld und materieller Besitz bestimmen den Wert eines Menschen.

Für einen Christen sind Besitztümer, die man mit Geld

erwerben kann, nicht identitätsstiftend. Unsere Identität ruht in Christus. Indem wir unser Leben loslassen und alles, was wir haben, für Jesus und sein Reich hingeben, machen wir unmissverständlich deutlich, wer wir sind, und finden unseren Lebenssinn.

Wer wir sein sollten

Als ich an der Universität von Pennsylvania unterrichtete, freundete ich mich mit einem jüdischen Studenten an, der auch nach einer Weile eine Entscheidung für Jesus traf. In meinem Versuch, ihm bei seinen ersten Schritten im christlichen Glauben ein Mentor zu sein, gab ich ihm den Rat, sich einer bestimmten Gemeinde anzuschließen, die für ihre ausgewogene biblische Lehre bekannt war, um sein Wissen über die Bibel noch ein wenig zu vertiefen.

Als ich ihm nach einigen Wochen wieder begegnete, sagte er zu mir: „Wissen Sie, wenn Sie einen Ausschuss bilden und ihm den Auftrag erteilen würden, eine Religion zu entwerfen, die den Seligpreisungen in jedem einzelnen Punkt zuwiderläuft, dann wäre das Ergebnis wohl nicht allzu weit von dem entfernt, was ich in dieser Gemeinde zu hören bekomme. Während Jesus lehrt: ‚Selig sind die Armen', wird dort verkündet, dass die Reichen gesegnet sind.

Jesus sagt: ‚Selig sind die Trauernden.' Dort wird eine Religion gelehrt, die Glückseligkeit ohne Kreuz und ohne Entbehrungen verspricht.

Jesus sprach davon, dass die Sanftmütigen gesegnet sein sollen. Die Leute in dieser Gemeinde klingen dagegen so, als hätten sie gerade ein Seminar mit dem Titel ‚Wie setze ich mich am besten durch' hinter sich. Jesus spricht über die Barmherzigen und die Friedensstifter, aber die Leute dort gehören zu den leidenschaftlichsten Befürwortern der Todesstrafe und eines amerikanischen Militarismus', die ich je getroffen habe.

Jesus stellt sich zu denen, die Verfolgung erleiden müssen, weil sie ein radikales Evangelium predigen. Diese Gemeinde predigt dagegen ein Erfolgsevangelium für die gehobene Mittelklasse, das soziales Prestige zum obersten Ziel erhebt."

Während ich den kritischen Worten meines Freundes zuhörte, wurde mir auf einmal bewusst, wie sehr sie im Grunde genommen auch mich selbst trafen. Seit dieser Konversation musste ich viel darüber nachdenken, ob man meinen Lebensstil wirklich als christlich bezeichnen kann.

Søren Kierkegaard sagte einmal: „Wenn Sie Christsein wirklich im Sinne der Bergpredigt verstehen, dann hat es zu jedem beliebigen Zeitpunkt der Geschichte vielleicht vier oder fünf Menschen gegeben, die sich mit Fug und Recht als Christen bezeichnen konnten."

Vorbeigehen

Ich stand an einer Straßenecke vor einer Kirche in der Innenstadt von Philadelphia und wartete auf einen Bus. Die Autofahrer hupten ungeduldig im dichten Verkehr. Auf dem Bürgersteig wimmelte es von Fußgängern, die auf dem Weg zur Arbeit waren oder einkaufen gingen. Als ich inmitten des hektischen Treibens meinen Blick nach oben richtete, bemerkte ich an der Fassade der Kirche in etwa zwei Metern Höhe eine Statue des gekreuzigten Jesus. Darunter stand der Satz: „Bedeutet es euch denn nichts, ihr Menschen, die ihr hier vorbeigeht?"

In dem Wust von Aktivitäten, die unser Leben ausmachen, sind wir ganz und gar im Getriebe dieser Welt verstrickt und vergessen allzu leicht, dass Jesus um unseretwillen alles geopfert hat und dass wir unsererseits bereit sein sollten, alles, was wir sind und haben, für ihn zu opfern. Wenn ich mir dies vergegenwärtige, dann wird mir bewusst, dass ich noch ein ganz schönes Stück Weg vor mir habe, bevor ich mich wirklich als Jünger Jesu bezeichnen kann.

Zum Zeugnis und zur Evangelisation berufen

Wir sind verpflichtet, Zeugen zu sein. Jesus gibt uns den Auftrag, das Evangelium in die Welt zu tragen, und wer mit dem Heiligen Geist erfüllt ist, der kommt gar nicht umhin, anderen die gute Botschaft weiterzugeben.

Was wir glauben

Am 4. Juli 1854 wurde Charlie Peace, ein berüchtigter Schwerverbrecher, in London gehängt. Die anglikanische Kirche hatte für alles eine Zeremonie. So auch für Hinrichtungen. Als Charlie Peace zum Galgen geführt wurde, ging ein Priester hinter ihm her und las folgende Worte aus dem Gebetbuch:

„Wer ohne Christus stirbt, wird die Hölle erfahren, den Ort endloser Todesqualen, ohne jemals die Erlösung zu empfangen, die der Tod selbst mit sich bringt."

Als diese erschreckenden Worte verlesen wurden, blieb Charlie Peace stehen, wandte sich zum Priester um und schrie ihm ins Gesicht: „Glaubst du das? Glaubst du das?"

Der Priester war aufgrund dieser unerwarteten verbalen Attacke völlig überrascht und wusste einen Moment lang nicht so recht, was er sagen sollte. Schließlich meinte er: „Nun ... ich ... ich denke schon."

„Ich aber nicht!", erwiderte Charlie Peace. „Wenn

> Wenn Sie ein Mittel zur Heilung von Krebs hätten und es für sich behalten würden, dann wäre dies höchst verabscheuungswürdig. Wenn Sie die Formel für eine Arznei hätten, um Menschen von dieser gefürchteten Krankheit zu retten, und sie nicht anderen zugänglich machten, dann hätten Sie wirklich Verachtung verdient. Wie aber steht es mit der Tatsache, dass Sie das Heilmittel für Sünde und geistlichen Tod kennen und es versäumen, anderen Menschen davon zu erzählen? Ist dies nicht im Grunde ein noch viel schlimmeres Vergehen?

ich es glauben würde, dann würde ich auf den Knien durchs Land kriechen – und wenn es mit Glasscherben übersät wäre –, um auch nur einen einzigen Menschen davor zu bewahren."

Wir Evangelikalen machen es uns so leicht, davon zu reden, dass Menschen zur Hölle gehen. Wenn wir davon überzeugt wären, dass dies tatsächlich so ist, dann müssten wir ohne Unterlass mit Menschen über Jesus reden, weil der Gedanke daran, dass irgendjemand zur Hölle geht, ohne von Jesus gehört zu haben, schlicht und einfach unerträglich wäre.

Kein Training erforderlich

Es gibt Menschen, die behaupten, dass es besonderer Vorbereitung bedarf, um anderen das Evangelium mitteilen zu können. Um erfolgreich den Glauben weitergeben zu können, so meinen viele, müsse man über die Fähigkeit verfügen, anderen von der ewigen Verdammnis zu erzählen, die Menschen ohne Jesus erwartet.

Stellen Sie sich einmal vor, Sie befänden sich auf einem Schiff, das sinkt, weil im Rumpf unterhalb der Wasserlinie ein riesiges Leck klafft. Sie sehen, dass sich hier eine Katastrophe anbahnt, aber Sie nehmen es einfach achselzuckend zur Kenntnis und sagen sich: „Es wäre sicherlich gut, den Leuten etwas davon zu sagen, dass das Schiff am Sinken ist, aber ich habe keine Ahnung, wie man so etwas macht. Soweit ich mich erinnere, gab es da mal einen Kurs, wie man Leuten erzählt, dass das Schiff untergeht, aber ich hatte damals nicht die Gelegenheit, daran teilzunehmen. Ich bin da leider völlig unerfahren, deshalb überlasse ich die Sache lieber anderen, die mehr Ahnung haben."

So etwas wäre einfach vollkommen abwegig. Für eine solche Aufgabe braucht man kein besonderes Training. Das Wissen darum, dass eine Katastrophe naht, die viele Menschen das Leben kosten wird, reicht völlig aus. Sie brauchen einfach nur durch die Oberdecks zu rennen und zu rufen: „Rette sich, wer kann! Rette sich, wer kann!" Das ist alles!

Einfach verrückt

Ich saß mit ein paar hoch gebildeten Intellektuellen am Tisch, und während wir uns so unterhielten, fingen sie plötzlich an, auf evangelikale Christen zu schimpfen. Irgendwann hatte ich genug und beschloss, nun sei es an der Zeit, Kontra zu geben. „Ihr habt ja überhaupt keine Ahnung!", schimpfte ich. „Ihr messt die Evangelikalen in ihrer Gesamtheit am fehlgeleiteten Eifer einiger weniger. Ihr seht zum Beispiel diesen Verrückten, der bei jedem Footballendspiel ein großes Schild mit einer Versangabe aus der Bibel hochhält, weil er anscheinend erwartet, dass irgendjemand diesen Vers nachschlägt, sich besinnt und zu Jesus findet, und ihr meint, nur weil einige wenige so dumm sind, müssten wir alle so sein."

Nachdem ich meine wütende Verteidigungsrede beendet hatte, nahm einer der anwesenden Männer seine Pfeife aus dem Mund, setzte sie ab und sagte: „Das ist ja wirklich interessant, dass du ausgerechnet dieses Beispiel ansprichst. Vor drei Jahren schaute ich das Endspiel im Fernsehen. Es war kurz vor der Halbzeit und die Cowboys hatten gerade einen Extrapunkt gemacht. Hinter dem Torpfosten war der Mann, von dem du gerade gesprochen hast. Er hielt ein Schild hoch, auf dem stand: ‚Lies Johannes 1,12!' Ich

> Der Apostel Paulus sprach einmal davon, dass die Liebe Gottes ihm gar keine andere Wahl ließe, als das Evangelium zu predigen. Er konnte es einfach nicht lassen, von Jesus zu sprechen, auch wenn er sich noch so sehr darum bemühte.
> Einmal kam ein kleiner Junge von der Sonntagsschule nach Hause und berichtete, die Lehrerin sei wohl ganz offenbar die Großmutter von Jesus. Sie habe eine ganze Stunde lang Bilder von ihm gezeigt und ihnen erzählt, wie wunderbar er sei.
> Erstaunlich, dass viele von uns Großeltern viel eher geneigt sind, anderen von unseren Enkelkindern zu erzählen, als auch nur ein Wort über Jesus zu verlieren.

ging zu meinem Bücherregal, zog meine Bibel hervor und öffnete sie an der entsprechenden Stelle. Da standen noch meine längst vergessenen Notizen, die ich mir als Jugendlicher bei einem Bibelkreis in einem Ferienlager gemacht hatte. Ich las sie mir durch, und auf einmal war mir alles wieder präsent, wovon ich mich vor langer Zeit abgewandt hatte. Ich ging spontan auf die Knie und übergab mein Leben wieder neu Jesus."

Was sollte ich dazu noch sagen? Ich hatte für meine boshaften Kommentare über den verrückten Mann im Stadion genau den Dämpfer bekommen, den ich verdient hatte.

Die Torheit des Predigens

Nach einer Predigtreise durch Neuseeland waren meine Frau und ich auf dem Rückweg nach Hause. Wir machten noch in Honululu Station, um uns ein wenig von der ganzen Reiserei zu erholen. Unser Flugzeug nach Los Angeles sollte erst in fünf Stunden abfliegen, und so fuhren wir in die Stadt, um am *Waikiki Beach* spazieren zu gehen. Während wir so die Promenade entlangschlenderten, stießen wir auf einen sonderbar aussehenden Mann. In der einen Hand hielt er eine Bibel, die andere hatte er ausgestreckt und zeigte mit dem Finger auf die vorbeigehenden Passanten. Er war barfuß und trug ein schmutziges T-Shirt und verschlissene Hosen. Jedem, der an ihm vorbeikam, drohte er das Gericht Gottes an, sofern er nicht mit Gott im Reinen sei.

Als wir an ihm vorbeigingen, sagte ich zu meiner Frau: „Typen wie der sind doch einfach eine Blamage für das Reich Gottes. Wer so einen Verrückten sieht, der wird doch eher noch abgeschreckt. Ich finde so etwas immer ganz schön peinlich."

Etwa eine Stunde später waren wir auf dem Rückweg zum Bus, der uns wieder zum Flughafen zurückbringen sollte, und wieder trafen wir auf diesen Mann. Sehr zu meinem Erstaunen standen zwei ganz normal aussehende, ordentlich gekleidete Männer bei ihm. Er hatte ihnen die Hände auf die Schultern gelegt, und als wir vorbeikamen, konnte ich hören, dass sie gerade ein Lebensübergabegebet sprachen. Meine Frau schaute mich nur an und sagte: „Und? Wie viele Leute hast du heute schon zu Jesus geführt?"

Wir sind dazu verpflichtet, Zeugen zu sein. Auch wenn es nach außen hin vielleicht manchmal töricht erscheinen mag, wird das Evangelium doch, wie Paulus schreibt, gerade durch törichte Predigt in die Welt hinausgetragen.

Der Drang, die Geschichte zu erzählen

Ein Freund von mir sagte einmal, wir sollten nicht versuchen, den Missionsauftrag Jesu umzusetzen, solange es uns nicht gelänge, nach der Goldenen Regel zu leben. Was er damit meinte, war, dass wir mit unserem Lebensstil den sichtbaren Beweis dafür liefern müssen, dass unsere Behauptung, Jesus verwandle uns in sein Ebenbild, stimmt. Der heilige Franz von Assisi drückte es einmal so aus: „Predige das Evangelium den ganzen Tag lang – wenn nötig, auch mit Worten!"

Es liegt auf der Hand, dass unsere Eigenarten und unser Lebensstil Jesus genauso bezeugen müssen wie unsere Worte. Auf der anderen Seite dürfen wir auch nicht den Anspruch erheben, perfekt zu sein, bevor wir überhaupt den Versuch machen. Wir müssen die Botschaft im Rahmen unserer Möglichkeiten mit all unseren Begrenzungen verkünden. So wichtig es auch ist, Jesus durch ein heiliges Leben zu bezeugen, müssen wir doch zugleich unser Möglichstes tun, das Evangelium auch mit Worten zu verkünden, weil die Leute vom Heil Gottes erfahren müssen.

Verpasste Gelegenheiten

Der deutsche lutherische Pfarrer Martin Niemöller wurde während des Zweiten Weltkriegs dazu bestimmt, mit Hitler zu verhandeln, um eine Schließung der evangelischen Kirchen in Deutschland abzuwenden. Zum Ende seines Lebens berichtete Niemöller, dass er wiederholt einen Traum hatte, in dem er Hitler am Tag des Gerichts vor Jesus stehen sah. Jesus stieg vom Thron herab, legte den Arm um seine Schulter und fragte: „Adolf, warum hast du all diese schrecklichen und bösen Dinge getan? Warum warst du so grausam?"

Hitler stand mit hängendem Kopf da und antwortete: „Weil mir niemals jemand etwas von deiner Liebe zu mir erzählt hat."

Niemöller erzählte, dass er an dieser Stelle des Traumes immer schweißgebadet aufgewacht sei und sich an die vielen Begegnungen mit Hitler erinnert habe. Nicht einmal hatte er die Gelegenheit ergriffen zu sagen: „Übrigens, Führer, unser Herr Jesus liebt Sie! Er liebt Sie mehr, als Sie es sich jemals vorstellen können. Er liebt Sie so sehr, dass er für Sie gestorben ist. Wissen Sie das eigentlich?"

So oft verpassen wir die Chance, Jesus zu bezeugen und auf diese Weise womöglich den Lauf der Geschichte maßgeblich zu beeinflussen.

Einen nach dem anderen

Wenn ein Mensch zu Jesus findet, dann ist dies viel häufiger eine Frucht persönlicher Evangelisation als die irgendeiner großartigen Predigt. Manchmal, wenn ich ein größeres Publikum vor mir habe, frage ich: „Wie viele von Ihnen sind heute Christen, weil sie eine tolle Predigt gehört haben?" In der Regel melden sich höchstens zwei oder drei Leute. Dann frage ich: „Wie viele von Ihnen sind Christen geworden, weil sie das Evangelium im Radio oder im Fernsehen gehört haben?" Wieder gehen ein oder zwei Hände hoch. Schließlich frage ich: „Wer von Ihnen ist heute Christ, weil irgendjemand genug Interesse an Ihnen hatte, dass er nicht locker gelassen hat, bis Sie Ihr Leben Jesus übergeben haben?"

Bei dieser Frage gehen regelmäßig Massen von Händen nach oben. Es ist überhaupt keine Frage, dass persönliche

Evangelisation bei weitem die wirkungsvollste Methode ist, um das Evangelium zu verbreiten.

Flugzeugevangelisation

Die Wirksamkeit von persönlicher Evangelisation wurde mir einmal überdeutlich vor Augen geführt. Ich flog gerade nach Orlando, wo ich auf einem Open-Air-Festival vor Tausenden von Jugendlichen eine evangelistische Predigt halten sollte. Während ich also so auf meinem Platz im Flugzeug saß, schaute ich auf die Sitzreihe gegenüber und erblickte eine der attraktivsten Frauen, die mir seit langem begegnet waren. Ich möchte nicht sexistisch klingen, aber sie war wirklich ein Bild von einer Frau.

Dann sah ich einen Mann den Gang entlangkommen, der wie ein typischer New Yorker aussah. Er hatte ein Satinhemd an, bei dem die obersten drei Knöpfe offen waren, sodass man das Goldkettchen auf seiner behaarten Brust sehen konnte. Die Art, wie er sich bewegte, hatte irgendwie etwas Arrogantes an sich. Das Flugzeug war fast leer, aber ich konnte mir schon denken, wo er sich hinsetzen würde. Und tatsächlich: Wie vermutet, setzte er sich neben die hübsche junge Dame auf der anderen Seite.

Es war wirklich interessant, zu beobachten, was daraufhin geschah. Er tat alles, was ein Mann eben so tut, wenn er eine Frau anmachen will. Als er sie in ein Gespräch verwickelt hatte, sah ich plötzlich, wie sie lächelnd in ihre Handtasche griff und ein Neues Testament hervorholte. In den darauf folgenden zwei Stunden saß sie mit ihrem geöffneten Neuen Testament da und erklärte ihm das Evangelium.

Als das Flugzeug schließlich gelandet war und am Flugsteig angedockt hatte, standen alle Passagiere auf und holten ihre Sachen aus den Gepäckfächern. Ich sah, wie der Aufreißertyp mit geschlossenen Augen und gesenktem Kopf dasaß. Die junge Frau hatte ihm die Hand auf die Schulter gelegt und betete mit ihm ein Übergabegebet.

Während ich mir diese Szene so betrachtete, musste ich

denken: Mach dir nichts vor, Tony. Im Grunde ist das die Art von Evangelisation, die die meiste Frucht bringt, nicht deine tollen Predigten auf Großveranstaltungen.

Mit Tränen in den Augen

Wenn wir predigen, dann müssen wir dabei die Haltung Jesu an den Tag legen, sonst widersprechen wir uns selbst.

Es gibt eine Anekdote über eine Kleinstadtkirche, die gerade einen neuen Prediger bekommen hatte. Jeder in der Stadt erzählte, wie wunderbar seine Predigten seien. Eines Tages fragte der stadtbekannte notorische Skeptiker einen der Gemeindeältesten: „Jetzt verraten Sie mir doch mal, warum dieser Prediger so viel besser ist als der, den Sie davor hatten."

Der Älteste meinte: „Der letzte predigte, dass wir Sünder sind und in die Hölle wandern, wenn wir uns nicht ändern."

„Und was predigt Ihr neuer Prediger?", fragte der Skeptiker.

„Er predigt, dass wir alle Sünder sind und in die Hölle kommen, wenn wir nicht mit Jesus ins Reine kommen", erwiderte der Älteste.

Der Skeptiker zuckte mit den Achseln und sagte: „Ich kann irgendwie nicht so recht erkennen, wo da der Unterschied sein soll."

„Wenn der neue Prediger diese Dinge predigt", erläuterte der Älteste, „dann hat er immer Tränen in den Augen."

Wie kann das sein?

Allzu oft schämen wir uns irgendwie, vor anderen für das Evangelium von Jesus einzutreten. Wir fürchten, wir könnten damit womöglich die gängigen sozialen Konventionen verletzen und anderen auf den Schlips treten.

Durch unsere Zurückhaltung bringen wir unsere Freunde um den Segen, den sie empfangen könnten, wenn sie Gott kennen lernen würden. Dies wurde mir beim zehnjährigen

Jubiläum meiner Highschool-Abschlussklasse besonders plastisch vor Augen geführt. Es war toll, so viele meiner alten Freunde, die ich all die Jahre über nicht mehr gesehen hatte, wieder zu treffen. Auf einmal nahm mich einer meiner engsten Freunde von damals beiseite. Wir hatten zusammen Basketball gespielt und beim Mittagessen immer zusammengesessen. Er erzählte mir, er habe ein Jahr zuvor „die fantastischste Erfahrung seines Lebens“ gemacht. Er war Christ geworden! Er berichtete von der Veränderung und der neuen Freude, die über ihn gekommen sei, seitdem er eine persönliche Beziehung zu Jesus Christus hätte. Er konnte gar nicht mehr aufhören, mir von seinem neuen Leben als Christ vorzuschwärmen.

Als er eine kurze Pause machte, unterbrach ich ihn und sagte: „Du, Jerry, ich bin so froh, das zu hören. Weißt du, ich bin auch Christ!“

„Wirklich?“, fragte er. „Wann bist du denn Christ geworden?“ Ich erklärte ihm, dass ich schon Christ sei, seit ich ein kleiner Junge war.

Daraufhin fragte er sehr verwirrt: „Wenn du schon damals Christ warst, als wir zusammen zur Schule gingen, warum hast du mir dann nie etwas von Jesus erzählt? Warum hast du mir niemals den Glauben nahe gebracht?“

Ich wusste nicht, was ich darauf antworten sollte.

Billy

Vor vielen Jahren, als ich noch ein junger Pastor war, wurde ich gefragt, ob ich als Seelsorger in einem Schülerferienlager mitarbeiten könnte. Jeder sollte so etwas einmal mitgemacht haben – wenigstens einmal! Allen Katholiken unter meinen Lesern möchte ich sagen, dass ich seitdem an die Existenz eines Fegefeuers glaube. Ich habe es erlebt. Im Ferienlager!

Jungs zwischen der achten und der zehnten Jahrgangsstufe haben einen sonderbaren und oft ein wenig grausamen Humor. Sie haben eine unwiderstehliche Neigung, sich irgendeinen armen, unglücklichen Tropf, der nicht ganz der gängigen Norm entspricht, herauszupicken und ihn gnadenlos fertig zu machen. In jener Woche im Ferienlager war es jedenfalls ganz eindeutig so. Die Jungs hatten sich einen 13-Jährigen namens Billy als Opfer ausgeguckt. Billy lief irgendwie komisch und konnte nicht richtig sprechen. Er schleppte sich mit spastischen Bewegungen über den Zeltplatz, und wenn er seinen Mund aufmachte, kam ein Schwall verwaschener Worte heraus.

Die anderen Jungs imitierten ihn und fanden das wahnsinnig lustig. Einmal bekam ich mit, wie Billy nach dem Weg fragte. Ich habe noch heute sein fast unverständliches Genuschel im Ohr: „Wo ... geht's ... zur ... Bastelwerkstatt?"

Die Jungs, die er fragte, antworteten, indem sie seine verwaschene Sprache nachahmten und spastisch verkrampfte Handzeichen machten: „Da ... drüben ... ist sie ... Billy."

Am Donnerstagmorgen waren sie am grausamsten. Billys Hütte war dazu bestimmt worden, die Morgenandacht zu leiten, und sie hatten ihn zum Gruppensprecher gewählt. Sie wollten, dass er zu ihrem Vergnügen vor der versammelten Mannschaft auftrat und sich abmühte, etwas Zusammenhängendes zu sagen.

Als ich davon erfuhr, war ich außer mir vor Wut, aber ich konnte nichts daran ändern. Billy schien es nichts auszumachen! Er schleppte sich irgendwie hinauf ans Rednerpult. Durch die Reihen der Anwesenden ging ein schadenfrohes Kichern. Billy brauchte beinahe eine halbe Minute, um seinen ersten Satz zu sagen: „Je–sus ... liebt ... mich ... und ... ich ... liebe Je–sus."

Als er fertig war, herrschte betretenes Schweigen. Als ich mich umschaute, sah ich, dass den Jungen Tränen über die Wangen liefen. Einige von ihnen hatten ihre Köpfe gesenkt. Wir erlebten eine richtige kleine Erweckung!

Wir hatten in jener Woche schon viel versucht, um mit der Botschaft des Evangeliums zu den Herzen der Jungen durchzudringen, doch ohne Erfolg. Wir hatten sogar ein paar Baseballspieler zu Gast gehabt, deren Trefferrate merklich angestiegen war, nachdem sie angefangen hatten zu beten, aber das ließ die Jungen kalt. Es bedurfte erst eines spastischen Jungens namens Billy, der seine Liebeserklärung zu Jesus abgab, um die Herzen zu berühren.

Ich komme ja ziemlich viel herum, und ich bin immer wieder überrascht, wie häufig ich Leuten begegne, die sagen: „Sie werden sich vermutlich nicht mehr an mich erinnern. Ich bin auf dem Ferienlager, wo Sie als Betreuer dabei waren, zum Glauben gekommen. Und wissen Sie, was damals den Ausschlag gegeben hat?"

Ich kann mir die Nachfrage sparen, weil ich die Antwort ohnehin schon ahne. „Es war Billy!" Gott braucht keine Superstars, um sein Wort zu verkünden. Seine Spezialität ist es, gerade mit den Steinen zu bauen, die die Bauleute verworfen haben, und sie beim Bau seines Reiches zu Fundamenten zu machen.

Ich hörte einmal von einem Mann, der die Straßen von Philadelphia auf und ab flanierte. Über die Schultern hatte er sich zwei große Schilder aus Karton gehängt. Auf dem Schild, das der Mann über dem Bauch trug, war zu lesen: „Ich bin ein Narr für Christus." Die Leute, die ihm auf der Straße entgegenkamen, hatten ein mitleidig-herablassendes Lächeln im Gesicht, doch das verging ihnen in der Regel recht schnell, wenn sie sich, nachdem sie an ihm vorbei waren, umgedreht hatten und das zweite Schild gelesen hatten, das er auf dem Rücken trug. Darauf stand: „Wessen Narr bist du?"

Ganz ohne Frage

Als ich noch an der Universität von Pennsylvania unterrichtete, betreute ich zwei Studenten, die sich darauf vorbereiteten, ihr Hauptstudium an der *Cornell University* zu beginnen. Damals, in den 60er Jahren, war der Marxismus an der Universität total angesagt. Einer der beiden – der intelligenteste Student, den ich je hatte – war ein eingefleischter Marxist. Der andere junge Mann – eher durchschnittlich intelligent – war ein junger Christ, der zu dem Bibelkreis gehörte, den ich wöchentlich hielt. Als ich hörte, dass die beiden sich im Wohnheim ein Zimmer teilen wollten, war ich ein wenig beunruhigt, weil ich wusste, dass der Marxist meinen christlichen Studenten bei Diskussionen ohne weiteres über den Tisch ziehen konnte. Ich fragte mich, wie lange es wohl dauern würde, bis er ihm seinen Glauben ausgeredet hatte.

Als ich die beiden nach ein paar Monaten wieder traf, war ich doch ziemlich überrascht, dass der marxistische Student Christ geworden war. Aus Neugier fragte ich ein wenig genauer nach: „Wie ist es denn dazu gekommen? Ich hatte mir eigentlich ehrlich gesagt ein wenig Sorgen gemacht, dass ihr am Ende nach ein paar Monaten beide Marxisten sein würdet."

„Abend für Abend habe ich mich mit ihm gestritten", meinte der ehemalige Marxist. „Ich versuchte, ihm darzulegen, dass seine Annahmen allesamt völlig aus der Luft gegriffen waren, und ich zeigte ihm die Stichhaltigkeit meiner Ideologie auf. Jede Nacht stritten wir und jede Nacht redete ich ihn in Grund und Boden. Doch er sagte am Schluss immer nur: ‚Mark, du hast die Diskussion wieder einmal gewonnen, aber du kannst mich trotzdem nicht davon überzeugen, dass du Recht hast. Du kannst mich nicht überzeugen, weil ich einfach *weiß*, dass Jesus real ist! Ich spüre ihn in meinem Leben! Ich spüre seine Gegenwart jeden Tag! Ich habe eine persönliche Beziehung zu ihm, die du nicht infrage stellen kannst.'"

Letzten Endes ist eine persönliche Beziehung zu Jesus das stärkste Zeugnis für das Reich Gottes, das es gibt.

7. Über die Absichten Gottes in dieser Welt

Jedes Mal, wenn wir in der Bibel lesen, wird uns bewusst, dass Christsein bedeutet, eine enge Beziehung zu einem Gott zu haben, der ganz konkrete Absichten mit dieser Welt hat. Unser Gott will die Welt so umgestalten, dass sie seinen ursprünglichen Vorstellungen entspricht. Sie wird zu einer Welt, in der Gerechtigkeit und Wohlbefinden für alle herrschen. In der Heiligen Schrift wird diese Welt als „das Reich Gottes" bezeichnet. Jesus kam in diese Welt, um sein Königreich zu verkünden, und er hat uns die Zusage gegeben, dass es ein Reich ohne Armut, Rassismus, Sexismus, Militarismus und Umweltzerstörung sein wird. Er ruft uns dazu auf, bei der Schöpfung seines Reiches mitzuwirken. Er erlöst uns von unserer Sünde, nimmt mit seinem Geist von uns Besitz und gibt uns Kraft durch die Vision, die er uns gibt. Jesus ruft uns beim Bau dieses Reiches als Partner an seine Seite.

Anwerben

Als ich noch jung war, hörte ich einmal, wie ein Prediger sagte, Gott wolle, dass wir Revolutionäre seien. Wir seien dazu berufen, uns zusammenzuschließen, um die Welt zu verändern. Ich fand diesen Gedanken damals ungemein faszinierend. Unsere Familie hatte ein sehr geringes Einkommen, und ich bekam damals schon ziemlich deutlich mit, welche Ungerechtigkeiten mein Vater am Arbeitsplatz zu erdulden hatte. Ich war ziemlich schlecht auf die Lebensbedingungen in der amerikanischen Gesellschaft zu sprechen. Ich wohnte in West-Philadelphia und sah das Los der Farbigen und die Auswirkungen der Rassendiskriminierung. Ich wollte gerne die Welt verändern, damit solche Übel verschwinden. So hatte der Aufruf dieses Predigers eine große

Anziehungskraft auf mich. Dieser Mann war wie ein Werbeoffizier für Jesus.

Ich nahm diesen Aufruf damals sehr ernst und fragte, wie meine Aufgabe in dieser Armee von Revolutionären, die Gott da aufstellte, aussehen sollte. Ich erkannte, dass ich selbst ebenso ein Werbeoffizier sein sollte. So machte ich mich daran, Menschen zu rekrutieren. Doch die Leute, die ich rekrutierte, wurden ihrerseits zu Anwerbern berufen. Und so ging die Rekrutierungswelle weiter, und irgendwann fragte ich mich, wann wir denn endlich anfangen würden, Leute anzuwerben, die tatsächlich zum Kampf gegen den Feind antreten würden. Wann würden wir endlich gegen die Mächte und Gewalten unserer Zeit zu Felde ziehen?

Nach und nach wurde mir klar, dass ich zu einer bestimmten Gruppe innerhalb des christlichen Spektrums gehörte, die gewissermaßen eine Armee von Werbeoffizieren darstellte, die werbende Werber warb, keine, die bereit war, selbst in Kampfhandlungen gegen die Mächte der Finsternis einzutreten oder eine neue Gesellschaftsordnung zu schaffen.

Systemveränderung

Christen sind besonders gut in ihrer Rolle als gute Samariter. Wo immer Menschen in unserer Gesellschaft am Wegrand stranden, steht die Gemeinde Jesu parat, um sie aufzulesen, sich ihrer Wunden anzunehmen und sie wieder an ihren Platz im System zu setzen. Sie tut jedoch herzlich wenig, um das System selbst zu ändern.

Die Geschichte vom guten Samariter beschreibt einen hilfsbereiten Mann, der einen Menschen rettet, der auf dem Weg von Jerusalem nach Jericho von Räubern überfallen wurde. Wir alle kennen die Geschichte: Der Betroffene wird zusammengeschlagen und halb tot liegen gelassen. Dann kommt der gute Samariter vorbei, liest ihn auf, reinigt seine Wunden und bringt ihn an einen Ort, an dem er Fürsorge empfängt und wieder gesund gepflegt wird. Es ist eine bewegende Geschichte, die uns alle darin bestärkt, Gutes zu tun.

Eines dürfen wir jedoch nicht vergessen. So richtig das, was der gute Samariter da getan hat, ist – wenn jeden Tag zwei oder drei Leute auf der Strecke von Jerusalem nach Jericho überfallen werden, kommt irgendwann der Moment, wo man sich eingestehen muss, dass es nicht ausreicht, guter Samariter zu sein. Wenn die Kriminalität überhand nimmt, müssen wir uns irgendwann überlegen, ob es nicht angebracht wäre, die Straßenbeleuchtung zu verbessern oder eine Polizeistreife einzurichten, die den Überfällen Einhalt gebietet. Mit anderen Worten: So wichtig es ist, sich der Opfer anzunehmen, so stellt sich doch irgendwann die Frage, inwieweit das System verbessert werden muss, um zu vermeiden, dass es überhaupt so viele Opfer gibt.

Man sagt, wir, die Gemeinde, seien Gottes Rettungssanitäter. Bei der Bewältigung solcher Aufgaben sind wir auch wirklich ziemlich effektiv. Früher oder später müssen wir jedoch einen Schritt weiter gehen, als uns immer nur der Opfer einer harten und ungerechten Gesellschaft anzunehmen. Irgendwann kommt der Punkt, an dem Gott uns dazu aufruft, das System selbst zu ändern.

Erste Hilfe

In einer fiktiven Geschichte, die im Zweiten Weltkrieg in Amerika spielt, wurde ein Programm ins Leben gerufen, das dazu dienen sollte, freiwillige Helfer in der Ausübung von Erste-Hilfe-Rettungsmaßnahmen auszubilden. Es herrschte die Befürchtung, dass die in der Stadt verfügbare medizinische Hilfe im Falle eines Bombenangriffs nicht ausreichen könnte, um alle Verwundeten angemessen zu versorgen. Im Kurs saß auch eine Frau, die immer ziemlich desinteressiert und gelangweilt wirkte. Sie nahm teil, weil sie sich dazu verpflichtet fühlte, aber sie zeigte keinerlei Begeisterung.

Eines Tages jedoch tauchte sie im Kurs auf und strotzte

förmlich vor Interesse und Lerneifer. Sie konnte kaum erwarten, den anderen Kursteilnehmern zu erzählen, wie es zu dieser neuen Begeisterung gekommen war. „Dieser Kurs war mir eigentlich ziemlich gleichgültig", sagte sie. „Bis gestern! Gestern saß ich auf meiner Veranda, als plötzlich direkt vor meinem Haus ein schrecklicher Autounfall passierte. Zwei Autos prallten frontal aufeinander und die Insassen wurden herausgeschleudert. Überall lagen Schwerverletzte und überall war Blut. Es war ein Bild des Schreckens. Der Anblick war so schrecklich, dass ich fast ohnmächtig wurde. Dann erinnerte ich mich plötzlich daran, was ich hier gelernt hatte. Ich beugte mich vor und hielt den Kopf zwischen meine Knie – und ich wurde nicht ohnmächtig!"

Offensichtlich hatte diese Frau den Sinn ihrer Ausbildung nicht ganz verstanden. Sie machte den Erste-Hilfe-Kurs ja nicht in erster Linie, um sich selbst helfen zu können, sondern um darauf vorbereitet zu sein, anderen zu helfen. Viele Christen sind sich nicht wirklich darüber im Klaren, dass die Kraft, die uns der Glaube gibt, nicht nur dazu dient, uns selbst dabei zu helfen, besser mit dem Leben klarzukommen, sondern vor allem dazu, dass wir bereit sind, Menschen um uns herum in ihrer Not zu helfen.

Dem Rassismus das Wasser abgraben

Ebenholz und Marmor

Die Großstadt-Missionsinitiativen in Philadelphia und Camden, New Jersey, an deren Entwicklung ich maßgeblich beteiligt war, ziehen in den Sommerferien immer Hunderte von Collegestudenten als freiwillige Helfer an. Sie arbeiten ganztags mit Mädchen und Jungen, machen Bibelarbeiten, spielen Spiele, bieten alle möglichen Förderprogramme an und geben die persönlichen Hilfestellungen, die Jugendliche aus sozialen Brennpunkten brauchen.

Einmal hatten wir eine blonde, blauäugige Studentin holländischer Abstammung vom *Calvin College* in unserem Sommereinsatzprogramm dabei. Sie arbeitete in diesen Wochen sehr intensiv mit einer Gruppe von 15 farbigen Kindern aus einer der heruntergekommensten Sozialwohnungssiedlungen der Stadt.

Gegen Ende der Ferieneinsätze brachte sie den Kindern ein Lied bei, das den Titel „Ebony and Ivory" („Ebenholz und Marmor") trägt. Es handelt von den Tasten des Klaviers und macht deutlich, dass man nicht nur die weißen Tasten braucht, wenn man gute Musik machen will, sondern auch die schwarzen. Dasselbe gilt umgekehrt. Man kann keine gute Musik machen, wenn man nur auf den schwarzen Tasten spielt, sondern man braucht auch die weißen.

Nachdem sie den Kindern das Lied beigebracht hatte, erklärte sie ihnen: „Was ich damit sagen will, ist Folgendes: Ihr seid schwarz und ich bin weiß und zusammen ..."

Die Kinder unterbrachen sie und erhoben Einspruch: „Aber du bist doch gar nicht weiß!", riefen sie. „Nein, du bist nicht weiß!", meinten sie immer wieder.

Die junge Frau war ob dieser Reaktion völlig überrascht und meinte: „Tja, also, wenn ich nicht weiß bin, was bin ich eurer Meinung nach denn dann?"

„Du bist einfach hellhäutig!", erwiderten sie.

Sie können sich sicher vorstellen, was in den Köpfen dieser Kinder vor sich ging. Für sie hatten „Weiße" beinahe etwas Dämonisches an sich und diese junge Frau durchbrach einfach all ihre Stereotype. Nach ihrem Verständnis konnte sie einfach nicht „weiß" sein, weil sie ihnen gegenüber so liebenswert und fürsorglich war. Diese Erfahrung lehrte sie, dass Jesus Menschen über alle Rassengrenzen hinweg eins machen kann.

Wir sind alle eine Familie

Peter Arnett, ein ehemaliger CNN-Fernsehmoderator, hat viele erstaunliche Dinge erlebt, die ihn zu einem wunderbaren Geschichtenerzähler gemacht haben. Eines Tages fragte ich ihn: „Hättest du vielleicht ein paar Geschichten für mich? Ich lebe von guten Geschichten und mir gehen meine so langsam aus."

„O ja, ich habe da eine faszinierende Geschichte für dich!", meinte Peter. „Ich war in Israel, in einer kleinen Stadt auf der West Bank, als sich plötzlich eine Explosion ereignete. Leute flogen durch die Luft und überall um mich herum waren Tod und Verwüstung. Von überallher hörte man die Schreie der Verwundeten. Ein Mann kam auf mich zugerannt. Er trug ein blutverschmiertes kleines Mädchen auf dem Arm und rief: ‚Ich kann sie nicht ins Krankenhaus bringen! Die israelische Armee hat die ganze Gegend abgeriegelt und niemand kann hier rein oder raus. Aber Sie sind von der Presse und können durch. Bitte, bitte! Bitte helfen Sie mir, sie ins Krankenhaus zu bringen! Bitte, sonst stirbt sie!'"

Peter erzählte mir weiter, wie er die beiden in sein Auto verfrachtete und mit ihnen durch die Sperre fuhr. Auf dem Weg in die Stadt flehte der Mann auf der Rückbank ihn beständig an: „Bitte, so fahren Sie doch etwas schneller! Geht es vielleicht ein wenig schneller? Ich fürchte, sie stirbt! Ich will nicht, dass sie mir am Ende noch stirbt!"

Als sie schließlich im Krankenhaus ankamen, wurde das Mädchen sofort in den OP gebracht. Die beiden Männer setzten sich im Wartebereich auf die Bank. Peter meinte, sie hätten einfach nur schweigend und völlig erschöpft dagesessen.

Kurze Zeit später kam der Arzt aus dem OP und sagte mit ernstem Tonfall: „Es tut mir Leid! Wir konnten nichts mehr für sie tun!"

Der Mann brach in Tränen aus, und Peter legte seinen Arm um ihn, um ihn zu trösten. „Ich weiß nicht, was ich sagen soll", meinte er. „Ich kann nur ahnen, was Sie jetzt durchmachen, weil ich selbst nie ein Kind verloren habe."

Der Mann schaute Peter erstaunt an und sagte: „Aber nein. Dieses kleine palästinensische Mädchen war nicht meine Tochter. Ich bin ein israelischer Siedler. Die kleine Palästinenserin ist nicht mein Kind. Aber, wissen Sie ...

irgendwann kommt der Moment, wo wir uns vor Augen halten müssen, dass jedes Kind, wo es auch herkommt, eine Tochter oder ein Sohn für uns ist. Irgendwann müssen wir einfach erkennen, dass wir doch im Grunde alle zu einer Familie gehören."

Als ich diese Geschichte hörte, stand mir auf einmal überdeutlich vor Augen, warum Jesus in die Welt kam. Er kam, um die Gräben zu überwinden, die wir gegraben haben, die uns in unterschiedliche Gruppen trennen. Er kam, um uns zu einer Familie zu machen.

Lektionen zum Thema ökonomische Gerechtigkeit

Manche Leute haben nicht wirklich begriffen, dass soziale Gerechtigkeit ohne ökonomische Gerechtigkeit nicht möglich ist. Viele Menschen leiden unter ökonomischen Gegebenheiten, die ihnen eine gerechte Entlohnung für ihre Arbeit vorenthalten. Es gibt wirtschaftliche Systeme, die massive Arbeitslosigkeit bewirken und Menschen die Möglichkeit zur Arbeit an sich vorenthalten. Es gibt Menschen, die zu ökonomischer Abhängigkeit und Hilflosigkeit verdammt sind und die nicht die Chance haben, sich und ihrer Familie ein Auskommen zu sichern. Jesus wirkt durch uns, um in dieser Welt sein Reich zu bauen, in dem sein Wille geschient, und er erwartet von uns, dass wir uns der tragischen Zustände annehmen, die aus der ökonomischen Unterdrückung resultieren.

Ein brauchbarer Plan

Vor über 20 Jahren führte ich mit einigen meiner Studenten ein Forschungsprojekt durch, in dem es um eine einfache Frage ging: Wie kann eine kleine Gruppe von Christen auf der Mikroebene gesellschaftliche Veränderungen anstoßen? Wir entwickelten einen Plan, wie man in einem kleinen Land für mehr soziale Gerechtigkeit sorgen könnte. Das Land, das wir für unsere Überlegungen ausgewählt hatten, war die Dominikanische Republik.

Im Laufe des Semesters wuchs unser Enthusiasmus für dieses Projekt. Eines Tages sagte einer der Studenten: „Wenn dieser Plan doch so brauchbar ist, warum setzen wir ihn dann nicht um? Warum probieren wir nicht einfach aus, was wir in der Dominikanischen Republik tatsächlich verändern können?"

Ich war völlig perplex, aber es konnte überhaupt kein Zweifel daran bestehen, dass dieser Plan tatsächlich Hand und Fuß hatte und dass es eigentlich keinen Grund gab, ihn nicht umzusetzen.

Der erste Schritt unserer christlichen Revolutionsbewegung bestand darin, Aktien eines großen multinationalen Konzerns zu kaufen, der die Wirtschaft des Landes dominierte. Die *Gulf and Western Corporation* besaß Hotels, eine große Ferienanlage sowie große Flächen an Land im Osten der Dominikanischen Republik. Der Konzern hatte auch die *Puerto Rican Sugar Company* aufgekauft und war nun der Hauptzuckerproduzent in diesem Teil des Landes.

Jeder von uns erwarb nun also eine Aktie der Gesellschaft, was uns dazu berechtigte, an der nächsten Aktionärsversammlung teilzunehmen. Und genau das taten wir auch. Während der Versammlung ergriffen wir alle der Reihe nach das Wort, lasen eine Passage aus der Bibel vor und riefen *Gulf and Western* dazu auf, ihrer sozialen Verantwortung gerecht zu werden. Wir forderten den Vorstand auf, sich des Problems der zu niedrigen Löhne der Arbeiter auf den Zuckerrohrplantagen anzunehmen. Wir zeigten den Vorsitzenden auf, wie der Konzern das Land immer mehr in eine landwirtschaftliche Monokultur geführt hatte. Außerdem prangerten wir an, dass die Firma es versäumt hatte, in das Erziehungswesen und die Gesundheitsfürsorge der Menschen in der von ihr dominierten Region zu investieren.

Wir hatten uns eigentlich darauf eingestellt, dass man uns auslachen und hinauskomplimentieren würde. Dann hätten wir zu massiveren Mitteln greifen müssen, um den Konzern mit seinen Versäumnissen zu konfrontieren. Zu unserem Erstaunen stellten wir jedoch fest, dass der Vorstand von *Gulf and Western* gerne bereit war, uns zuzuhören!

In den folgenden Monaten kam es zu einer Reihe von Verhandlungen – nicht nur mit uns, sondern mit mehreren anderen Organisationen, die sich den wirtschaftlichen und sozialen Belangen der Menschen in der Dominikanischen Republik verpflichtet fühlten. Eines Tages rief mich der stellvertretende Vorstandsvorsitzende an, der unter anderem für die Öffentlichkeitsarbeit zuständig war, und teilte mir mit, dass er eine öffentliche Verlautbarung abgeben wolle, in der er das Interesse des Unternehmens an der Entwicklung der Lebensverhältnisse der Menschen in der Dominikanischen Republik zum Ausdruck bringen würde. Als er mir die Pressemitteilung vorlas, war ich völlig verblüfft. Sie enthielt eine Ankündigung, wonach der Konzern eine Partnerschaft mit dem *St. Sinai Medical Center* in New York eingegangen sei, um in den Städten und Ortschaften im Osten des Landes Gesundheitszentren einzurichten. Außerdem erklärte die Firma ihre Bereitschaft, Bodenproben durchzuführen, um zu ermitteln, welche Ländereien für die Menschen, die bei der Firma in Lohn und Brot standen, zum Anbau von Nahrungsmitteln geeignet seien. Ferner enthielt der Plan ein Bündel von Maßnahmen zur Verbesserung des Bildungsniveaus. Hierzu gehörte unter anderem auch die Zusammenarbeit mit uns zur Gründung einer Universität, die Lehrer, Rechtsanwälte, Krankenpflegepersonal und Ingenieure ausbilden sollte. Der Plan sah noch eine Reihe von weiteren Maßnahmen vor, die ebenso eindrucksvoll waren. Und das Erstaunliche war, dass die *Gulf and Western Corporation* tatsächlich zu ihrem Wort stand. In den folgenden fünf Jahren investierte sie insgesamt eine halbe Milliarde Dollar in die angekündigten Programme und die Lebensbedingungen der Menschen in dieser Region wurden auf nachhaltige Weise verändert.

Hier konnte das Reich Gottes tatsächlich zeitgeschichtliche Dimensionen annehmen, weil die Vorstandsmitglieder eines großen Konzerns bereit waren, sich auf biblische Maßstäbe sozialer Gerechtigkeit einzulassen.

Die Sandalenfabrik

Ich unterrichte am *Eastern College*, das vor mehr als zehn Jahren ganz bewusst damit begann, Studiengänge einzurichten, die Menschen dafür ausbilden, in Länder der Dritten Welt und in verarmte Bezirke in amerikanischen Großstädten zu gehen und dort Firmen und Manufakturen zu gründen, die ganz bewusst Arme beschäftigen. Diese besondere betriebswirtschaftliche Ausbildung wurde ganz speziell dafür geschaffen, eine neue Generation von Missionaren auszubilden, die ihre Berufung darin sehen, das Evangelium als Unternehmensgründer voranzutreiben. Auf diese Weise schaffen sie Arbeit für die Armen und ermöglichen es ihnen, der Armut zu entkommen.

Die Absolventen dieses Studiengangs haben in aller Welt Erstaunliches bewirkt. Einige haben sich zum Beispiel einer christlichen Missionsorganisation mit dem Namen *Opportunity International* angeschlossen, die ihren Sitz in Oak Park, Illinois, hat. Allein dieses Werk hat in den letzten Jahren durch die Gründung von Kleinstunternehmen über 100.000 Arbeitsplätze in aller Welt geschaffen.

Ich selbst war einmal an der Gründung eines solchen Kleinstunternehmens in der Dominikanischen Republik beteiligt. In einem Armenviertel von Santo Domingo gründeten wir eine kleine Fabrik, die aus alten Autoreifen Sandalen herstellte. Mit Hilfe einfacher Werkzeuge und nach kurzer Einweisung konnten junge Leute dort aus Altreifen Sohlen schnitzen und daraus attraktives und dauerhaftes Schuhwerk machen. Anschließend gingen die Jungen hinaus in die Stadt, verkauften sie und gewannen auf diese Weise ein Einkommen für ihre Familien.

Die jüngeren Kinder schickten wir auf die Müllhalden und verlassenen Grundstücke, um Altreifen zu sammeln, und gaben ihnen 50 Cent pro geliefertem Reifen. Es dauerte nicht lange, bis nahezu alle Altreifen in Santo Domingo aufgesammelt waren. Danach wurden uns immer öfter neue Autoreifen gebracht, und wir erkannten, dass wir unsere Materialbeschaffung überdenken mussten!

Wenn wir über Jesus reden, müssen wir deutlich machen, dass er keineswegs nur unser Wohlbefinden in der Ewigkeit im Blick hat. Er ist der Erlöser, der bereits heute, in dieser Welt am Wirken ist, um die Welt zu verändern und hier und heute menschenwürdige Lebensbedingungen zu schaffen.

Bildungsmöglichkeiten für die Menschen schaffen

Wir sind unvollendete Geschöpfe. Gott ist in uns noch immer am Werk, damit wir unser Potenzial vollständig ausschöpfen können. Eins der wichtigsten Mittel, die er dabei gebraucht, ist die Bildung. Wir müssen unsere Gaben entwickeln und unsere Perspektive, wie wir dem Herrn praktisch dienen können, erweitern.

Zuschauen, wie sie lernen

Vor gut 20 Jahren arbeitete *EAPE/Kingdomworks* mit Einheimischen in der Dominikanischen Republik zusammen, um in der Stadt Azua eine kleine christliche Universität ins Leben zu rufen. Trotz eines sehr begrenzten Budgets gelang es uns, Dozenten zu rekrutieren, Gebäude herzurichten und einen Lehrplan aufzustellen, der sich durchaus sehen lassen konnte.

Ich werde nie vergessen, wie ich einmal diese kleine Universität besuchte. Die Kurse wurden abends abgehalten, weil die Studenten auf ihre Arbeit zum Lebensunterhalt nicht verzichten konnten. Ich kam zusammen mit einem Missionar, der unser Verbindungsmann zur Stadtverwaltung in diesem Gemeinschaftsprojekt war, auf dem Campus an und war ganz verwundert über die Trauben von Menschen, die vor den Fenstern der kleinen Ziegelgebäude standen, in denen gerade der Unterricht stattfand. Sie standen einfach nur schweigend da und hörten konzentriert zu, was drinnen vor sich ging. Als ich mich erkundigte, was dies zu bedeuten habe, sagte man mir: „Ach, daran dürfen Sie sich nicht weiter stören. Das sind die Eltern der Studenten. Sie kommen jeden Abend hierher und schauen ihren Kindern zu. Es gibt für sie nichts Unterhaltsameres, als ihren Kindern beim Lernen zuzuschauen."

Was ich hier vor mir sah, waren Eltern, die das Werk Gottes bestaunten. Der Jesus, der für sie am Kreuz gestorben war, um ihnen Zugang zum Heil zu verschaffen, war nun in ihrer Mitte am Werk, um ihren Kindern den Zugang zu ihrem Potenzial zu eröffnen.

Politisches Engagement

Unter Christen herrscht heutzutage weitgehend Einmütigkeit darüber, dass der Gemeinde Jesu eine Verantwortung zukommt, soziale Veränderungen zu schaffen, die die Werte des Reiches Gottes widerspiegeln. Die große Frage ist nur, wie dies geschehen kann. Auf der einen Seite sind jene, die eine konservative politische Ideologie vertreten und auf dem Standpunkt stehen, dass es nicht Sache des Staates ist, sich der Bedürfnisse der Armen anzunehmen, sondern die der Christen. Auf der anderen Seite stehen diejenigen, die eine etwas liberalere Gesinnung haben und der Auffassung sind, dass die Regierung ein Instrument Gottes sein kann, das dem Bau des Reiches Gottes dient. Konservative Christen glauben, dass die Gesellschaft sich ändert, indem einzelne Menschen erneuert werden. Diese wiederum setzen sich dann für eine Änderung der sozialen Verhältnisse ein. Liberale dagegen tendieren dazu, auf eine Änderung der gesellschaftlichen Strukturen hinzuwirken, weil sie der Meinung sind, dass Menschen zu Opfern ungerechter Verhältnisse werden, die darauf ausgerichtet sind, die Armen und Schwachen zu unterdrücken. Beide Standpunkte spiegeln einen Teil der Wirklichkeit wider. Immer mehr Christen versuchen, die jeweils besten Seiten der konservativen wie der liberalen Ideologie miteinander zu verbinden. Man erkennt immer mehr, dass es nicht möglich ist, die Gesellschaft zu reformieren, ohne einzelne Menschen zu verändern. Auf der anderen Seite reift die Erkenntnis, dass man Menschen nicht ändern kann, ohne die gesellschaftlichen Verhältnisse zu ändern, die ihr Verhalten maßgeblich beeinflussen. Immer mehr Christen kommen zu dem Schluss, dass wir daran arbeiten müssen, Menschen in eine lebensverändernde Beziehung zu Jesus zu führen und an einer Gesellschaft zu bauen, in der soziale Gerechtigkeit herrscht.

Ein Freund von mir sagte einmal: „Der Unterschied zwischen einem Konservativen und einem Liberalen besteht darin, dass der Konservative einem Ertrinkenden, der 100 Meter vom Ufer entfernt um sein Leben ringt, ein 50 Meter langes Seil zuwirft und ihm dann zuruft: ‚Wir haben unseren Teil getan, der Rest ist deine eigene Verantwortung.' Der Liberale dagegen wirft dem Ertrinkenden ein 200 Meter langes Seil zu ... und lässt dann sein Ende vom Seil fallen."

Keine Macht der Erde

Wenn wir in dieser Welt etwas verändern wollen, dann müssen wir mit christlichen Methoden arbeiten. Die Bibel spricht ganz klar davon, dass unsere Waffen nicht die Waffen dieser Welt sind (2. Korinther 10,4). Als Martin Luther King jr. mit seiner Gefolgschaft von Selma nach Montgomery in Alabama marschierte, an dem Tag, der heute als entscheidender Wendepunkt im Kampf der farbigen Bürgerrechtsbewegung angesehen wird, da sahen sie sich einem Riesenaufgebot von Polizei und Nationalgarde gegenüber, die fest entschlossen waren, sie zurückzuschlagen. Die Vertreter von „Recht und Ordnung" versperrten den Bürgerrechtlern auf der Brücke außerhalb von Selma den Weg und wiesen sie an zurückzukehren. Diese weigerten sich jedoch und erwiderten: „Wir sind schon zu weit gegangen, um noch umkehren zu können!“

Die Demonstranten gingen auf die Knie, neigten ihre Köpfe zum Gebet und machten sich auf diese Weise ganz und gar verwundbar. Der Einsatzleiter der Sicherheitskräfte zählte bis zehn und gab dann der Polizei und der Nationalgarde den Befehl, auf sie loszugehen und sie zurückzutreiben.

Wir alle sahen auf unseren Fernsehbildschirmen, wie die Demonstranten mit Schlagstöcken und elektrischen Keulen traktiert wurden. Leute wurden zusammengeschlagen und Hunde wurden auf sie losgelassen. Es war ein wilder Angriff auf unbescholtene Bürger. Beim Anblick dieser Brutalität, mit der friedliche Demonstranten zusammengeschlagen wurden, schrie es in mir laut: „Sie haben gewonnen! Die Bürgerrechtler haben den Kampf gewonnen!“

Wenn Sie mich jetzt fragen, wie es sein kann, dass eine Gruppe von Menschen, die brutal zusammengeschlagen wird, den Kampf gewinnt, dann sage ich: Gottes Volk hat die Eigenart, sich immer wieder auf die Füße zu stellen! Es gibt keine Macht der Erde, die das Volk Gottes unterzukriegen vermag. Wir verändern die Welt durch Gewaltlosigkeit und opferbereite Liebe, und wir glauben, dass die Tore der Hölle uns nichts entgegenzusetzen haben.

Ein einzelner Mann

Der Kampf um Veränderung in dieser Welt kostet seinen Preis, und mitunter kommt es vor, dass Menschen den ultimativen Preis dafür bezahlen müssen.

Man erzählt sich die Geschichte von einem Mönch aus Südfrankreich, der nach Rom reiste, um die Herrlichkeit der heiligen Stadt zu erleben. Nach seiner Ankunft ließ er sich von den Menschenmassen treiben, die ins Kolosseum strömten. Ihm war zunächst gar nicht klar, was für ein Spektakel ihm dort geboten werden würde, doch das sollte sich schnell ändern, als die Gladiatoren ihre Plätze in der Arena einnahmen. Sie zogen ihre Schwerter, hoben sie in die Luft und riefen Cäsar zu: „Die Todgeweihten grüßen dich!"

In diesem Moment realisierte der junge Mönch, dass die Gladiatoren sich einen Kampf auf Leben und Tod liefern würden, und so rief er inmitten der grölenden Menschenmenge: „Halt! Halt! Im Namen Jesu: Halt!"

Seine Stimme war im Lärm nicht zu hören, also eilte der Mönch die Stufen hinunter zur Barriere, die das johlende Publikum von den kämpfenden Gladiatoren trennte, und rief erneut: „Im Namen Jesu: Halt!" Noch immer bemerkte ihn niemand und seine Stimme verhallte ungehört.

Dann sprang er über die Absperrung und lief in die Mitte der Arena. Er stellte sich zwischen zwei Gladiatoren und rief wieder: „Im Namen Jesu: Halt!"

Die beiden Gladiatoren achteten nicht auf seine Worte. Stattdessen wandten sie sich gegen den Mönch, der da flehend vor ihnen stand, und rammten ihre Schwerter in seinen Leib. Als der Gottesmann zu Boden sank, fiel eine Totenstille über das Publikum. Plötzlich erhob sich jemand in einer der hinteren Reihen und ging. Ein weiterer folgte ihm. Und noch jemand. Als das Kolosseum sich allmählich leerte, stand auch Cäsar selbst von seinem Platz auf der Tribüne auf und ging.

Seit jenem Tag gab es nie wieder einen Gladiatorenkampf im Kolosseum von Rom. Die brutale Schlächterei hatte ein Ende gefunden,

> Henry David Thoreau wurde wegen seines offenen Widerspruchs gegen Amerikas Beteiligung im mexikanischen Krieg ins Gefängnis gesperrt. Einer seiner Freunde kam, um ihn zu besuchen. Er schaute ihn durch die Gitterstäbe hindurch an und fragte: „Henry, was machst du denn da drinnen?"
> Thoreau erwiderte: „Und ich muss dich fragen: Was machst du denn noch da draußen?"
> Manchmal ist es für Menschen, die sich zum Reich Gottes zählen, einfach unumgänglich, um der Gerechtigkeit willen ins Gefängnis zu gehen.

weil ein Mensch den Mut gehabt hatte, den Preis dafür zu zahlen und sein Leben zu geben.

Was kostet es?

Ein Freund von mir wurde Professor an einer staatlichen Universität in der Nähe des *Eastern College*. Er lud mich ein, um seinen Studenten einen Vortrag zum Thema „Christentum als gesellschaftsreformatorische Kraft“ zu halten. Die Vorlesung verlief völlig reibungslos. Ich spürte eine Offenheit im Publikum, und ich dachte, dass es an jenem Abend bestimmt ein paar Bekehrungen geben würde. Mein Freund, der selbst kein Christ war, spürte ebenfalls die sehr positive Stimmung, die im Publikum herrschte, und wurde zunehmend angespannt. Schließlich rief er: „Bevor du weitermachst, Tony, solltest du ihnen vielleicht auch noch etwas dazu sagen, was es sie kostet, wenn sie dir auf diesem Weg eines radikalen Christentums folgen, den du hier so anpreist!“

Er hatte Recht! Wir reden allzu leicht von der herrlichen Vision des christlichen Glaubens, aber wir vergessen leicht, darüber zu sprechen, was es einen Menschen kostet, in einer Gesellschaft, die sich nicht ändern will, für Veränderung zu kämpfen.

Den Preis bezahlen

Ein Bekannter von mir nahm vor vielen Jahren an einer Veranstaltung mit dem großen Toyhitiko Kagawa am theologischen Seminar von Princeton teil. Kagawa war ein japanischer Christ, der während des Zweiten Weltkriegs wiederholt sein Leben aufs Spiel gesetzt hatte, um amerikanische Soldaten zu retten, die in ihren Bombermaschinen über Japan abgeschossen worden waren. Er versteckte sie und tat sein Möglichstes, um sie am Leben zu halten, indem er seine kargen Nahrungsmittelrationen mit ihnen teilte. Er stand keineswegs auf der Seite der Amerikaner, aber er fühlte sich durch seinen christlichen Glauben verpflichtet, seine Feinde zu lieben, die Tod und Verderben über seine Freunde und Angehörigen brachten. Irgendwann wurde er erwischt und gefoltert. Während seiner Gefangenschaft zog er sich Tuberkulose zu.

Als er nun also vor den Studenten sprach, wirkte er körperlich hinfällig und seine Stimme war schwach. Neben meinem Bekannten saßen zwei junge Studenten, die offenbar nicht sonderlich beeindruckt zu sein schienen. Am Ende meinte einer der beiden zum anderen: „Eigentlich hat er gar nicht allzu viel gesagt, oder?"

In diesem Augenblick drehte sich eine ältere Dame, die vor ihnen saß, um und sagte: „Junger Mann! Wenn jemand am Kreuz hängt, dann braucht er nicht viel zu sagen!"

Wenn wir nicht willens sind, den Preis zu zahlen, können wir nicht Teil des Reiches Gottes sein. Diejenigen aber, die den Preis bezahlen, gewinnen an Glaubwürdigkeit und verdienen es, gehört zu werden.

Das Recht, gehört zu werden

Als ich mit meiner Missionsarbeit in der Dominikanischen Republik anfing, tat ich mich mit einem Arzt namens Elias Santana zusammen, der ebenfalls Christ war. Elias war ein Mensch, der bereit war, den Preis für den Bau des Reiches Gottes zu zahlen. Er hatte die Aussicht auf eine lukrative Praxis in Chicago aufgegeben und war in seine Heimatstadt Santo Domingo zurückgekehrt, um dort unter den Armen zu arbeiten. Das bisschen Geld, das er von Leuten einnahm, die es sich leisten konnten, ihn zu bezahlen, gab er für Medikamente aus, die er den Armen in den Slums der Stadt zukommen ließ. Tagaus, tagein arbeitete er unter den Ärmsten der Armen und brachte ihnen die medizinische Hilfe, die sie selbst niemals hätten bezahlen können.

Eines Tages begleitete ich Elias in einen der schlimmsten Slums der Stadt. In den folgenden Stunden untersuchte er Leute, gab Tipps für Heilmittel und tat sein Möglichstes, um den Menschen in ihrer Verzweiflung zu helfen. Nachdem er viele Stunden lang Kranke behandelt hatte, drückte er auf die Hupe, stieg auf das Dach seines Autos und fing an, das Evangelium zu predigen.

Während ich so in der Menge stand und ihm zuhörte, bemerkte ich einen jungen Mann, den ich vorher schon an der staatlichen Universität getroffen hatte. Er war einer der führenden Köpfe der marxistischen Studentenbewegung an der Universität. Ich ging zu ihm hinüber und zog ihn ein wenig auf: „Hey, Pedro!“, sagte ich. „Elias findet bei den Leuten Gehör. Pass bloß auf! Am Ende gewinnt er sie noch alle für Jesus und keiner will sich mehr euch anschließen.“

Der junge Mann drehte den Kopf zu mir. In seinem Gesicht war die Spur eines Lächelns zu erkennen. Dann meinte er ernst: „Was soll ich dazu sagen?“ Er deutete auf meinen Freund und fuhr fort: „Elias Santana hat sich das Recht, gehört zu werden, verdient.“

Metropolit Kyril

Eine der erstaunlichsten Begebenheiten aus dem Zweiten Weltkrieg handelt von einem bulgarischen Kirchenoberhaupt namens Kyril. Als die Nazis die Juden in seiner Stadt in einem Stacheldrahtverhau zusammentrieben, beschloss er, aktiv zu werden.

Ein Zug, der die jüdische Bevölkerung nach Auschwitz abtransportieren sollte, fuhr in den Bahnhof ein. Die SS-Männer machten sich gerade daran, die Juden in die Güterwagen zu treiben, die sie zu den Gaskammern bringen sollten, als plötzlich aus der Dunkelheit Metropolit Kyril auftauchte. Er war an sich schon von großer Gestalt, aber als orthodoxer Priester trug er eine Mitra auf dem Kopf, sodass er wie ein Riese ausgesehen haben muss. Er trug eine schwarze Kutte, gegen die sich sein langer weißer Bart abzeichnete. In seinem Gefolge waren viele Leute aus dem Ort.

Kyril ging direkt zum Eingang des Stacheldrahtverschlags, der sogleich von seinen Anhängern umstellt wurde.

Als die Nazi-Posten versuchten, ihn aufzuhalten, lachte er über sie und schob die Gewehrläufe beiseite. Er trat in den Verhau und war sofort von Juden umringt, die ihn in Tränen aufgelöst empfingen. Kyril hob die Hände und zitierte ein Schriftwort, das ganz wesentlich dazu beitrug, die Geschicke seines Landes zu wenden. Mit einem Vers aus dem Buch Rut verkündete er seinen Freunden: „Wo du hingehst, da will ich auch hingehen; wo du bleibst, da bleibe ich auch. Dein Volk ist mein Volk und dein Gott ist mein Gott!"

Die Juden jubelten und die Christen stimmten mit ein. Sie waren nicht mehr getrennt voneinander. Durch die Verkündigung des Wortes Gottes waren sie ein Volk geworden.

Dieses heldenhafte Einschreiten von Kyril und seinen Landsleuten führte dazu, dass nicht ein einziger bulgarischer Jude im Zweiten Weltkrieg in ein Konzentrationslager deportiert wurde, und das, obwohl Bulgarien selbst zu den Nazi-Achsenmächten gehörte. Wenn ein Mensch bereit ist, sein Leben hinzugeben, um sich Unrecht und Unterdrückung entgegenzustellen, dann geschehen oft ganz erstaunliche Dinge.

> Diejenigen, die nicht glauben, dass die Welt anders werden muss, sollten einmal nach Kalkutta gehen. Dort werden sie mit großer Wahrscheinlichkeit verkrüppelten Kindern begegnen, die um Geld betteln. Wenn dies allein noch nicht ausreicht, wird es Sie vielleicht interessieren, dass manche von diesen Kindern von ihren Eltern mutwillig verkrüppelt wurden. Eltern brechen ihren Kindern Arme oder Beine, weil sie wissen, dass verkrüppelte Kinder von Touristen mehr Geld erbetteln können als gesunde Kinder. Es kann kein Zweifel daran bestehen, dass eine solche Welt verändert werden muss!

Zu viel Leid

Unsere Missionsorganisation *EAPE/Kingdomworks* führte einmal in einer Sozialsiedlung namens *Bartram Village* ein spezielles Ferienprogramm durch. Eins der Kinder, die daran teilnahmen, ein zehnjähriger Junge, ging in der Mittagspause nach Hause – in eine Wohnung im zweiten Stock eines der Wohnblöcke. Als er die Wohnungstür öffnete, sah er, wie ein fremder Mann auf seine Mutter einschlug, um sie dazu zu bewegen, ihren Sozialhilfescheck herauszurücken. Er brauchte das Geld, um seine Cracksucht zu finanzieren. Die Mutter schrie um Hilfe. Der Junge rannte zum Fenster und rief nach unseren Missionshelfern unten auf der Straße. Diese wiederum riefen die Polizei.

Es dauerte kaum länger als ein oder zwei Minuten, bis die Streife eintraf. Die Polizisten rannten die Treppe hinauf zur Wohnung. Der Mann war bereits mehrfach straffällig geworden, und er wusste, dass er dieses Mal für längere Zeit in den Knast kommen würde. Also sprang er, ohne weiter nachzudenken, aus dem Fenster. Was nun geschah, war schrecklich! Der Mann stürzte auf einen Mast, an dem die Wäscheleine festgespannt war, und wurde aufgespießt. Erstaunlicherweise war er nicht sofort tot, sondern zuckte noch zehn bis 20 Sekunden lang. Die Kinder, die an unserem Ferienprogramm teilnahmen, kamen angelaufen und schauten zu, wie der Mann starb.

Unsere Mitarbeiter waren sehr verwirrt darüber, dass die Kinder überhaupt nicht verstört zu sein schienen. Sie hatten schon so viel Leid und Tod gesehen, dass dieser grauenhafte Anblick sie einfach kalt ließ.

Erzählen Sie mir nicht, dass eine solche Welt nicht der Veränderung bedarf. Es ist unsere Aufgabe, im Namen Jesu für anständige Wohnverhältnisse zu sorgen, zerrüttete Familien zusammenzuführen und eine Gesellschaft zu schaffen, in der Kinder so aufwachsen dürfen, dass sie nicht bereits in jungen Jahren von Leid und Tod gezeichnet sind.

8. Über die Familie

Für mich ist es immer wieder erstaunlich, wie ein Buch, das vor zweitausend Jahren geschrieben wurde, auch heute in der modernen kapitalistischen Gesellschaft noch eine solche Relevanz für die Institution Familie haben kann. Wer das Neue Testament liest, der wird immer wieder staunen, was für klare Hilfen und Vorgaben dort für das Zusammenleben innerhalb der Familie gegeben werden, wie sehr das Evangelium einen christlichen Feminismus unterstützt und was für gesunde Maßstäbe zur Kindererziehung wir dort vorfinden.

Liebe und Romantik

Oberflächlich

Die amerikanische Gesellschaft glorifiziert die romantische Dimension der Partnerschaft und hat sie zur tragenden Basis der Ehe hochstilisiert. Natürlich ist gegen Romantik nichts einzuwenden. Sie ist eine überaus starke Kraft, gerade zu Anfang einer Partnerschaft. Heutzutage ist sie jedoch zur bestimmenden Größe geworden. Romantische Anziehung ist im hohen Maße vom äußeren Aussehen abhängig. Das Thema der romantischen Liebe ist aufregend und übt eine große Faszination aus. Romantische Liebschaften sind oft oberflächlich, aber weil das Gefühl so überwältigend ist, sind sich die Betroffenen oft nicht bewusst, worauf sie sich eigentlich einlassen, bis es zu spät ist.

Eine Bekannte von mir, die von ihrem Mann wegen einer Liebschaft mit einer anderen Frau sitzen gelassen wurde, brachte die Oberflächlichkeit der romantischen Liebe einmal sehr treffend auf den Punkt. Als ich sie fragte, ob die andere Frau jünger gewesen sei als sie selbst, meinte sie: „Natürlich war sie jünger als ich. Jede Frau in seinem Alter hätte ihn sofort durchschaut!“

Gebt Acht, ihr kleinen Hände

Der Tag meiner Hochzeit war unheimlich romantisch für mich, weil mein sexueller Drang damals unheimlich stark war. Aufgrund meiner baptistischen Erziehung war ich immer fest entschlossen gewesen, keinen Sex vor der Ehe zu haben. Diese Prägung begann schon ganz früh im Kindergottesdienst. Dort sangen wir immer das folgende Lied:

Passt auf, kleine Hände, was ihr tut.
Passt auf, kleine Hände, was ihr tut.
Denn der Vater im Himmel schaut herab auf euch,
drum passt auf, kleine Hände, was ihr tut.

Wenn ich zu Jugendlichen spreche, dann sage ich ihnen oft, dass dieses Kinderlied mir meine Abenteuerlust im Umgang mit dem andern Geschlecht gründlich verdorben hat. Wann immer ich mich in meiner Schulzeit einem Mädchen näherte, hörte ich in mir drin diesen Satz: „Passt auf, kleine Hände, was ihr tut ..."

Wenn die Romantik verfliegt

(In diesem Abschnitt wende ich mich besonders an die unverheirateten Männer unter meinen Lesern.)

In unserer Gesellschaft ist es so leicht, dem Mythos der Romantik auf den Leim zu gehen. Die allermeisten jungen Leute glauben, dass sie bis an ihr Lebensende glücklich und zufrieden sein werden, wenn sie nur „die Richtige" heiraten. Wenn sie dann ihre Mütter fragen: „Woher weiß ich denn, dass es die Richtige ist?", dann bekommen sie zu hören: „Du weißt es einfach!" Sie können sich sicherlich vorstellen, dass diese Antwort nicht besonders befriedigend ist.

Damit nicht genug. Drei Wochen vor der Hochzeit kommt unweigerlich die kritische Nachfrage von Seiten der Mutter: „Bist du dir wirklich sicher?" Doch dann ist es zu spät. Die Einladungen sind schon verschickt und die Geschenke sind schon gekauft. Kein Zweifel – du bist geliefert.

Dann, am Tag der Hochzeit, stehst du am Altar und siehst am Ende des Mittelgangs eine Frau in einem weißen Gewand. Du kannst sie kaum erkennen. Sie trägt einen Schleier, sodass ein Teil ihres Gesichts verhüllt bleibt. Alles, was in diesem Augenblick unter dem Schleier hervorscheint, ist ihr Mund mit einem herausfordernden Lächeln, das dir in diesem Augenblick das Blut in den Adern gefrieren lässt, und du fragst dich: „Mein Gott! Was mache ich denn hier?" Selbst wenn du ein Atheist bist, wirst du in diesem Augenblick vermutlich Gottes Stimme hören, wie er zu dir sagt: „Zu spät, du Dummkopf!"

Doch im Grunde spielt das alles gar keine allzu große Rolle, weil jede Hochzeit den Beteiligten die *Möglichkeit* eröffnet, eine Ehe zu begründen. Die Ehe ist das, was wir aufbauen, wenn die Hochzeit vorbei ist. Wir müssen uns ganz bewusst entscheiden, es zu tun. Eines Morgens wirst du aufwachen und auf die andere Seite des Bettes hinüberschauen. Sie schläft noch und ihr Haar ist zerzaust. Oder aber, was noch schlimmer ist, sie wacht zuerst auf und schaut zu dir herüber, und auf deinem eigenen Haupt gibt es vielleicht gar kein Haar mehr. In solchen Momenten gehen alle romantischen Gefühle den Bach hinunter, und bei vielen Paaren dauert es dann nicht allzu lange, bis die Partnerschaft zerbricht.

Ich fragte einmal einen Freund von mir, ob er und seine Frau jemals an Scheidung gedacht hätten. Daraufhin sagte er: „Natürlich nicht! Uns kam nie der Gedanke an Scheidung! Mordgelüste schon – aber Scheidung stand für uns nie zur Debatte!"

Eine Lehrerin las einmal einen Aufsatz über Benjamin Franklin, der von einem achtjährigen Schüler aus ihrer Klasse verfasst worden war. Darin stand Folgendes zu lesen: „Benjamin Franklin wurde in Boston geboren, aber da gefiel es ihm nicht! Er nahm ein Schiff und fuhr nach Philadelphia. Dort stieg er aus. Er ging die Straße entlang und kaufte sich ein Brot. Dann traf er eine Frau und entdeckte die Elektrizität."

Ehe

Genau wie Mama

Neofreudianische Psychologen vertreten mitunter die Auffassung, dass eine junge Frau unbewusst einen Partner auswählt, der ähnliche Züge hat wie ihr Vater. Vielleicht erklärt dies ja auch, warum Mütter auf der Hochzeit oft weinen.

Auf der anderen Seite jedoch kursiert die Geschichte eines jungen Mannes, der einfach kein Mädchen finden konnte, das seiner Mutter zusagte. An jedem Mädchen, mit dem er sich anfreundete, fand seine Mutter irgendeinen schwerwiegenden Mangel. Sie mochte einfach keines der Mädchen, das er nach Hause brachte. Eines Tages brachte er eine junge Frau mit nach Hause, die genau wie seine Mutter war. Es ist sicherlich nicht weiter verwunderlich, dass die Mutter sie spontan mochte. Diesmal gab es jedoch ein anderes Problem: Der Vater konnte sie nicht leiden!

Ein wirklich guter Tag

Wenn eine Ehe wirklich funktionieren soll, dann müssen wir intensiv daran arbeiten. Wenn ein Mann und eine Frau dies über Jahre hinweg tun, dann entsteht eine Beziehung, die jede romantische Beziehung weit in den Schatten stellt.

Vor vielen Jahren wurde ich einmal vom *Bryn Mawr College*, einer Elite-Schule für junge Frauen in einem Vorort von Philadelphia, als Gastredner eingeladen. Ich sollte die traditionelle Ehe gegen die Angriffe von Seiten kritischer Feministinnen verteidigen.

Gegen Ende meines Vortrags war noch Zeit für Fragen und schon bald wurde ich hart mit kritischen Anfragen bombardiert. Ich hatte das Gefühl, dass ich in der Diskussion immer mehr an Boden verlor. Plötzlich fiel mir eine Geschichte ein, die mir mein Freund Dale Moody, ein emeritierter Professor für Neues Testament am *Southern Baptist Theological Seminary*, erzählt hatte. Sie handelt vom Tod seiner Mutter. Es gibt kaum eine bessere Illustration dafür, worum es in einer verbindlichen Ehebeziehung geht und warum sie einer romantischen Liebschaft weit überlegen ist.

An ihrem Todestag saß Dales Mutter zusammen mit seinem Vater am Frühstückstisch. Plötzlich sackte sie in sich zusammen und fiel vom Stuhl auf den Boden. Dales Vater sprang sofort auf, eilte auf die andere Seite des Tischs, hob sie auf und lief mit ihr auf den Armen aus dem Haus. Er setzte sie auf den Beifahrersitz und ließ den Motor an. Er raste wie ein Formel-1-Rennfahrer, doch leider war seine Frau bei der Ankunft im Krankenhaus bereits tot. Die beiden waren 54 Jahre miteinander verheiratet gewesen.

Nach der Beerdigung fuhren Dale, sein Bruder und ihr Vater noch zu ihm nach Hause, setzten sich auf die Veranda und hingen ihren Erinnerungen nach. Nach einer Stunde fragte der Vater seine beiden Söhne: „Was glaubt ihr, was eure Mama jetzt gerade macht? Was tut sie wohl in diesem Augenblick?"

Die beiden taten ihr Bestes, um die Frage zu beantworten. Dale reichte tief in die Schätze seines immensen Bibelwissens hinein. Trotzdem war es sein Bruder, dem die beste Antwort einfiel: „Mama hat ihre Augen in dieser Welt geschlossen, und als sie sie drüben wieder geöffnet hat, da war das Erste, was sie sah, das Gesicht Jesu. Ich glaube, dass sie sich an diesem Anblick bis jetzt noch nicht satt sehen kann."

Da erstrahlten die Augen ihres Vaters, und er fing an, die Worte eines alten Gospelliedes zu zitieren: „O welch eine Herrlichkeit für mich, welch eine Herrlichkeit für mich, welch eine Herrlichkeit für mich! Wenn ich durch seine Gnade in sein Angesicht schauen werde, o welch eine Herrlichkeit – Herrlichkeit für mich!" Plötzlich sagte er: „Bringt mich noch mal zum Friedhof!"

„Aber es ist doch schon halb elf!", protestierte Dale.

„Widersprich nicht einem alten Witwer, der heute nach 54 Jahren Ehe seine Frau beerdigt hat. Bringt mich noch mal zum Friedhof!"

Als sie an der Grabstätte angekommen waren, inspizierte

er noch einmal alles, rückte Blumengestecke zurecht und wischte ein paar Steine blank. Dann trat er zurück und starrte lange auf das Grab. Schließlich streckte er die Arme aus und legte je einen seinen Söhnen um die Schulter. Er zog die beiden an sich heran, drückte sie und sagte: „Jungs, es waren 54 gute Jahre, und sie endeten genau so, wie ich es mir immer gewünscht habe: Eure Mutter durfte zuerst gehen! Wisst ihr, wenn zwei Menschen einander so wichtig sind, wie eure Mutter und ich es einander waren, dann möchte jeder, dass er es ist, der den anderen überlebt. Ich wollte einfach nicht, dass sie den Schmerz erleben muss, mich zu beerdigen. Das wollte ich ihr gerne ersparen."

Nach einer Zeit nachdenklichen Schweigens sagte er schließlich: „Wir können jetzt nach Hause gehen. Es waren 54 gute Jahre! Und wisst ihr, wenn ich es recht bedenke, war das heute ein guter Tag! Ich weiß nicht, ob ihr das verstehen könnt, aber es war *wirklich* ein guter Tag."

Nachdem ich die Geschichte erzählt hatte, herrschte Totenstille im Saal. Ich beschloss die Diskussion mit der folgenden Bemerkung: „Eine romantische Liebschaft mit ihrem kurzlebigen Budenzauber ist oberflächlich gegen das, was diese beiden alten Leute in über 54 Jahren miteinander aufgebaut hatten."

In diesem Moment wusste ich, dass ich sie überzeugt hatte!

Genau hinschauen

Es gibt viele Unterschiede zwischen Liebe und Romantik, aber der vielleicht bedeutsamste Unterschied besteht darin, wie die Liebenden einander gegenüberstehen. In einer romantischen Liebschaft schauen sie einander an und freuen sich an dem, was sie sehen. Liebe dagegen gedeiht am besten dort, wo Menschen einander nicht einfach nur *an*schauen, sondern in den anderen *hinein*schauen und einander mit der ganzen Energie und Dynamik in die Augen schauen, die der Heilige Geist uns gibt. In der Kraft des Heiligen Geistes können wir die Tiefen eines anderen Menschen erkunden und Zugang zu den hintersten Winkeln seiner Seele finden. Wenn dies geschieht, dann erfahren wir die Liebe, wie sie Sir Thomas Morus in seinem berühmten Gedicht beschrieben hat.

Als Morus von einem Feldzug in Frankreich zurückkehrte, erfuhr er, dass das feine Gesicht seiner Frau durch eine Pockenerkrankung entstellt war. Sie schämte sich der Narben in ihrem Gesicht so sehr, dass sie sich ihrem Mann nie mehr zeigen wollte, weil sie fürchtete, er würde ihr womöglich ablehnend begegnen. Aus diesem Grunde schrieb er folgende Zeilen:

Glaube mir: Wenn all der liebreizende Zauber der Jugend
Den heute ich so gerne betrachte
Morgen verschwände und meinen Armen entglitte
Wie Gaben von Feen, die vergehen

Angebetet bliebest du, so wie jetzt du es bist
Unvermeidlich ist's, dass deine Schönheit vergeht
Doch um's zerfallende Haus ranken sich noch immer
Voll Inbrunst die Wünsche meines Herzens

Nicht allein, wenn du Jugend und Schönheit besitzt
Und deine Wangen von Tränen unberührt
Werden Glaube und Kraft der Seele offenbar
Welcher mit den Jahren nur noch kostbarer du wirst

Nein, das Herz, das wahrhaft geliebt, vergisst nie
Wahrhaftig liebt es bis zum Ende
Wie die Sonnenblume ihrer Angebeteten, wenn sie untergeht
Ihren Blick schenkt, gleichwie bei ihrem Aufgang[*]

---

[*] Sir Thomas Morus: Believe Me When All Those Endearing Young Charms

Der Soziologe Willard Waller (man fragt sich doch, wie Eltern, die den Familiennamen Waller tragen, wohl auf den Gedanken kommen, ihr Kind Willard zu nennen) beschreibt ein Phänomen, das er als „Prinzip des geringsten Interesses" bezeichnet. In einfachen Worten lässt sich dieses Prinzip folgendermaßen zusammenfassen: In einer Beziehung übt immer die Partei am wenigsten Macht aus, die am meisten liebt, während die Partei, die am meisten Macht ausübt, am wenigsten liebt.

Stellen Sie sich einmal eine Ehe vor, in der der Mann seine Frau nicht wirklich liebt, während umgekehrt die Frau ihren Mann über alles liebt. Nun fragen Sie sich einmal, wer wohl die Regeln innerhalb dieser Beziehung diktiert. Wer hat das Heft in der Hand? Wer hat hier wohl das Sagen? Die Antwort ist klar: Die Frau wird alles für ihn tun, und da er sich nicht sonderlich um ihre Belange kümmert, ist er ihr gegenüber in einer kontrollierenden Position.

Wann immer ich in irgendeiner Gemeinde ein Eheseminar halte, gibt es einen Mann, der im Laufe des Seminars die Frage in den Raum wirft, wer denn nun eigentlich zu Hause das Sagen haben sollte. „Wer bestimmt, was gemacht wird? Das ist doch die eigentliche Frage. Wer ist der Herr im Haus?"

In solchen Momenten würde ich immer am liebsten sagen: „Wenn Sie wirklich Christ wären, dann würden Sie wohl kaum eine so dumme Frage stellen! Ein Christ fragt nicht, wer der Herr im Haus ist. Er fragt immer danach, wer der Diener ist. Wenn Sie wirklich Christ sind, dann geht es Ihnen nicht darum, an erster Stelle zu stehen, sondern darum, an letzter Stelle zu stehen. Wenn Sie eine solche Frage stellen, dann handeln Sie aus derselben Motivation wie Jakobus und Johannes, als sie Jesus fragten: ‚Herr, wenn du in dein Reich kommst, wer wird dann eigentlich auf den Plätzen rechts und links von dir sitzen?' Wer wird das Sagen haben? Wenn mir jemand eine solche Frage stellt, dann sollte ich eigentlich antworten: „Wenn Sie Ihre Frau wirklich lieben würden, dann würden Sie sie nicht mit Ihrem Machtanspruch dominieren."

Jesus liebte uns so sehr, dass er gewillt war, auf seine Macht zu verzichten und die Gestalt eines Sklaven anzunehmen (Philipper 2). Wenn ein Mann seine Frau wirklich liebt, dann sollte er die Bereitschaft aufbringen, seine Machtansprüche aufzugeben und ihr zu dienen. Im Gegenzug ist die Frau aufgerufen, sich ihrem Ehemann unterzuordnen. Welche Frau hätte wohl Mühe damit, sich einem Mann unterzuordnen, der sich als ihr Sklave definiert?

Die ideale Ehe wäre die, in der der Ehemann seiner Frau sagt: „Schatz, all meine Träume, Hoffnungen und Bestrebungen bedeuten mir nichts. Wenn ich dir nur helfen kann, deine Möglichkeiten voll auszuschöpfen, dann will ich das alles gerne opfern."

Sie wiederum sagt: „Aber nein! Ich will all meine Träume, Hoffnungen und Bestrebungen zurückstellen, damit du alles erreichen kannst, was du dir wünschst."

Daraufhin antwortet er: „O nein, ...!" Und dann haben sie ihren ersten Ehekrach. Andere Streitigkeiten sollte es unter Christen eigentlich gar nicht geben, denn die Bibel fordert uns auf, uns gegenseitig in Liebe und Ehrerbietung zu übertreffen und jeder den anderen höher zu achten als sich selbst (siehe Philipper 2,3).

Kindererziehung

Was machen Sie denn eigentlich?

Ich war einmal auf einem Treffen von Dozenten an der Universität von Pennsylvania eingeladen. Eigentlich wäre ich am liebsten gar nicht hingegangen, denn bei den Gesprächen, die dort abliefen, fühlte ich mich immer äußerst unwohl. Eine der Kolleginnen, eine Dozentin für Soziologie, kam auf meine Frau und mich zu und begann eine Unterhaltung. Irgendwann wandte sie sich meiner Frau zu und fragte in einem etwas herablassenden Ton: „Und was machen Sie beruflich, meine Liebe?“

Meine Frau, die eine der redegewandtesten Personen ist, die ich kenne, antwortete: „Ich sozialisiere zwei Exemplare der Spezies Homo sapiens nach den Wertmaßstäben der judäo-christlichen Tradition mit dem Ziel, dass sie einmal einen Beitrag zur Transformation der gesellschaftlichen Verhältnisse im Sinne des eschatologischen Utopia leisten, das Gott von Anfang der Schöpfung vorgesehen hatte!“

Dann fragte sie höflich und zuvorkommend: „Und was machen Sie?“

„Ich ... äh ... ich lehre Soziologie“, erwiderte die Dozentin kleinlaut.

Wir müssen erkennen, dass Kindererziehung eine hohe und heilige Berufung ist.

Ratschläge

Kindererziehung ist nicht immer ganz einfach und so suchen wir uns manchmal Rat von Experten. Doch die Experten sind oft selbst verwirrt und ihre Ratschläge ändern sich von Jahr zu Jahr. In einem Spielwarenladen in Washington entdeckte ich einmal ein Schild, auf dem die unterschiedlichen Erziehungstipps aufgelistet waren, die Eltern in den letzten Jahrzehnten präsentiert wurden. Da stand:

1910 Verpassen Sie Ihrem Kind eine ordentliche Tracht Prügel.
1920 Geben Sie ihm Zimmerarrest.
1930 Ignorieren Sie das Kind.
1940 Erklären Sie ihm die Gründe.
1950 Zeigen Sie ihm Liebe.
1960 Geben Sie ihm einen Klaps, aber bitte liebevoll.
1970 Hören Sie Ihrem Kind zu.
1980 Stecken Sie es in einen Kinderhort.

Erziehung ist nicht immer einfach, aber der Enkel von Mahatma Gandhi erzählte mir einmal eine Geschichte, die auf brillante Art und Weise zeigt, wie eine gute Erziehungsmaßnahme aussehen kann.

Gandhi ging nach Abschluss seines Studiums nach Südafrika, um den Kampf gegen die britische Kolonialmacht aufzunehmen, zog einige Jahre später aber wieder nach Indien. Er hatte die Absicht, wieder nach Südafrika zurückzukehren, um die Apartheid zu bekämpfen, aber, wie wir alle wissen, wurde er unglücklicherweise zuvor ermordet. So machte Gandhis Sohn sich daran, das Werk seines Vaters fortzusetzen, und die Familie zog nach Südafrika zurück, um sich dieser Aufgabe zu widmen.

Mahatma Gandhis Enkel, Arun Gandhi, erzählte mir, sein Vater hätte ihn eines Tages gebeten, ihn zu einem Treffen in Johannesburg zu fahren. „Mein Vater bat mich, das Auto zur Werkstatt zu fahren und dann um fünf Uhr wieder zurück zu sein, um ihn abzuholen."

Ich setzte also meinen Vater am Ort des Treffens ab und hatte das Auto gegen ein Uhr in der Werkstatt. Da es bis fünf Uhr eine lange Zeit war, dachte ich mir, dies wäre doch eigentlich eine gute Gelegenheit, um ins Kino zu gehen, was ich dann auch tat. An jenem Nachmittag wurden zwei Filme hintereinander gezeigt, und als ich aus dem Kino kam und auf meine Uhr schaute, war es bereits nach fünf Uhr!

„Ich eilte, so schnell ich nur konnte, zur Straßenecke, wo mein Vater auf mich warten wollte, und als ich ihn dort im Regen stehen sah, überlegte ich, welche Ausrede ich ihm wohl auftischen konnte. Ich lief auf ihn zu und sagte: ‚Vater, bitte verzeih mir. Die Reparatur dauert etwas länger, als ich dachte, aber wenn du hier wartest, werde ich das Auto jetzt abholen. Es müsste jetzt eigentlich fertig sein.'

Mein Vater stand mit gesenktem Kopf da, schaute auf die Erde und sagte eine ganze Weile lang nichts. Dann meinte er: ‚Als du zur vereinbarten Zeit nicht hier warst, da habe ich in der Werkstatt angerufen, um zu hören, warum du dich wohl verspätest. Sie sagten mir, das Auto sei schon um drei Uhr fertig gewesen! Jetzt muss ich mir erst mal ein paar Gedanken machen, was ich falsch gemacht habe, dass mein Sohn mich anlügt. Darüber werde ich eine Weile nachdenken müssen. Ich denke, ich werde nach Hause laufen und auf dem Weg über diese Frage nachsinnen.‘

So fuhr ich hinter meinem alten Vater her nach Hause“, sagte Arun Gandhi. „Es war ein dunstiger, verregneter Abend, und ich sah, wie er sich die schlammige Straße entlangschleppte. Ich war direkt hinter ihm und leuchtete ihm mit den Scheinwerfern. Wie ich meinen Vater so vor mir im Regen laufen sah, schlug ich wieder und wieder aufs Lenkrad und rief: ‚Ich werde nie wieder lügen! Ich werde nie wieder lügen! Ich werde nie wieder lügen!‘“

Ganz offensichtlich war dies eine Erziehungsmaßnahme, die ohne direkte Bestrafung auskam und die dem Kind dennoch ganz unmissverständlich klar machte, wie sehr es seine Eltern durch sein Fehlverhalten verletzen kann.

9. Über die Kirche

Der Ordner

Jesus nahm im Umgang mit den institutionalisierten Religionen seiner Zeit kein Blatt vor den Mund, und doch war er selbst ein tief religiöser Mann. So oft stehen die Vorgänge in der Institution Kirche und das Verhalten ihrer Würdenträger im krassen Widerspruch zu dem, was eigentlich den Kern der Religion ausmacht.

Als Mahatma Gandhi während seiner Studienzeit in Südafrika war, unternahm er einmal einen Versuch, sich dem Christentum anzunähern, und besuchte einen Gottesdienst in einer anglikanischen Kathedrale. Er hatte gerade in einer der hinteren Reihen Platz genommen, da tippte ihn ein Ordner auf die Schulter und gab ihm höflich zu verstehen, dass Farbige in dieser Kathedrale nicht erwünscht seien.

Später sagte Gandhi über dieses Erlebnis: „Der arme Ordner. Er dachte, er würde einfach nur einen Farbigen aus der Kirche herauskomplimentieren, doch in Wirklichkeit komplimentierte er Indien aus dem Britischen Reich heraus."

Umsonst

Clarence Jordan, der Begründer der Koinonia-Farmen und vehementer Befürworter eines einfachen Lebensstils, nahm einmal an einer Führung durch eines der herrlichsten Kirchengebäude der USA teil. Die Mitglieder dieser Gemeinde hatten Unsummen gespendet, um ein Gotteshaus zu errichten, das dem Besucher den Atem stocken ließ. Als Clarence nach vorne zur Bühne kam, deutete der Führer auf ein Kreuz und meinte: „Dieses Kreuz wurde von einem unserer reichsten Gemeindeglieder gespendet. Es hat über 10.000 Dollar gekostet!"

„Verrückte Zeiten!", erwiderte Clarence trocken. „Früher war das Kreuz *gratis* zu haben!"

Allzu leicht vergessen wir als Kirche unsere eigentliche Aufgabe und verwenden gewaltige finanzielle Mittel dafür, Gott Gebäude zu errichten, obwohl er doch klar und deutlich gesagt hat, dass er nicht in Tempeln wohnt, die von Händen gemacht sind.

Die Gräben, die oft zwischen den unterschiedlichen Kirchen und Denominationen herrschen, sind skandalös. Die Zersplitterung der Gemeinde Jesu macht uns nicht nur in den Augen der Welt unglaubwürdig, sie steht im krassen Widerspruch zum Willen Jesu, der dafür gebetet hat, dass wir eins sind. Manchmal mache ich mich in meinen Predigten über unsere konfessionellen Grabenkämpfe lustig. Ich bin ja selbst Baptist, und so kann ich ruhig einmal einen Scherz über die rigiden Anschauungen bei manchen meiner baptistischen Glaubensgeschwister machen. Einer meiner Lieblingswitze ist der folgende: „Was ist der Unterschied zwischen einem Baptisten und einem Terroristen?" Die Antwort ist: „Mit einem Terroristen kann man verhandeln."

… dann wäre ich Baptist

Ein Prediger tobte sich hinter dem Rednerpult aus und rief der Gemeinde zu: „Ihr seid doch wohl hoffentlich alle Baptisten!"

Ein Mann in einer der mittleren Bänke antwortete: „Nein! Ich bin Methodist!"

„Wie kommt es, dass Sie Methodist sind?", bohrte der Prediger nach.

„Tja, meine Mutter war Methodistin", meinte der Mann, „und mein Vater war ebenfalls Methodist. Ich wurde methodistisch erzogen."

„Das ist wohl so ziemlich das Dümmste, was ich je gehört habe!", schimpfte der Prediger. „Mit anderen Worten: Wenn Ihre Mutter eine Ignorantin wäre und wenn Ihr Vater ein Ignorant wäre, dann wären Sie also ebenfalls ein Ignorant?"

„Nein", erwiderte der Mann, „wenn mein Vater und meine Mutter beide Ignoranten gewesen wären, dann wäre ich heute vermutlich Baptist."

Bitte verstehen Sie mich nicht falsch. Ich bin mit Leib und Seele Baptist. Trotzdem bin ich der Überzeugung, dass wir nicht zu denominationsgläubig sein sollten. Darum mache ich öfters Witze darüber. Aber wenn mich jemand fragt: „Was wärst du, wenn du nicht Baptist wärst?“, dann antworte ich immer: „Ziemlich arm dran!“

Glühbirnen

Ich hoffe, Sie ärgern sich nicht allzu sehr über meine Spitzen gegen Konfessionsstreitigkeiten. Ich stehe auf dem Standpunkt, dass es in allen Konfessionen wirklich gläubige Christen gibt und dass wir über alle oberflächlichen Differenzen hinweg ganz bewusst die Einheit suchen müssen, die wir in Jesus Christus haben. Vor diesem Hintergrund ist auch meine Selbstironie im Hinblick auf unsere konfessionellen Gräben zu sehen. Ich sehne mich nach dem Tag, an dem der Geist der Ökumene in unseren Herzen endlich zum Durchbruch kommt.

Es gibt ja eine wahre Fülle von Witzen, in denen unterschiedliche Konfessionen auf die Schippe genommen werden. Hier einige Beispiele:

Frage: Wie viele Anglikaner braucht man, um eine Glühbirne auszuwechseln?
Antwort: Wieso auswechseln? Wer spricht denn hier von Wechsel?

Frage: Wie viele Presbyterianer braucht man, um eine Glühbirne auszuwechseln?
Antwort: Vier. Einen, der die Birne auswechselt und drei, die nicht müde werden, davon zu schwärmen, wie viel besser die alte Glühbirne doch war.

Frage: Wie viele Methodisten braucht man, um eine Glühbirne auszuwechseln?
Antwort: Wir wissen es nicht. Aber wir möchten noch einmal betonen, dass wir zu unserer Entscheidung

stehen, die Glühbirne auszuwechseln, und wir wollen das neue Licht von Herzen in unserer Mitte willkommen heißen.

Angriffe auf das Christentum

Er war eben nur ein Clown

Kierkegaard erzählte einmal eine Geschichte, mit der er die Wirksamkeit der Verkündigung des christlichen Klerus' infrage stellte. Er legte dar, dass Klerikale oft einfach um ihrer selbst willen schon nicht ernst genommen werden.

Kierkegaard erzählte, in einem Zirkuszelt sei einmal ein Feuer ausgebrochen. Die Flammen griffen auch auf ein benachbartes Weizenfeld über und begannen, sich auf das Dorf im Tal zuzufressen. Der Zirkusdirektor rief: „Schnell, irgendjemand muss ins Dorf laufen und die Leute warnen, dass ein Feuer im Anzug ist und dass die Flammen auf ihr Dorf übergreifen werden, wenn sie nichts dagegen tun!"

Der Clown war zwar noch in voller Montur, aber er erklärte sich bereit, die Aufgabe zu übernehmen. Er schwang sich auf ein Fahrrad und fuhr ins Dorf, um die Leute zu warnen. Er raste die Straßen entlang und rief: „Ihr müsst etwas tun! Rennt um euer Leben! Haltet das Feuer auf! Es kommt genau auf euch zu! Wenn ihr nichts tut, dann wird eure Stadt bis auf die Grundmauern niederbrennen. Ihr müsst sofort handeln!"

Das Christentum ist ursprünglich in Israel entstanden. Dann kam es nach Griechenland und wurde zu einer Philosophie. Es kam nach Rom und wurde zu einer Institution. Später kam es nach Europa und wurde zu einer Tradition und schließlich nach Amerika, wo es zu einem Wirtschaftszweig mutierte.

Leider standen die Leute nur am Straßenrand, lachten über den Clown und applaudierten. Je eindringlicher er rief, desto vergnügter jubelten sie ihm zu. Sie nahmen ihn einfach nicht ernst. „Denn schließlich“, so meinte Kierkegaard, „war er ja nur ein Clown!“

Schaut mal!

Ein Freund von mir stand nach dem Gottesdienst noch mit einer älteren Dame aus der Gemeinde zusammen und unterhielt sich, als plötzlich der Sohn des Pastors auf die Bühne rannte und ans Rednerpult trat. „Schaut mal!“, tönte es im nächsten Moment über die Lautsprecheranlage. „Schaut mal alle her! Ich stehe auf der Kanzel!“

Die ältere Dame meinte nur: „Sein Vater macht das auch immer so.“

Da ich selbst Prediger bin, kenne ich die Versuchung, die Kanzel als Mittel der Selbstdarstellung zu missbrauchen, anstatt das Evangelium zu verkünden, sehr gut.

> Kierkegaard sagte einmal: „Es ist eine Sache, die Menschen so sehr zu lieben, dass man gewillt ist, am Kreuz zu sterben, um die Menschheit zu retten. Etwas anderes ist es dagegen, wenn man von diesem Mann am Kreuz predigt und dafür 50.000 Dollar im Jahr verdienen will.“

Manchmal ist es auch die Gemeinde

Es sind natürlich nicht immer nur die Pastoren, denen Kritik gebührt. Auch innerhalb der Gemeinden hängt manches schief. Allzu oft bekommen die Pastoren die Kritik ab, wenn in der Gemeinde etwas nicht gut läuft. Dabei sollten wir uns vor Augen halten, dass auch die Menschen in der Gemeinde mit ihrem Verhalten oft der Lehre des Christentums widersprechen. Häufig sind es gerade die Gemeindeglieder, die sich gegen die Absichten Gottes stellen.

Wir könnten Sie hier gut gebrauchen

Stellen Sie sich einmal eine mittelgroße Gemeinde mit 170 Mitgliedern vor. Es ist Sonntagmorgen und ein attraktives junges Paar kommt zur Tür herein und nimmt in einer Kirchenbank Platz. Während des Gottesdienstes werden sie von allen Seiten mit großem Interesse beäugt, und als der Gottesdienst zu Ende ist, stürzen sich alle auf diese beiden neuen Gesichter.

„Was machen Sie denn so?“, wird der junge Mann gefragt.

„Ich bin der neue Lehrer für die achte Klasse in der Schule unten an der Straße und meine Frau hat gerade als Musiklehrerin angefangen“, erwidert er.

Was nun folgt, kann man sich denken. Die Gemeindemitglieder reichen die Neuankömmlinge herum und versuchen, ihnen das Gefühl zu geben, dass sie besonders willkommen sind. Irgendwann lässt endlich jemand die Katze aus dem Sack und bringt zum Ausdruck, was alle denken: „Ich hoffe sehr, dass Sie sich unserer Gemeinde hier anschließen. Wir könnten Sie hier gut *gebrauchen*!“

Die Gemeinde soll die Gemeinschaft der Heiligen sein, in der Menschen sich *geliebt* fühlen, nicht *gebraucht*. Allzu oft haben Menschen das Gefühl, in der Gemeinde nicht geliebt und getragen, sondern benutzt oder gar missbraucht zu werden.

Er hat schon!

Die Gemeinde Jesu hat in dieser Welt eine Mission zu erfüllen. Leider fehlen ihr dafür oft die Mittel, obwohl die Leute, die sich zur Gemeinde zählen, die nötigen finanziellen Ressourcen haben.

Eines Morgens kam ich unausgeschlafen und mit roten Augen von der Westküste zurück. Das Flugzeug landete um 8:30 Uhr in der Frühe in Philadelphia. Am Ausgang wartete bereits meine Sekretärin auf mich und überbrachte mir die

Neuigkeit, dass ich für zehn Uhr morgens einen Vortragstermin hatte. „Ich weiß nicht, wie das passieren konnte, aber irgendwie ist dieser Termin durchgerutscht. Ich bin extra zum Flughafen gekommen, um Sie abzuholen, weil wir praktisch jetzt gleich auf direktem Weg zur Kirche müssen. Es ist ein Treffen zum Weltgebetstag und Sie sollen eine ‚missionarische' Botschaft bringen."

Als ich meinen Platz am Rednerpult einnahm, war ich nicht ganz da. Im Grunde gehörte ich nicht auf die Kanzel, sondern ins Bett. Folglich reagierte ich vielleicht nicht so, wie es richtig gewesen wäre, als die Leiterin der Veranstaltung den Anwesenden ein Gebetsanliegen in Bezug auf eine Missionarin in Venezuela mitteilte. Sie berichtete von einer wunderbaren Frau, die als Ärztin ihr Leben hingab, um den Armen in den Slums von Caracas zu dienen. Sie bat um 5000 Dollar, um ihre Krankenstation auszubauen. Dies war dringend nötig, weil sie den großen Andrang von Kranken und Bedürftigen einfach nicht mehr bewältigen konnte.

Dann wandte sie sich an mich und sagte: „Dr. Campolo, würden Sie bitte mit uns beten, dass Gott unserer Schwester die 5000 Dollar zukommen lässt, die sie für ihre Arbeit in Venezuela braucht?"

Noch bevor ich so recht darüber nachdachte, was ich tat, war es mir schon herausgerutscht: „Nein, ich habe da eine andere Idee. Ich werde jetzt alles Bargeld, das ich bei mir habe, hier auf den Altar legen, und ich werde jeden hier im Raum bitten, dasselbe zu tun. Wir brauchen gar nicht erst anfangen, Schecks auszufüllen. Wir nehmen heute nur Bares. Und wenn wir alles Bargeld hier auf dem Altar haben, zählen wir nach, und anschließend werde ich Gott bitten, einen Scheck über die Differenz auszufüllen."

Ich war an diesem Tag fein raus, weil ich ganze 2,25 Dollar bei mir hatte. Die Leiterin lächelte wohlmeinend und sagte: „Ich denke, wir haben die Geste alle verstanden, nicht wahr?"

Ich erwiderte: „Nein, das denke ich nicht. Also, meine 2,25 Dollar liegen auf dem Altar – jetzt sind Sie am Zug!"

Sie schien angesichts meiner doch sehr direkten Methode ein wenig konsterniert zu sein, aber sie öffnete ihr Portemonnaie, zog 110 Dollar hervor und legte sie zu meinem mageren Obulus.

„Prima“, meinte ich. „Das ist immerhin schon mal ein Anfang. Wir haben 112,25 Dollar. Jetzt sind Sie an der Reihe!“

Ich deutete auf eine Frau, die rechts vor mir in der ersten Reihe saß. Sie blickte sich um und lächelte. Dann stand sie auf und kam nach vorne, um ihr Geld zu unserem dazuzulegen. Danach überzeugte ich die nächste Frau und dann wieder eine und wieder eine. Eine Frau nach der anderen kam nach vorne, um ihr Geld auf den Altar zu legen, und ich brauchte insgesamt 25 Minuten, um die Kollekte einzusammeln. Schließlich zählten wir nach, wie viel zusammengekommen war. Es waren über 8000 Dollar, und ich wusste, dass dies keineswegs das ganze Bargeld war, das die Anwesenden bei sich hatten. Einige der Frauen hatten nur einen sehr mageren Beitrag geleistet, und ich konnte an ihren verschlagenen Blicken sehen, dass sie das Meiste zurückhielten.

Nachdem das Opfer eingesammelt war, reichte die Zeit nicht mehr, um zu predigen. Ehrlich gesagt glaube ich auch nicht, dass sie besonders scharf darauf waren, noch eine Predigt von mir zu hören. Ich sagte abschließend einfach nur: „Es wäre reichlich unverschämt, Gott um 5000 Dollar zu bitten, wo er uns doch bereits über 8000 Dollar gegeben hat, um dieser Not abzuhelfen. Wir sollten Gott nicht darum bitten, uns zu versorgen, *wenn er es doch schon längst getan hat*!“

Zweimal falsch

Manchmal sind Christen schlicht und einfach gesetzlich. Im Gestrüpp aus kleinlichen Regeln und Vorschriften verlieren sie den eigentlichen Kern des Evangeliums aus den Augen. Ein Freund von mir, der neben einer Adventistin wohnt, erzählte mir, wie sie ihn einmal zur Rede gestellt hatte, als er am Samstagvormittag in seinem Vorgarten den Rasen gemäht hatte. „Es ist Sabbat! Sie mähen am Sabbat Ihren Rasen!“, meinte sie in einem vorwurfsvollen Ton.

Mein Freund antwortete in dem Versuch, sich zu verteidigen: „Nun, Jesus hat am Samstag Ähren abgerissen“, woraufhin die Dame erwiderte: „Wenn zwei das Falsche tun, wird es dadurch noch lange nicht richtig!“

Mein Bekannter meinte, das Erschütterndste an dieser Begebenheit sei die Tatsache gewesen, dass die Frau überhaupt nicht erkannt hatte, wie grotesk ihr Argument eigentlich war.

Aber die Leute nicht

Ich war einmal für einige Zeit Pastor in einer kleinen Gemeinde auf dem Land. Eines Tages erfuhr ich, dass eine junge Frau aus der Stadt ein uneheliches Kind erwartete. Die Neuigkeit war schnell in aller Munde und überall wurde über sie getratscht.

Ich entschloss mich, ihr einen Besuch abzustatten, und als ich an ihre Tür klopfte, hatte ich irgendwie das Gefühl, dass der Heilige Geist in diesem Moment in einer besonderen Weise gegenwärtig war und dass etwas Besonderes geschehen würde. Die junge Frau bat mich herein und wir setzten uns zusammen ins Wohnzimmer. Ich erzählte ihr von der Vergebung Gottes und dass Gott uns immer wieder einen neuen Anfang schenken will. Sie war sehr berührt und übergab ihr Leben Jesus. Nach einer Stunde war alle Traurigkeit verflogen und sie strahlte übers ganze Gesicht.

Es überraschte mich nicht, dass sie am folgenden Sonntag im Gottesdienst auftauchte. Von da an kam sie treu jeden Sonntag in unsere Gemeinde. Eines Tages kam sie nicht mehr. Ich stattete ihr wieder einen Besuch ab und fragte sie, warum sie denn nicht mehr käme. „Ich kann nicht“, sagte sie. „Jedes Mal, wenn ich in der Kirche bin, fühle ich mich schmutzig und wertlos.“

„Aber das brauchen Sie nicht“, entgegnete ich. „Jesus hat doch alles vergeben und vergessen.“

Ihre Antwort ist mir bis heute im Gedächtnis haften geblieben: „Jesus hat vielleicht alles vergeben und vergessen. Aber die Leute in unserer Gemeinde nicht – die haben weder vergeben noch vergessen.“

Ich musste an den Bibelvers denken, wo der Apostel Paulus über die Gemeinde schreibt: „Euretwegen ist das Evangelium zunichte geworden.“

Trotz allem – ein Haufen von vielen feinen Menschen, die Gott lieben

Es gibt immer Anlass, Negatives über Gottes Volk zu reden, und ich muss mir beständig vor Augen halten, dass Gott mit uns ja noch nicht am Ziel ist. Außerdem muss ich mir immer wieder ins Gedächtnis rufen, dass die Gemeinde Jesu auch viele gute Seiten hat, wenn ich mir nur die Zeit nehme, bewusst hinzuschauen. Dasselbe gilt auch für die Pastoren. Der eine oder andere unter ihnen mag zwar ein Heuchler sein, aber im Allgemeinen stelle ich doch immer wieder fest, dass es wirklich Leiterpersönlichkeiten sind, die den Respekt verdienen, den wir dem Wort Gottes zufolge denen erweisen sollen, die uns im Glauben nähren.

Was er war

Ein Freund von mir hat sich einer Selbsthilfegruppe für Angehörige von AIDS-Kranken im letzten Stadium angeschlossen, die sich zusammengefunden hat, um sich gegenseitig in dieser schweren Zeit emotionalen Halt zu geben.

Eine Frau in der Gruppe war besonders schlecht auf die Christen zu sprechen und meinte, sie ginge nicht mehr in die Kirche, weil die Leute dort mit Fingern auf ihren Sohn zeigten und sie dafür verdammten, dass ihr Sohn homosexuell geworden sei. Man konnte wohl sagen, dass sie die Kirche hasste.

Während sie so über die Christen schimpfte, erwähnte sie zufällig, dass die einzige Menschenseele, die ihr jemals geholfen habe, ein älterer Mann sei, der vor einiger Zeit in das Haus neben ihr gezogen sei. „Jeden Morgen", so berichtete sie, „kommt er zu mir herüber, trinkt eine Tasse Kaffee mit mir und hört mir zu, wenn ich mich bei ihm ausheule. Er hält mir die Hand und tröstet mich, wenn ich einfach nicht mehr weiterweiß. Wenn er nicht wäre, dann wüsste ich überhaupt nicht, was ich noch machen sollte. Warum können die Leute in der Kirche nur nicht so sein?"

Was die Frau nicht wusste, war, dass es sich bei diesem älteren Herrn um einen pensionierten Pastor handelte. Er hatte ihr nichts von seiner früheren Tätigkeit erzählt, weil er wusste, dass sie im Augenblick vor allem einen Freund brauchte, der ihr zuhörte. Außerdem wusste er, dass diese Information eher eine Barriere zwischen ihnen sein würde, die es ihm erschweren würde, ihr zu helfen. Irgendwann würde sicherlich der Moment kommen, ihr davon zu erzählen, was er früher gemacht hatte, aber momentan brauchte sie einfach nur eine Schulter zum Ausheulen.

Manchmal sind wir Pastoren doch nicht ganz so schlimm, wie unsere Kritiker es uns immer vorwerfen.

Der Altar

Selbst dann, wenn wir am Tiefpunkt angelangt sind, kommen doch immer noch gute Seiten zum Vorschein. Ich erinnere mich noch gut an eine Sendung, die lief, kurz nachdem der Fernsehevangelist Jim Bakker wegen seiner sexuellen Eskapaden im Strudel des Skandals untergegangen war. Die Arbeit des PTL-Clubs versank im Chaos. Das Imperium zerfiel, und wie zum Symbol dieses Niedergangs wurde die Konkursmasse zwangsversteigert, und alles, was Jim Bakker im Laufe der Jahre angesammelt hatte, kam unter den Hammer.

Es gab einen gewaltigen Medienrummel um die Auktion, weil dabei auch so exotische Gegenstände wie zum Beispiel eine klimatisierte Hundehütte angeboten wurden. Was mein besonderes Interesse erregte, war jedoch die Versteigerung von Jim Bakkers Schreibtisch. Ein Interessent war extra aus Toronto (Kanada) angereist, um für diesen Tisch mitzubieten, und es wurde sehr schnell klar, dass er ihn um jeden Preis haben wollte. Nachdem der Hammer gefallen war und er den Zuschlag bekommen hatte, kamen einige Fernsehreporter auf ihn zu und fragten ihn, warum er bereit gewesen sei, so viel für Jimmy Bakkers Schreibtisch zu bezahlen. Seine Antwort war wirklich denkwürdig.

„Für Sie mag er wie ein ganz normaler Schreibtisch aussehen", erwiderte er, „aber für mich ist er viel mehr. Wissen Sie, vor fünf Jahren haben meine Frau und ich uns scheiden lassen. Wir waren unheimlich desillusioniert und enttäuscht voneinander. Unsere Ehe war einfach vollkommen zerrüttet und so gingen wir getrennte Wege. Vor einem Jahr bekam ich plötzlich einen Anruf von meiner geschiedenen Frau. Sie erzählte mir, dass sie gerade hier in North Carolina sei und dass sie soeben mit einem Mann namens Jim Bakker gesprochen habe, der ihr neue Hoffnung vermittelt habe. Sie wollte wissen, ob ich nicht zu ihr kommen könnte, weil sie glaubte, dass alles wieder gut werden würde, wenn auch ich die Dinge zu hören bekäme, die er ihr eben gesagt hatte.

Ich nahm also den erstbesten Flug. Meine Frau und ich saßen auf dieser Seite des Tisches, während Jim Bakker auf der anderen Seite saß und uns den Weg zum Heil erklärte. Er meinte, dass die Vergangenheit ausgelöscht würde und dass wir noch einmal ganz von vorne anfangen könnten, wenn wir Jesus unser Leben geben würden.

An diesem Tag nahm ich Jesus als meinen Herrn an, so wie meine Frau es bereits tags zuvor getan hatte. Unsere Ehe wurde tatsächlich wiederhergestellt und wir erlebten einen kompletten Neuanfang.

Wissen Sie", meinte der Mann weiter, „für Sie mag dies wie ein ganz normaler Schreibtisch aussehen, aber für mich ist es ein Altar. Dies ist der Ort, an dem ich mein Leben Jesus Christus übergeben habe. Für mich ist dies ein heiliges Möbelstück, und ich konnte den Gedanken, dass ihn jemand bekommt, dem er bei weitem nicht so viel bedeutet wie mir, einfach nicht ertragen."

Meine Mutter hat immer gesagt: „Selbst an unseren schlimmsten Seiten gibt es so viel Gutes und selbst an unseren besten Seiten gibt es so viel Schlechtes, dass eigentlich niemand irgendeinen Grund hat, irgendeinen anderen zu verurteilen."

Eine Sache der Perspektive

Inmitten der allgemeinen Empörung über den Skandal um den Fernsehevangelisten organisierte der ABC-Moderator Ted Koppel eine Diskussionsrunde in einer Kirche in Memphis, Tennessee. Auf der Bühne war ein halbes Dutzend der führenden Fernsehprediger des Landes versammelt. Sie erhielten die Gelegenheit, vor etwa 2000 anwesenden Zuschauern Fragen zu beantworten und den Dienst der Fernsehevangelisten zu verteidigen.

Weil die Sendung aufgezeichnet wurde, hatte Koppel die Möglichkeit, etwas sehr Schönes zu tun. Er hatte im Voraus ein Interview mit einem Landprediger aufgenommen, der einer kleinen Gemeinde in den Bergen von Kentucky vorstand. Dieser Mann war der Inbegriff von Aufrichtigkeit. Er tat seit vielen Jahren einen vorbildlichen Dienst, obwohl er selbst nie ein theologisches Seminar besucht hatte. Das Interview war kurz vor der Podiumsdiskussion mit den Fernsehevangelisten aufgenommen worden.

Zu Anfang des Einspielers war die kleine Landkirche vom Hubschrauber aus zu sehen. Währenddessen erklang das Lied „So wie ich bin". Dann zeigte die Kamera das Innere der Kirche: Leute gingen zum Altar und gaben Gott ihr Leben, bekannten ihre Sünde und empfingen von ihrem Pastor Trost. Dann hörten wir das Interview, das Ted Koppel mit dem einfachen Prediger vom Land durchgeführt hatte.

Der alte Mann hatte seine Arbeit als Briefträger und einen sicheren Verdienst von 3000 Dollar im Monat aufgegeben, um eine volle Stelle als Pastor dieser kleinen Gemeinde von weniger als hundert Mitgliedern anzutreten. Als Nächstes gab der Prediger einen kurzen Einblick in seinen Alltag als Pastor einer solchen kleinen Landgemeinde.

Nach dem Interview mit dem Pastor war der Einspieler vorbei und es wurde wieder in den riesigen Bau der Megakirche in Memphis geschaltet, wo der Hauptteil der Sendung stattfand. In den folgenden 45 Minuten hörten wir, wie Fernsehprediger über ihre Arbeit berichteten und darüber, welche Möglichkeiten das Fernsehen für die Ausbreitung der Botschaft des Evangeliums böte. Zum Ende der Sendung wurde noch einmal eine Live-Schaltung zu der kleinen Kirche in Kentucky hergestellt. Der Pastor dort hatte offenbar Gelegenheit gehabt, die Aufzeichnung des Treffens mit den Fernsehevangelisten zu sehen, und Koppel fragte: „Und, wie denken Sie darüber? Was halten Sie von diesen Fernsehpredigern, die über das Medium Fernsehen Millionen von Menschen erreichen?“

Der alte Prediger schien angesichts dessen, was er da gerade eben gesehen und gehört hatte, völlig beeindruckt zu sein. Seine Antwort war bemerkenswert. „Was diese Leute machen, ist einfach grandios! Stellen Sie sich nur einmal vor, Sie könnten jeden Tag Millionen von Menschen erreichen und ihnen die Botschaft von Jesus bringen. Aber wissen Sie, Mr Koppel, allein die 96 Mitglieder, die ich hier in meiner Gemeinde habe, nehmen schon Tag für Tag all meine Zeit und Kraft in Anspruch.“

Daraufhin meinte Ted Koppel nachdenklich: „Das glaube ich ...“, bevor er sich verabschiedete: „Das war’s für heute. Vielen Dank fürs Zuschauen. Ihnen allen noch einen schönen Abend. Ihr Ted Koppel.“

Was mir an diesem Abend wieder neu klar wurde, ist die Tatsache, dass es neben den Glitzerfassaden der Mega-Gemeinden und -Bewegungen ein Heer von Namenlosen gibt, die den Hauptteil der Arbeit im Reich Gottes tun und die dafür keinerlei Applaus erwarten als den von den zwei durchbohrten Händen ihres Herrn.

Einer, der grüßte

Einmal hatte ich das Vorrecht, auf der gleichen Veranstaltung zu sprechen wie der Nobelpreisträger Bischof Desmond Tutu. Vor Beginn des Gottesdienstes redeten wir noch ein wenig über alle möglichen Belanglosigkeiten, um die Zeit zu füllen. Im Scherz fragte ich den Bischof, warum er denn eigentlich kein Baptist sei. „Schließlich sind in diesem Land doch scheinbar alle Farbigen entweder Baptisten oder Methodisten." Daraufhin erzählte der Bischof eine bewegende Geschichte, die erklärte, warum er anglikanischer Priester geworden war.

Er berichtete, in den Tagen der Apartheid sei es so gewesen, dass ein Farbiger, wenn er auf dem Gehsteig einem Weißen begegnete, respektvoll Platz zu machen und in den Rinnstein zu treten hatte. „Eines Tages", so der Bischof weiter, „als ich noch ein kleiner Junge war, gingen meine Mutter und ich einmal auf dem Bürgersteig, als ein großer weißer Mann in einem schwarzen Anzug auf uns zukam. Noch bevor wir ihm ausweichen konnten, wie es damals erwartet wurde, tat dieser Mann einen Schritt zur Seite in den Rinnstein, und als wir ihn passierten, hob er kurz den Hut als Zeichen des Respekts vor meiner Mutter!"

Der Bischof fuhr fort: „Ich war natürlich völlig erstaunt und fragte meine Mutter: ‚Warum hat der Mann das gemacht?' Meine Mutter erwiderte: ‚Das war ein anglikanischer Priester. Er ist ein Mann Gottes und darum macht er so etwas.'"

Bischof Tutu erzählte weiter: „Als meine Mutter sagte, dass das ein anglikanischer Priester war, da beschloss ich, dass ich später einmal anglikanischer Priester werden würde. Und mehr noch: Ich wollte auch ein Mann Gottes werden."

Dieser Punkt ging eindeutig an die Anglikaner!

Einer von ihnen

Wenn Sie mal nach Hawaii kommen und sich ein wenig umhören, dann werden Sie sicher auch die Geschichte von jenem Priester zu hören bekommen, der auf eine der Inseln der Inselkette von Hawaii ausgesandt wurde, um unter Leprakranken zu arbeiten. Die ganze Insel war zur Leprakolonie bestimmt worden, und er lebte dort mit den Ausgestoßenen und Kranken und versuchte nach Kräften, ihnen zu dienen. Jahrelang tat er sein Möglichstes, diesen Menschen die Liebe Jesu zu bringen, aber irgendwie gelang es ihm nie, wirklich zu den Herzen durchzudringen. Nach einer langen Zeit ohne jeden sichtbaren Erfolg beschloss er schließlich aufzugeben. Er bat die Kirchenleitung in Oahu, ein Boot zu schicken, um ihn abzuholen, und jemand anders in die Kolonie zu entsenden.

An dem Sonntagmorgen, an dem das Boot kommen sollte, stand er am Dock und wartete. Als sein Blick auf seine Hände fiel, bemerkte er einige weiße Flecken, und es dämmerte ihm, dass er selbst Lepra hatte. Er konnte die Insel nicht mehr verlassen, denn nun gehörte er selbst zur Leprakolonie. Er verließ das Dock und machte sich wieder auf den Weg den Hügel hinauf zur kleinen Kirche, in der er so treu gedient hatte.

Als er etwa zwei Stunden später die Kirche erreichte, stellte er erstaunt fest, dass sie zum ersten Mal voller Leute war. Sie waren gekommen, um ihren Priester zu hören. Er war nun kein Außenseiter mehr, sondern einer von ihnen. Er blieb bis zu seinem Lebensende in der Kolonie und diente über die Jahre hinweg Tausenden von Leprakranken.

Dieser Punkt geht an jenen katholischen Priester, der dem Beispiel seines Herrn folgte und das Leid der Menschen teilte, die er liebte.

Johannes XXIII.

Manchmal sind wir den religiösen Institutionen gegenüber so kritisch eingestellt, dass wir überhaupt nicht merken, was für feine Menschen es in ihnen gibt, die sich dafür einsetzen, dass alles läuft. Als junger Mann war ich zutiefst fasziniert von Papst Johannes XXIII., der seinerzeit das Zweite Vatikanische Konzil einberief. Was mir besonders an ihm gefiel, war sein Humor. Als er zum Beispiel einmal von einem Reporter gefragt wurde, wie viele Menschen eigentlich im Vatikan arbeiteten, da antwortete er: „Nun, ich würde sagen, so etwa die Hälfte!" Bei einer anderen Gelegenheit wurde ihm im Rahmen eines Interviews die Frage gestellt, was er der Kirche heute raten würde, wenn er wüsste, dass Christus morgen wiederkäme. Daraufhin lächelte er und antwortete: „Seht zu, dass ihr geschäftig ausseht!"

Bevor er zum Papst gewählt wurde, diente er als Kardinal. Er hatte sich im Umgang mit den Politikern der kommunistischen Partei, die seinerzeit die dominierende politische Kraft in Italien war, als sehr geschickt erwiesen. Einmal, als er aus einer besonders schwierigen Verhandlungssitzung kam, hatte er dem Führer der kommunistischen Partei den Arm um die Schulter gelegt und gesagt: „Sehen Sie: Im Grunde trennen uns nur unsere Überzeugungen!" Was für eine Aussage! Als Leiter der Kirche machte er unmissverständlich deutlich, dass die Liebe selbst jene verbindet, die einander aufgrund ihrer ideologischen Differenzen spinnefeind sein müssten.

Vom Hören

Es ist so einfach, auf die Pfarrer zu schimpfen. Die Meisten von uns suchen bei ihrem Pastor nur allzu gerne nach Fehlern.

In meinen Teenager-Jahren nahm ich in den Sommerferien einmal an einer Freizeit in den *Pocono Mountains* teil. Leiter der Freizeit war Percy Crawford, ein bekannter Evangelist aus der Gegend von Philadelphia. Er predigte das Evangelium so klar und eindrucksvoll, dass ich beim Altarruf tief berührt nach vorne ging und mein Leben Jesus übergab.

Als ich wieder nach Hause kam, wetzte ich schon die Messer. Ich war fest entschlossen, meinen Pastor ganz klar mit der Frage zu konfrontieren, warum er unserer Gemeinde eigentlich nie eindeutig das Evangelium präsentierte. Ich jedenfalls hatte den Eindruck, dass ich bei uns noch nie wirklich das Evangelium gehört hatte. Warum musste ich erst auf eine Freizeit fahren, um die Heilsbotschaft zu hören? Warum hatte er darüber nie so klar gepredigt, dass ich es verstehen konnte? Ich war fest entschlossen, ihn bei der erstbesten Gelegenheit mit dieser Frage zu konfrontieren.

Am darauf folgenden Sonntag kam ich in den Gottesdienst, setzte mich in meine Bank und hörte konzentriert zu. Ich wollte in der Lage sein, meine Kritikpunkte klar zu benennen und deutlich zu sagen, was mir bei seiner Predigt fehlte. Ob Sie es glauben oder nicht, dies war der erste Sonntag, an dem ich unseren Pastor das Evangelium klar verkündigen hörte. In der folgenden Woche machte ich diese Erfahrung wieder! Und in der darauf folgenden wieder! Da dämmerte mir langsam, dass das Problem gar nicht bei ihm gelegen hatte. Er hatte das Evangelium die ganze Zeit über klar und deutlich gepredigt. Ich hatte nur nicht hingehört.

Das ist unsere Aufgabe

Ich gehöre zu einer großen, vorwiegend farbigen Gemeinde in Philadelphia, die jahrzehntelang von Dr. D. W. Hoggard geleitet wurde. Als die Gemeinde nach seinem Tod einen Nachfolger suchte, war ich erstaunt, dass sie einen jungen Mann zum Pastor wählten, der gerade eben erst sein Studium abgeschlossen hatte. Ich konnte es kaum fassen und teilte dem Vorsitzenden des Ältestenrats meine Bedenken mit. Ich war der Auffassung, dass eine so große Gemeinde wie unsere einen guten und erfahrenen Pastor brauchte.

Die Antwort des Ältesten war für mich eine ungemein wertvolle Lektion dahingehend, was eine gute Gemeinde wirklich vermag. Der Älteste schaute mich an und sagte: „Dann müssen wir diesem jungen Mann eben helfen, ein guter und erfahrener Pastor zu werden!"

Was für eine großartige Haltung. Der Älteste wusste nur zu gut, dass ein Pastor immer nur das sein kann, was seine Gemeinde ihm zu werden ermöglicht.

Wir!

Ein Pastor einer presbyterianischen Gemeinde erzählte mir einmal von seinen Anfangsjahren als Pastor einer kleinen Landgemeinde.

Eines Tages kam eine junge Frau aus seiner Gemeinde zu ihm und teilte ihm mit, sie wolle ihr uneheliches Kind taufen lassen. In einer kleinen Stadt auf dem Land wird eine solche Frau nicht selten zur Außenseiterin.

Am Tag der Taufe stand die junge Frau mit ihrem Kind im Arm ganz allein vor der Gemeinde. Der Pastor bemerkte zunächst gar nicht, wie delikat diese Situation war. Schließlich kamen sie zu jener Stelle in der Taufliturgie, in der die Frage gestellt wird: „Wer steht dem Kind zur Seite und tritt dafür ein, dass das hier gegebene Versprechen auch wirklich ausgeführt wird? Wer wird in Zeiten der Not für dieses Kind da sein und dafür sorgen, dass es in der Weisung und Fürsorge des Herrn erzogen wird?" Erst in diesem Augenblick wurde ihm klar, dass ja gar keine Paten da waren, um auf diese Frage zu antworten. Doch in diesem Moment stand die ganze Gemeinde spontan und ohne zu zögern auf und sagte wie aus einem Mund: „Wir!"

Wer denkt, dass Leute, die zur Kirche gehen, grundsätzlich Heuchler sind, der hätte diesen Sonntag miterleben müssen, denn hier zeigte sich einmal, was Gemeinde wirklich sein kann – eine solidarische Gemeinschaft, die Menschen in Not zur Seite steht.

Ein Wohlgeruch Gottes

Die Buchautorin Rita Snowden berichtete einmal von einem Besuch in einem kleinen Städtchen in der Nähe von Dover in Südengland. Sie saß gerade am späten Nachmittag bei einer Tasse Tee in einem Lokal, als plötzlich ein unheimlicher Wohlgeruch den Raum erfüllte. Als sie beim Kellner nachfragte, woher denn dieser Duft käme, sagte er, dass er von den Leuten draußen auf der Straße ausginge. Er erklärte ihr, dass sie in einer Parfümfabrik in der Nähe arbeiteten und gerade auf dem Heimweg seien. Wenn sie nach Feierabend die Fabrik verließen, dann trügen sie den Duft des Parfums, von dem sie den ganzen Tag umgeben waren, in ihren Kleidern.

Rita Snowden erkannte sofort die wunderbare Symbolik, die sich in dieser Geschichte verbarg. Im Grunde sollte die Gemeinde eine Gruppe von Menschen sein, die sich dem Herrn in der Anbetung hingeben und sich dabei von seiner Liebe und vom Wohlgeruch seiner Gegenwart durchdringen lassen. Wenn wir dann in die Welt hinausgehen, geht der Wohlgeruch des Herrn mit uns, und die Menschen, die uns nahe kommen, merken durch uns etwas von diesem Wohlgeruch.

Kein anderer Plan

Es gibt eine fiktive Geschichte, die beschreibt, wie Jesus nach seiner Zeit hier auf der Erde in den Himmel zurückkehrt. Die Engel sammeln sich um ihn, um genau zu hören, was auf der Erde geschehen ist. Jesus erzählt ihnen, wie er unter den Menschen gelebt, sie unterwiesen und ihnen seine Liebe demonstriert hat, wie er am Kreuz gestorben ist, um die Sünden der Menschheit zu sühnen, und wie er auferstanden ist, um das kommende Reich Gottes zu verkünden.

Als er seinen Bericht beendet, fragt der Erzengel Michael: „Und was passiert jetzt?"

Jesus erwidert: „Ich habe eine Gruppe von zuverlässigen

Männern und Frauen zurückgelassen. Die werden die Botschaft verbreiten! Sie werden meiner Liebe Ausdruck verleihen und das Reich Gottes ausbreiten!“

„Aber was, wenn sie scheitern?“, erkundigt sich Michael. „Was hast du für diesen Fall geplant?“

„Einen anderen Plan gibt es nicht!“, erwidert Jesus.

Unsere Verantwortung ist es, Gottes Instrumente zur Ausbreitung der Wahrheit Gottes zu sein. Dies ist die Aufgabe der Gemeinde.

10. Über die Arbeit

Der berühmte deutsche Soziologe Max Weber hat einmal gesagt: „Luther und Calvin haben die Klöster abgeschafft und dafür die ganze Welt zu einem Kloster gemacht." Was er damit meinte, war, dass der Dienst für Gott nicht abseits von unseren weltlichen Aufgaben stattfindet, sondern inmitten unseres irdischen Alltags. Die Reformatoren haben deutlich zu verstehen gegeben, dass die Liebe Gottes ihren Niederschlag im täglichen Einerlei unserer Arbeit finden muss. Die Bibel spricht davon, dass wir alles, was wir tun, in Worten oder Taten, von ganzem Herzen für den Herrn und nicht für Menschen tun sollen (Kolosser 3,17+23).

Noch kein Schiff

Meine Frau und ich waren im Rahmen einer Vortragsreise einmal in Schottland. Am Rande dieser Reise ergriff ich die Gelegenheit, mit ihr zusammen die kleine Hafenstadt zu besuchen, in der ihr Vater geboren wurde. Peggy wollte gerne einmal die Werft sehen, in der ihr Großvater gearbeitet hatte. Wir fragten herum, aber wir hatten trotzdem Mühe, uns zurechtzufinden. Schließlich fragten wir eine Frau mittleren Alters, ob sie uns helfen könne. „Natürlich!", sagte sie. „Ich arbeite da! Ich bin gerade auf dem Weg zur Spätschicht."

Als wir den Hügel hinunter zur Werft gingen, kamen uns die Leute von der Frühschicht entgegen, die auf dem Weg nach Hause waren. Jeder, dem wir begegneten, kannte die Frau und wünschte ihr einen guten Tag. Die Frau schien mit jedem irgendwie bekannt zu sein, aber in einer Stadt von dieser Größe war dies an sich auch nicht weiter verwunderlich. Während wir die Straße hinuntergingen, fragte ich sie: „Was machen Sie denn eigentlich auf der Werft?"

Die Frau blieb stehen, und so blieben auch wir stehen, um

ihre Antwort zu hören. „Was ich dort mache?“, wiederholte sie unsere Frage. „Ich bin dafür zuständig, auf den Schiffen das Messing zu polieren.“ Und dann sagte sie mit Stolz im Blick, wie ich ihn selten bei einem Menschen gesehen habe: „Hier ist noch kein Schiff rausgefahren, ohne dass ich vorher bescheinigt habe, dass das Messing so glänzt, wie es sich gehört!“

Es war klar, dass dies für sie nicht einfach nur ein Job war. Es war eine göttliche Berufung! Ihre Arbeit hatte für sie fast etwas Heiliges.

Einige Jahre später las ich in der Zeitung, dass die Werft in Port Glasgow geschlossen worden war und dass dort keine Schiffe mehr gebaut wurden. Ich musste sofort an die Frau denken, und ich fragte mich, wie sie das wohl verkraftet haben mochte.

Wenn man einem Menschen seine Arbeit nimmt, dann trifft man ihn damit oft ganz tief in seiner geistlichen Identität.

Der Briefträger

Eines Tages kam ein junger Dozent für englische Literatur an einer staatlichen Universität ins Büro des Dekans und teilte ihm mit, dass er am nächsten Montag nicht mehr zur Arbeit erscheinen würde. Er kündigte. Der Dekan meinte, es sei völlig unmöglich, einfach so seinen Vertrag aufzulösen, und wenn er es täte, dann sei seine Karriere als Dozent damit zu Ende. Er würde nirgends mehr eine Anstellung finden. Doch der junge Dozent zuckte nur mit den Schultern und sagte: „Ist mir egal.“

Seine Mutter rief bei mir an und erzählte mir, was er getan hatte. Sie bat mich, zu ihm zu gehen und ihm ins Gewissen zu reden. Sie fragte, was er mit einem Doktor in englischer Literatur anfangen solle, wenn er nicht als Dozent arbeiten wollte. Ich ließ mich also breitschlagen und stattete ihm einen Besuch ab. Er wohnte in einer Dachwohnung in Trenton, New Jersey. Es war ein Penthouse mit vielen sonderbaren Bildern und Regalen voll mit avantgardistischer Literatur.

Er bot mir an, Platz zu nehmen, und deutete auf einen großen Sitzsack. Er sah aus wie eine riesige Amöbe, die einen verschlingt, wenn man sich hineinsetzt. Er schaute mich an und sagte: „Ich wollte einfach aufhören. Mehr gibt es dazu nicht zu sagen. Ich konnte es einfach nicht mehr länger ertragen. An jedem Tag, an dem ich unterrichtet habe, starb ein Stück von mir."

Ich wusste nur zu gut, wovon er sprach, weil ich selbst zu jener Zeit College-Dozent war. Ich wusste, wie es sich anfühlt, wenn man in einem Hörsaal steht und mit ganzer Leidenschaft versucht, Wahrheiten zu vermitteln, die aus den tiefsten Abgründen von Leid und Not des menschlichen Daseins zutage gefördert wurden! Und wenn man dann Blut und Wasser geschwitzt und unter Tränen versucht hat, seinen Zuhörern etwas von diesen letzten Realitäten des Daseins zu vermitteln, meldet sich irgendein Student in der hintersten Reihe und fragt: „Müssen wir das für die Abschlussklausur wissen?" Und wieder stirbt ein Stück der Seele des Dozenten.

Nach einer Weile war mir klar, dass er von seiner Entscheidung nicht mehr abzubringen war. „Tja, und wovon wollen Sie dann leben?", fragte ich.

„Ich arbeite als Briefträger", erwiderte er.

„Ein promovierter Briefträger", entgegnete ich. „Na, das hat man ja auch nicht alle Tage!"

Er lachte und meinte: „Nee, das gibt's wirklich nicht allzu häufig."

Als jemand, der die protestantische Arbeitsethik von Haus aus verinnerlicht hat, sagte ich: „Tja, also wenn Sie Briefträger sein wollen, dann versuchen Sie einfach, der beste Briefträger zu sein, den man sich nur vorstellen kann."

„Ich glaube, ich bin ein ziemlich schlechter Briefträger", erwiderte er mit einem Lachen. „Auf meinem Postamt ist jeder bis halb drei oder allerspätestens drei Uhr fertig. Ich brauche immer bis fünf Uhr!"

„Was dauert denn bei Ihnen so lange?", fragte ich ihn.

„Ich verquatsche mich immer mit den Leuten", antwortete er. „Sie können sich überhaupt nicht vorstellen, wie viele Leute in meinem Bezirk nie Besuch bekommen haben, bis ich dort als Briefträger angefangen habe. Einige von ihnen sind wirklich interessante Leute, die großes Interesse an Literatur haben. Und es gibt so viele Menschen in Not, für die die Poesie der großen Dichter genau das Richtige ist. Viele Leute lesen Bücher und können es gar nicht erwarten, sich darüber mit mir auszutauschen. Abends kann ich dann immer gar nicht einschlafen." Als ich ihn fragte, warum er denn nicht schlafen könne, meinte er: „Nach 20 Tassen Kaffee schläft es sich eben nicht so gut."

Es überraschte mich nicht sonderlich, als ich ein Jahr später erfuhr, dass sich die Leute in seinem Zustellbezirk zusammengetan hatten, um ihm in einem Vereinshaus eine Überraschungs-Geburtstagsparty auszurichten. Er spielte eine wichtige Rolle in ihrem Leben und sie wiederum spielten eine wichtige Rolle in seinem Leben. Sein Zustellbezirk war für ihn zu einem Missionsfeld geworden.

Unsere Arbeit sollte uns die Möglichkeit geben, die Dinge zu tun, die uns wichtig sind, und anderen auf unsere ganz eigene Weise unsere Liebe zu zeigen. Mit weniger sollten wir uns nicht zufrieden geben. Arbeit sollte immer etwas sein, das uns geistlich erfüllt.

Mörtel anrühren

Christopher Wren war Architekt und Erbauer einiger der schönsten Kirchen der Welt. So wirkte er beispielsweise maßgeblich am Bau der *St. Paul's Cathedral* in London mit.

Während der Bauarbeiten an der Kathedrale besichtigte er die Baustelle und befragte verschiedene Handwerker über ihre Arbeit. Auf dem Weg zum Ausgang fiel sein Blick auf einen alten Mann, der Mörtel anrührte. Er ging zu ihm und sprach ihn an: „Na, guter Mann. Was machen Sie?"

Der Mann wusste nicht, dass er mit Christopher Wren

sprach und sagte stolz: „Was ich hier mache? Na, ich baue eine herrliche Kathedrale!“

Was für eine großartige Arbeitseinstellung! Der Bauarbeiter, der den Zement anmischte, sah seine Arbeit in einem größeren Gesamtzusammenhang, der seinem bescheidenen Beitrag eine immense Bedeutung gab. Wenn wir doch alle unsere Arbeit als Teil im Plan des großen Architekten des Universums sehen würden, der unserem Dasein Sinn verleiht.

Risiko

Manchmal sind wir in beruflichen Rollen gefangen, die uns unsere geistliche Kraft rauben, einfach nur weil wir das Risiko scheuen, aus ihnen auszubrechen. Doch Risiken machen das Leben erst wirklich schön.

Als ich noch ein kleiner Junge war, war eines unserer Lieblingsspiele Stockball. Dazu brauchte man einen Besenstiel und einen halben Tennisball. Man konnte es mit beliebig vielen Kindern spielen. Der einzige Nachteil war, dass wir den Verkehr behinderten, wenn wir es auf der Straße spielten. Dann kam die Polizei und jagte uns. Wir hatten nichts dagegen, dass sie uns jagten, denn dafür wurden sie ja schließlich bezahlt. Was uns viel mehr störte, war die Tatsache, dass sie uns immer unseren Besenstiel wegnahmen, sodass wir anschließend nicht mehr weiterspielen konnten.

Eines Tages wollten wir wieder Stockball spielen, aber es war einfach nirgends ein Besenstiel aufzutreiben. Sie waren alle „beschlagnahmt“ worden und standen nun im Hinterzimmer des Polizeireviers Ecke *55th Street* und *Pine Street.* Ich saß mit meinen Freunden auf den Treppenstufen vor unserem Haus und sagte: „Irgendjemand müsste auf der Polizeiwache ins Hinterzimmer schleichen und ein paar von unseren Besenstielen zurückstehlen.“ Einer von meinen Freunden meinte: „Wetten, dass du dich nicht traust?“

Auf den Straßen von West-Philadelphia, wo ich herkomme, konnte man eine solche Herausforderung unmöglich ablehnen, ohne zum „Angsthasen“ abgestempelt zu werden. Also sagte ich: „Okay. Ich tu’s, aber ihr müsst mir dabei helfen. Ihr müsst reingehen und sie ablenken. Labert ihnen die Ohren voll. Erzählt ihnen, dass ihr für die Schule einen Aufsatz schreiben müsst ... irgendwas. Fragt ihnen Löcher in den Bauch. Bringt sie zum Reden und währenddessen schleiche ich mich in den Abstellraum und hole fünf von unseren Besenstielen raus ... falls es klappt. Sonst bleiben die Stiele dort ... und ... ich auch!“

Sie taten, was ich ihnen gesagt hatte, und ich erfüllte mein Versprechen. Während sie die Polizisten ablenkten, schlich ich mich ins Hinterzimmer, holte die fünf Stiele heraus und schlich mich wieder zum Ausgang hinaus.

Bis heute ist der Name Tony Campolo auf den Straßen von West-Philadelphia eine Legende! Ich bin der Typ, der die Polizeiwache ausgeraubt hat!

Es gibt einfach nichts Herrlicheres im Leben, als Risiken einzugehen. Wer lacht, riskiert, als albern angesehen zu werden. Wer seinen Tränen freien Lauf lässt, der geht das Risiko ein, sentimental zu erscheinen. Wer auf andere zugeht, riskiert, zurückgewiesen zu werden. Wer sagt, wie er sich fühlt, der riskiert, sein wahres Gesicht zu zeigen. Wer seine Ideen mitteilt, der geht das Risiko ein, Spott zu ernten. Wer Liebe schenkt, der riskiert, dass seine Liebe unerwidert bleibt. Wer lebt, der trägt das Risiko, sterben zu müssen. Wer hofft, der muss damit leben, in Verzweiflung zu enden. Wer etwas wagt, der riskiert zu scheitern. Trotzdem gibt es keine Alternative zum Risiko, denn nichts ist riskanter im Leben, als immer auf Nummer sicher zu gehen.

Was ich damit zum Ausdruck bringen möchte, ist, dass die Leere und der Mangel an innerer Befriedigung, die Sie in Ihrem Beruf erleben, Ihnen womöglich gar keine andere Wahl lassen, als alles auf eine Karte zu setzen und das Risiko einzugehen, sich auf das einzulassen, wozu der Geist Gottes Sie in Ihrem Herzen beruft.

Ich habe einmal mit einer Gruppe von Studenten zusammen einige Projekte unseres Missionswerkes in Haiti besucht. Im Norden des Landes haben wir eine Krankenstation, und als wir dort ankamen, sahen wir eine Warteschlange von gut dreihundert Patienten, die darauf warteten, behandelt zu werden. In der Krankenstation gab es nur einen Arzt und zwei Krankenschwestern, die nur etwa 60 bis 70 Patienten pro Tag behandeln konnten. Der Rest wurde abgewiesen. Es war offensichtlich, dass viele von ihnen nicht noch ein zweites Mal kommen konnten. Sie waren einfach zu schwach, um die beschwerliche Anreise noch einmal auf sich zu nehmen. Einer meiner Studenten – er hieß Charlie – sagte schließlich zu dem Arzt: „Doktor, ich werde Arzt, und eines Tages komme ich wieder und arbeite hier! Sie werden sehen! Ich werde meine College-Ausbildung abschließen und Medizin studieren. Ich werde Missionsarzt hier in dieser Krankenstation. Sie werden sehen, ich tue es!"

Ein paar Jahre später traf ich Charlie in New York wieder. Wir sind uns zufällig auf der Straße begegnet und haben eine Weile miteinander geplaudert. Nachdem wir die üblichen Höflichkeitsfloskeln ausgetauscht hatten, stellte ich fest – das muss ich ihm zugute halten –, dass er tatsächlich Arzt geworden war. Aber wissen Sie, worauf er sich spezialisiert hatte? Auf kosmetische Chirurgie, aber nicht etwa die Art von kosmetischer Chirurgie, die irgendeinem sinnvollen Zweck dient. Er hatte sich ausgerechnet jenen Teilbereich ausgesucht, der die Ausgeburt einer sexistischen Gesellschaft ist, in der der Wert einer Frau an ihrem Brustumfang gemessen wird.

Je länger ich ihm zuhörte, desto mehr drehte sich mir der Magen um. Er erzählte mir, dass er immer noch zur Kirche ginge und auch die Missionare seiner Gemeinde finanziell unterstütze. Er redete immer weiter, bis mir schließlich irgendwann der Kragen platzte.

„Stopp! Hör auf!", unterbrach ich ihn. „Ich will nichts

mehr davon hören. Charlie, du hattest doch Träume! Du wolltest doch etwas in deinem Leben bewirken! Und jetzt schau dich nur an, was aus dir geworden ist! Du hast deine Träume verkauft! Du hast deine Lebensvision verraten! Und wofür? Für einen Porsche und einen extragroßen Whirlpool! Du bist ein intelligenter junger Mann mit einem immensen Potenzial, und du hast deine Seele an das System verkauft, um ein paar Annehmlichkeiten absahnen zu können. Du kannst es schönreden, so viel du willst, Charlie, aber die Wahrheit ist: Du hast dich verkauft! Hörst du?"

Ein paar Jahre später erzählte ich genau diese Geschichte in einer lutherischen Kirche in Südkalifornien. Unter den Zuhörern saß ein junger Mann mit einer neurologischen Erkrankung, die dazu führte, dass er etwa alle 45 Sekunden ein unangenehm lautes Stöhnen von sich gab. Ich hatte große Mühe, mich zu konzentrieren, und es fiel mir schwer, in meinem Vortrag nicht den Faden zu verlieren. Ich war schon drauf und dran, ihn nach draußen zu bitten, aber dann besann ich mich und tat mein Bestes, die Predigt auch unter diesen erschwerten Bedingungen zu Ende zu bringen. Anschließend zog ich mich in das Hotel zurück, in dem ich untergebracht war, und war ganz unglücklich darüber, dass der Abend ein solcher Misserfolg gewesen war.

Zwei Wochen später erhielt ich einen Brief von einer Frau aus dieser Gemeinde. Sie schrieb, wegen seiner Erkrankung käme der betreffende junge Mann nur selten in den Gottesdienst. An jenem Abend habe er sich aber trotz allem entschlossen zu kommen, weil er einige meiner Bücher gelesen hatte und mich sehr gerne mochte. Er war sich ganz sicher gewesen, dass es mir nichts ausmachen würde. (Daraufhin fühlte ich mich noch schlechter!)

Sie schrieb weiter, am darauf folgenden Sonntag sei er dann in ihren Bibelunterricht für junge Erwachsene gekommen und habe darum gebeten, etwas sagen zu dürfen. Er tat sein Bestes, seine Gedanken trotz des Stöhnens, das seine Krankheit verursachte, in Worte zu fassen. Er erzählte die Geschichte von Charlie, die ich in meiner Predigt als Beispiel gebraucht hatte, und sagte zum Schluss: „Ich werde nie Arzt sein können, weil ich krank bin. Ich werde nie in die Mission gehen können, so wie Charlie es gekonnt hätte. Aber wenn ich es könnte ... wenn ich es könnte ... dann würde ich mein Leben nicht so vergeuden, wie Charlie es tut."

Am Ende dieser Stunde bekundeten vier der fünf jungen Erwachsenen in der Klasse ihren Entschluss, in die Mission zu gehen.

Was Menschen brauchen

Ich werde oft als Redner zu Unternehmenstagungen eingeladen. Einmal war ich auf einer Verkäuferschulung von einem der größten Versicherungsunternehmen in Amerika. Der Redner vor mir war wirklich erstaunlich. Das Thema seines Vortrags lautete: „Wie Sie Leuten Versicherungsleistungen verkaufen, die sie gar nicht brauchen!" Sein Vortrag war einfach brillant, und er sprach so gewandt, dass das Publikum förmlich an seinen Lippen hing. Es war ganz offensichtlich, dass jeder Versicherungsvertreter, der seine Regeln anwenden würde, seinen Kunden noch mehr Versicherungsschutz andrehen konnte, unabhängig davon, wie hoch sie bereits versichert waren. Er sprach davon, wie man die Ängste und Befürchtungen der Leute ausnutzen und wie man sie manipulieren konnte, und davon, wie man sie dazu bringen konnte, einen Vertrag zu unterschreiben, bevor sie merkten, dass sie die entsprechenden Leistungen gar nicht brauchten. Die psychologischen Tricks zur Kundenmanipulation, die er da vorschlug, waren wirklich eine Wunderwaffe.

Nach ihm war ich an der Reihe. Der Satz, mit dem ich meinen Vortrag eröffnete, war eine einfache und sehr direkte Aussage: „Meine Damen und Herren, alles, was Sie soeben gehört haben, ist falsch!"

Sie können sich sicher denken, dass dieser Satz das Publikum wie ein Donnerschlag traf. Ich fuhr fort, indem ich den

Versicherungsvertretern deutlich machte, dass sie zu den wenigen Verkäufern im Land gehörten, die das Privileg hätten, den Menschen etwas anzubieten, das sie wirklich brauchten. „Die Leute *können* nicht ohne Versicherung auskommen", erklärte ich ihnen. „Warum sollten Sie sich dazu herablassen, Produkte an Leute zu verkaufen, die bereits hoch genug versichert sind, wenn es doch so viele Leute gibt, die noch nicht den Versicherungsschutz haben, den sie eigentlich bräuchten? Man sollte seine Kunden nicht manipulieren! Es ist nicht richtig, Leuten etwas aufzuschwatzen, was sie gar nicht brauchen, nur um auf ihre Kosten eine Extraprovision einzuheimsen! Menschen sind heilig und sollten mit dem größten Respekt behandelt werden. Es ist unter Ihrem Niveau, andere so zu manipulieren, dass sie etwas kaufen, was sie gar nicht brauchen!"

Dann erzählte ich ihnen von einem Freund von mir, der gehört hatte, dass Dr. Martin Luther King jr. keinerlei Lebensversicherung besaß, und ihm dann zwei Wochen lang auf den Fersen geblieben war, bis er ihn endlich in einem Hotelzimmer zu fassen bekam. Er überzeugte ihn davon, eine Lebensversicherung über eine Million Dollar abzuschließen. Kaum ein Jahr später wurde Dr. Martin Luther King jr. von der Kugel eines Mörders niedergestreckt, und nachdem der ganze Rummel abgeebbt war, war diese Lebensversicherung das Einzige, was seiner Familie noch geblieben war.

Mein Freund hatte diese Not erkannt, und es war eine große Befriedigung für ihn, dass er einer Familie geholfen hatte. Darum sollte es uns in allem, was wir tun, gehen – nämlich den Menschen zu helfen. Unsere Arbeit sollte so sein, dass wir sie als einen Dienst für Gott ansehen können. Am Ende meines Vortrags war der Vorstandsvorsitzende der Firma der Erste, der aufsprang, um mir zu applaudieren.

Vergessen Sie nicht, sich auch Spaß zu gönnen!

Zweierlei gilt

Weil Arbeit als göttliche Berufung gilt, sind viele von uns in einem Arbeitsethos gefangen, das uns zu getriebenen Menschen macht. Allzu viele Menschen müssen schuften, um überhaupt eine Spur von Selbstwertgefühl empfinden zu können. Viele von uns sind bis ins Innerste ihrer Persönlichkeit hinein Getriebene.

Ich erzähle immer gern die Geschichte des presbyterianischen Ältesten, der so sehr in seinem Arbeitsethos gefangen ist, dass für ihn selbst die Ferien Arbeit sind. Versuchen Sie einmal, sich auszumalen, wie er seine Kinder um sechs Uhr morgens aufweckt und ruft: „Aufwachen! Aufwachen! Es sind Ferien!"

Als die Familie sich schließlich mit verschlafenen Augen am Auto versammelt, ermahnt er sie noch: „Wenn ihr jetzt einsteigt, dann gilt zweierlei: Der Benzintank ist *voll* ... und eure Blasen sind *leer*! Und dann fahren wir so lange, bis der Benzintank *leer* ist ... und erst dann dürfen eure Blasen *voll* sein! Sollten eure Blasen voll sein, bevor der Benzintank leer ist ... dann gnade euch Gott!"

Die Ameise und der Grashüpfer

Als ich in der fünften Klasse war, da hörte ich öfters einmal die Fabel von der Ameise und der Grille. Meine Lehrer erzählten immer, dass die Grille den ganzen Sommer über sang und keinerlei Vorräte für den Winter sammelte. Die Ameise dagegen arbeitete fleißig Tag und Nacht. Als der Winter

> Die Tendenz, Spaß in Arbeit zu verkehren, ist in unserer Kultur nur allzu verbreitet. Søren Kierkegaard beschrieb einmal einen Mann, der die Aufgabe übertragen bekam, den ganzen Tag lang Spaß zu haben. Der Mann war dabei jedoch so effizient, dass er schon am Mittag fertig war.

kam, hatte die Ameise genug zu essen und überlebte, während die Grille direkt bei Einbruch des Winters starb.

Dies sollte uns eine eindringliche Warnung sein, dass wir immer arbeiten und niemals einfach nur spielen sollten. Daraufhin meldete sich einer der Jungen aus meiner Klasse und sagte: „Aber ist es nicht im Grunde so, dass die Ameise auch gestorben ist? Nur sie starb, ohne dass sie überhaupt jemals richtig gelebt hatte!"

Dieser Fünftklässler hatte Recht. Wer zu viel arbeitet und sich nie Zeit zum Spielen nimmt, der wird nicht nur trist und langweilig, er hat auch keine gesunde christliche Einstellung zur Arbeit.

11. Über uns selbst

Die Bibel spricht davon, dass wir eine große Bedeutung haben. So erstaunlich es auch scheinen mag: Der Gott des Universums hat uns so sehr geliebt, dass er sich selbst für uns hingegeben hat. Dies ist der Kern der christlichen Botschaft. Niemand sollte je sagen: „Ich bin unwichtig." Augustinus meinte, jeder von uns sei so wichtig, dass Jesus für jeden Einzelnen von uns gestorben wäre, auch wenn er der einzige Mensch wäre, der je gelebt hätte. Jesus wäre auch *nur für Sie persönlich* am Kreuz gestorben!

„Buchstaben-Baseball"

Kinder haben zu Beginn ihres Lebens ein natürliches Selbstwertgefühl. Doch im Zuge ihrer Sozialisation wird dieses Bewusstsein, wertvoll und einzigartig zu sein, häufig zertreten. Ich erinnere mich noch gut daran, wie ich im Alter von zwölf Jahren lernte, wie das System einem kleinen Jungen den Eindruck vermitteln kann, nichts wert zu sein.

Ich ging damals immer mit meinem besten Freund Albert zur Schule. Albert war einfach ein Genie! Er war unangefochten der Beste in unserer Klasse, und ich war mordsstolz darauf, sein Freund zu sein.

Eines Tages kündigte unsere Lehrerin morgens an, dass wir heute ein Spiel spielen würden. Das klang aufregend! Sie sagte, wir würden „Buchstaben-Baseball" spielen.

Ich wusste nicht so recht, was ich davon halten sollte. Baseball fand ich super, Rechtschreibung war dagegen schrecklich. Im Baseball war ich Klassenbester, in Rechtschreibung war ich einer der Schlechtesten. Für mich als italienisches Kind war die englische Rechtschreibung immer ein Buch mit sieben Siegeln. Eine Sprache, in der die Wörter fast grundsätzlich anders gesprochen als geschrieben wurden, war in meinen Augen einfach verrückt.

„Buchstaben-Baseball“ – was sollte ich mir darunter vorstellen?

Die Lehrerin bestimmte zwei Mannschafts-Kapitäne. Der eine war Albert, der andere war Mary. In jeder Klasse gibt es eine Mary. Sie war eins von diesen perfekten Mädchen mit Haarbändern und Schleifchen und Lackschühchen. Wenn die Klasse als Hausaufgabe eine Buchzusammenfassung schreiben sollte, dann war ihre mit Bildern versehen und in bunter Schönschrift geschrieben. Die Lehrerin hob ihre Arbeit dann immer hoch und sagte: „Ist Mary nicht toll? Schaut doch nur, wie schön Marys Buchzusammenfassung ist!“ Doch im Grunde mochte keiner von uns Mary besonders. Sie war einfach zu perfekt.

Albert und Mary suchten sich abwechselnd Leute für ihre Mannschaften aus. Ich dachte mir, da Albert mein Freund war, würde er mich sicherlich zuerst wählen, aber zu meiner Überraschung tat er es nicht. Ich winkte ihm zu, um auf mich aufmerksam zu machen, aber ich schien einfach Luft für ihn zu sein, denn er wählte immer wieder andere für seine Mannschaft aus. In diesem Augenblick wurde mir bewusst, dass Freundschaft in diesem Spiel gar nichts zu bedeuten hatte. Das Einzige, worauf es ankam, war, ob man für den Erfolg der Mannschaft gut war.

Die Wahl schritt voran, doch niemand wählte mich. Schließlich war außer mir nur noch ein Einziger aus unserer Klasse übrig geblieben. Es war ein Junge, der gerade vor kurzem erst eingewandert war und noch kaum Englisch sprach. Schließlich steckte mich die Lehrerin einfach kurzerhand in Alberts Mannschaft, weil weder Mary noch Albert mich freiwillig haben wollten.

Sie können sich vermutlich vorstellen, wie dieses Spiel funktioniert. Jeder in der Mannschaft bekommt ein Wort, das er buchstabieren soll. Bei jedem richtigen Wort darf ein imaginärer Spieler der Mannschaft eine Station vorrücken.

Ich scheiterte am Wort „Grashüpfer“, weil ich es versehentlich mit zwei Ps geschrieben hatte. Man ist ziemlich einsam, wenn man dort vorne sitzt und sein Wort falsch buchstabiert. Unter dem Jubel der gegnerischen Mannschaft und – was noch schlimmer war – den Buh-Rufen meiner eigenen Mannschaftskameraden schlich ich mich zurück auf meinen Platz.

Während ich ganz geknickt auf meinem Stuhl saß, wandte sich unsere Lehrerin an die gegnerische Mannschaft und fragte: „Weiß jemand von euch, wie man das Wort ‚Grashüpfer' schreibt?" Mary wusste es natürlich! Sie wusste nicht nur, wie man es schreibt, sie hatte auch eine umwerfende Art, es zu buchstabieren. Ich höre sie noch heute, wie sie sagte: „Grashüpfer. G-R-A-S-H-Ü-P-F-E-R." Jeder Buchstabe, den Mary richtig aufsagte, war für mich wie ein Nadelstich. Und sie buchstabierte richtig mit Stil, indem sie jeweils ihren Oberkörper leicht hin und her wiegte. Die erste Lektion in diesem Augenblick war, dass Erfolg wichtiger ist als Freundschaft, und die zweite, dass Marys Erfolg letztlich gerade auf meinem Misserfolg beruhte.

Warum hetzt man Kinder nur so gegeneinander auf? Warum macht man sie zu Feinden und beschädigt ihr Selbstwertgefühl, und dies alles wegen eines Spiels, das angeblich dazu dienen soll, die Rechtschreibkenntnisse zu verbessern?

Das Gute ist, dass es da einen Jesus gibt, der jeden Einzelnen von uns mit Stolz

> Sagen Sie nur ja nicht, dass Sie ein Versager sind. Vergessen Sie nicht, dass Sie einmal ein Spermium waren! Sie waren eines unter fünf Millionen anderer Spermien. Diese fünf Millionen standen irgendwann einmal aufgereiht am Start. Am Ende eines langen dunklen Tunnels war ein einziges Ei! Und es gab ein Rennen ... das Sie gewonnen haben!
> Sagen Sie nur ja nicht, dass Sie ein Versager sind. Die Chancen standen fünf Millionen zu eins gegen Sie und Sie haben es geschafft. Sie sind ein Gewinner! Gegen das, was Sie geschafft haben, verblassen die Olympischen Spiele! Sie sind hier, weil Gott Sie gewollt hat. Sie sind hier, weil Gott wollte, dass gerade Sie den Kampf ums Dasein gewinnen.

ansieht und uns beim Namen ruft. Ich glaube zwar nicht, dass Jesus eine Brieftasche bei sich trägt, aber wenn er es doch tut, dann hat er bestimmt Ihr Foto bei sich. Für ihn sind Sie einfach unvergleichlich und kein Misserfolg wird daran je etwas ändern.

Ein Foto von mir

Ein Freund von mir erzählte mir einmal eine wunderbare Geschichte von seiner kleinen vier Jahre alten Tochter. Draußen tobte ein heftiges Gewitter, und er machte sich Gedanken, dass die Kleine vielleicht in Panik geraten könnte. Er lief die Treppe hinauf in ihr Zimmer, um nach ihr zu schauen. Draußen zuckten die Blitze und der Donner krachte. Als er oben ankam und einen Blick in ihr Zimmer warf, sah er, wie sie am Fenster stand und kokett vor der Scheibe posierte.

„Was machst du denn da?", rief er. „Jennifer! Was soll denn das?"

Die Kleine erwiderte: „Ich glaube, Gott versucht gerade, ein Foto von mir zu machen!"

Dieses Mädchen hatte begriffen, dass sie in Gottes Augen etwas ganz Besonderes ist.

Das Gelb

Als mein Sohn Bart noch klein war, hatte er eine Lieblingsdecke. Er mochte sie so gerne, dass er ihr sogar einen Namen gab. Er nannte sie „mein Gelb".

Immer, wenn Bart müde oder quengelig war, brauchte er sein Gelb. Er brauchte es nur an sein Gesicht zu drücken und schon war er getröstet und seine kleine Welt war wieder in Ordnung. Die Decke war vollkommen unverzichtbar und ständig in Gebrauch. Irgendwann zerteilten wir sie in zwei Teile, sodass er immer eine Hälfte haben konnte, während die andere in der Wäsche war.

Mit der Zeit begann die Decke sich aufzulösen. Sie wurde

zu einem Fetzen. Doch wenn Bart durchdrehte, half einfach nichts anderes. Ich erinnere mich noch gut daran, wie wir einmal spätabends nach Hause fuhren und Bart auf dem Rücksitz einfach nicht zur Ruhe kommen konnte. „Gib ihm doch das Gelb", sagte ich zu meiner Frau. Sie war geschockt und meinte: „Aber ich habe dir doch vorhin beim Gehen gesagt, du sollst das Gelb nicht vergessen. Hast du es denn nicht eingepackt?" Nicht, dass Sie einen falschen Eindruck von uns bekommen: Wir haben uns natürlich nicht gestritten, denn dies war ja ein Moment, in dem unser Not leidender Sohn uns beide geeint an seiner Seite brauchte.

Wenn Sie das Gelb damals gesehen hätten, dann hätten Sie es für einen wertlosen Fetzen Stoff gehalten, aber für uns war es von unschätzbarem Wert. Sein Wert kam nicht aus sich selbst heraus, er beruhte darauf, dass es jemandem, den wir liebten, so unendlich wichtig war. Das Gleiche gilt auch für Sie. Ihr Wert gründet sich nicht auf Ihre Leistungen, sondern darauf, dass Sie Gott so unendlich wichtig sind. Sie sind wertvoll, weil Gott Sie liebt. Darum können wir einem Menschen auch niemals seinen Wert nehmen, weil der Herr des Universums ihn liebt.

Gott ist die Grundlage unserer Identität

Wenn die Menschen heutzutage unter einer Identitätskrise leiden, dann liegt dies einzig und allein daran, dass ihre Beziehung zu Gott gestört ist. Gott offenbart uns, wer wir sind und was der Sinn unseres Lebens ist.

Wer bin ich?

Zum Ende des Zweiten Weltkriegs hatten mehr als 50 Männer, die in Gefangenenlagern in Indochina eingesessen hatten, eine totale Amnesie erlitten. Sie hatten keine Erinnerung mehr daran, wer sie waren, und es gab auch keinerlei Unterlagen über ihre Identität. Schließlich kam jemand auf die Idee, Porträts von ihnen in einer Pariser Tageszeitung abzudrucken mit der Ankündigung, dass diese Männer an einem bestimmten Tag im Opernhaus zu sehen sein würden. Zusammen mit den Bildern wurde die Aufforderung abgedruckt, wer diese Soldaten kenne, solle sich im Opernhaus einfinden und sie identifizieren.

Dem Bericht zufolge kam am besagten Abend der erste Soldat auf die Bühne und blickte in den Zuschauerraum. Das Scheinwerferlicht fiel auf ihn und er fragte: „Hat jemand von Ihnen eine Ahnung, wer ich bin?“

Was für eine Frage! Doch wie viele Menschen stellen sich insgeheim diese Frage! Die einzige Möglichkeit, sie zu beantworten, besteht darin, zu unserem Schöpfer zu kommen. Nur er weiß, wer Sie sind und welchen Sinn Ihr Leben hat. Gott weiß es, weil er als Schöpfer genau sagen kann, wofür Sie geschaffen wurden.

> Häufig wird die Frage gestellt, warum die Gerechten leiden, während es vielen der wirklich Bösen in dieser Welt prächtig geht. Mir gefällt die Antwort, die Mutter Teresa einmal auf diese Frage gegeben hat: „Gott! Du könntest viel mehr Freunde haben, wenn du die paar Freunde, die du hast, nur etwas besser behandeln würdest.“

Sich selbst verlieren

Als College-Professor konnte ich immer darauf zählen, dass zum Ende des Frühjahrssemesters im Mai irgendein Student (meistens ein männlicher) zu mir ins Büro kam, um mir mitzuteilen, dass er im nächsten Semester nicht mehr kommen würde.

„Na, so was! Und warum?“, erwiderte ich dann immer, wobei ich versuchte, möglichst nüchtern und professionell zu klingen.

Dann schaute der Student mich in der Regel an und meinte: „Ich brauche einfach ein wenig Zeit!“ Und wenn ich mich dann erkundigte, wofür er denn Zeit brauchte, dann antwortete er unweigerlich: „Ich brauche Zeit, um mich selbst zu finden!“

Eine ganze Generation von Studenten ist auf der Suche nach sich selbst. Und sie suchen alle am selben Ort: in Boulder, Colorado.*

Man konnte fast mit Sicherheit vorhersagen, dass sie in etwa Folgendes sagen würden: „Wissen Sie, Professor, ich habe es einfach satt, den Rollenerwartungen zu entsprechen, die mir von anderen aufoktroyiert wurden! Ich habe es satt, so zu sein, wie meine Familie, meine Freunde, die Uni und die Kirche mich haben wollen! Ich muss einfach ein bisschen Abstand von diesen vorgefertigten Identitätszuschreibungen gewinnen. Ich muss sie Schicht für Schicht ablegen und meinem wahren Ich auf die Spur kommen – meinem eigentlichen Selbst!“

Wenn ich so etwas höre, dann dreht sich mir immer der Magen um, und ich kann es mir nicht verkneifen, zu erwidern: „Charley! Was, wenn Sie alle vorgefertigten Identitätszuschreibungen Schicht für Schicht abgelegt haben und am Ende feststellen, dass Sie eine Zwiebel sind? Was, wenn Sie Ihren langen Guru-Trip ins Innerste Ihres Seins abschließen und am Ende feststellen, dass gar niemand zu Hause

> Manche Menschen leben nur für ihr eigenes Wohlbefinden und für ihre Selbstbestätigung. Dazu ein schönes Beispiel: Ein Mann ging in eine Kirche in Florenz und sah eine alte Frau, die auf den Knien vor einem Gemälde der Jungfrau Maria betete. Ganz beeindruckt von ihrer Hingabe an die Mutter Gottes, sprach er den Pater der Kirche auf die alte Dame an. „Lassen Sie sich nicht vom äußeren Eindruck täuschen“, meinte der Priester. „Vor vielen Jahren war sie das Modell, nach dem der Maler das Bild gemalt hat. Im Grunde betet sie nur sich selbst an.“
> Das sagt eigentlich alles!

* Eines der geistigen Zentren der Studentenbewegung der 60er und 70er Jahre und einer gesellschaftskritischen Lebensphilosophie.

ist? Überlegen Sie sich einmal, was passiert, wenn Sie alle Schichten einer Zwiebel weggepellt haben. Was bleibt dann übrig? Nichts! Womöglich finden Sie am Ende Ihrer Reise in die innersten Winkel Ihrer Seele genau das – nämlich nichts!"

Ich persönlich bin fest davon überzeugt, dass unser Selbst nicht irgendein Wesenskern ist, dem man durch philosophische Introspektion auf die Spur kommt, sondern etwas, das wir erschaffen müssen! Was wir sind, erschaffen wir selbst durch die Entscheidungen, die wir treffen. Wenn wir uns niemals festlegen, dann haben wir auch keine Identität. Deshalb sagt Jesus: „Wer sich selbst finden will, der wird sich selbst verlieren! Aber wer sich selbst um meinetwillen und um meines Reiches willen verliert, der wird sich finden!" Damit sagt Jesus ganz klar, dass uns die Entscheidung für ihn und für die Dinge, die er uns aufträgt, hilft, herauszufinden, wer wir sind und wofür unser Leben da ist.

Zeiten des Fragens und der Zweifel

Oft wird unsere Person und was wir tun durch die Dinge, die uns und anderen um uns herum widerfahren, zutiefst infrage gestellt. Selbst die hingegebensten Christen sind gegen Zweifel und Verwirrung nicht gefeit.

Er war da

William Sloane Coffin, ein ehemaliger Universitätskaplan an der Yale-Universität, verlor seinen Sohn bei einem Unfall. Während der Trauerfeier machte der Pfarrer, der die Predigt hielt, eine Andeutung, dass der Unfall und der Tod des Jungen Gottes Wille gewesen sei. Noch bevor er seinen Satz beenden konnte, sprang William Sloane Coffin auf und fuhr den Pfarrer an: „So ein Quatsch! Nie und nimmer war das Gottes Wille. Als mein Sohn starb, war Gott der Erste, der geweint hat!"

Wenn wir in Schwierigkeiten sind, fragen wir immer: „Wo ist Gott?“ Wie William Sloane Coffin hat auch Martin Luther einen Sohn verloren. Seine Frau Käthe schrie: „Wo war denn Gott, als unser Sohn starb?“

Martin Luther antwortete: „Dort, wo er war, als *sein* Sohn starb. Er schaute zu und weinte!“

Am Galgen

Wann immer ein Häftling aus dem Vernichtungslager Auschwitz floh, wählten die SS-Männer willkürlich sechs Leute aus und hängten sie. Dies war ihre Art, die Gefangenen vor Fluchtversuchen abzuschrecken. Wer auch immer den Gedanken an eine Flucht hegte, der wusste, dass sechs unschuldige Menschen sterben mussten, wenn ihm die Flucht gelang.

Als wieder einmal ein Gefangener geflohen war, wurde unter anderem auch ein zwölfjähriger Junge zur Hinrichtung ausgewählt. Als sich die Falltür unter dem Galgen öffnete, fiel er und die Schlinge zog sich zu. Weil er jedoch zu leicht war, brach ihm nicht gleich das Genick wie bei einem Erwachsenen, sondern er starb einen langsamen Erstickungstod. Fast eine halbe Stunde lang wand er sich und zappelte, bis er endlich tot war. Als er da so hing und strampelte, fragte einer der Häftlinge einen anderen: „Wo ist Gott? Wo ist Gott jetzt in diesem Augenblick?“

Der andere deutete auf den Jungen am Galgen und sagte: „Genau da! Dort hängt er!“

Hendrik Kraemer, der Bischof der dänischen Kirche, schilderte einmal die Panik, die die Pastoren in seiner Diözese erfasste, als die Nazis einmarschierten und sein Land besetzten. Die Pastoren kamen zu ihm nach Hause und fragten: „Was sollen wir jetzt tun?“ Er erwiderte: „Zunächst einmal müssen wir uns die Frage stellen, wer wir sind! Wenn wir wissen, wer wir sind, dann werden wir auch erkennen, was zu tun ist.“

12. Über unsere Kulturen

Das Buch der Offenbarung spricht davon, dass die dominierende Kultur „Babylon“ sei. In der Bibel ist Babylon das Sinnbild für eine Gesellschaft, die Menschen zu Abgötterei, Materialismus und Selbstbezogenheit verführt. Diejenigen unter uns, die sich mit Soziologie befassen, wissen, dass es in der westlichen Gesellschaft in unserer Zeit starke Tendenzen in diese Richtung gibt und dass die Gemeinde Jesu tagaus, tagein damit zu kämpfen hat. Genau um diesen Kampf soll es in diesem Kapitel gehen. Wir wollen uns die Frage stellen, was Christen tun müssen, um sich gegen die Einflüsse dieser Welt abzugrenzen.

Nach unserem Bilde

George Bernard Shaw sagte einmal: „Gott schuf uns nach seinem Bild, und wir entschlossen uns, uns zu revanchieren.“ Dieser Prozess, in dem wir uns einen Gott nach unserem eigenen Bild formen, sodass er die jeweils dominierenden Werte unserer Kultur widerspiegelt, wird als Totemismus bezeichnet. Dieser Vorgang wurde vom französischen Soziologen Émile Durkheim in seinem Werk „Die elementaren Formen des religiösen Lebens“ ausführlich untersucht.

Ein anschauliches Beispiel dieser totemistischen Neigung erlebte ich beim Besuch in einer chinesischen katholischen Kirche in Philadelphia. In der Kirche war ein buntes Fenster, und vielleicht ahnen Sie ja schon, was darauf zu sehen war. Es war eine Abbildung von Jesus, doch er sah nicht jüdisch aus, sondern ziemlich fernöstlich. Die Leute in dieser Gemeinde hatten sich einen Jesus nach ihrem eigenen Bild geschaffen.

In einer Sonntagsschulklasse in einer farbigen Gemeinde war ein Druck des berühmten Christusportraits von Salamon eines Tages von der Wand verschwunden. Stattdessen hing dort ein neues Bild, auf dem Jesus als Farbiger abgebildet war. Als der Lehrer daraufhin meinte, Jesus sei aber gar kein Farbiger gewesen, murmelte ein junger Mann: „Aber er war auch ganz bestimmt kein Weißschnabel!"

Dieser junge Mann wollte genauso wenig, dass Jesus ein Weißer ist, wie Weiße wollen, dass Jesus zu einem Farbigen gemacht wird. Jede Gruppe möchte einen Jesus, der sie selbst vergöttlicht. Letztlich ist eine solche Religion jedoch nichts anderes als die Verehrung einer kollektiven Selbstrepräsentanz.

Ein solcher Totemismus ist auch genau das, was Paulus im ersten Kapitel des Römerbriefes meint, wenn er davon spricht, dass Menschen die Herrlichkeit des unvergänglichen Gottes mit dem Bild eines vergänglichen Menschen vertauscht haben (Vers 23). Ist es da weiter verwunderlich, dass uns in den Zehn Geboten gesagt wird, wir sollten dem Herrn keine gehauenen Bilder machen? Dieses Gebot gilt deshalb, weil jedes Bild, das wir uns von Gott machen, mehr uns selbst darstellt als Gott.

Wen interessiert das?

Unsere Kultur verführt uns nicht nur zur Abgötterei, sondern auch zum Materialismus. Christ zu sein bedeutet, im Kampf gegen den Mammon zu stehen.

Als ich in den 60er Jahren an der Universität von Pennsylvania unterrichtete, hatte ich immer eine riesige Zahl von Studenten in meiner Soziologie-Einführungsvorlesung. Eines Tages versuchte ich, besonders kompetent zu erscheinen, und gebrauchte ein paar Formulierungen, die einen Studenten dazu veranlassten, mitten in der Vorlesung aufzustehen und laut „Scheiße!" zu rufen.

Das wollte ich mir nicht bieten lassen und so sagte ich: „So lasse ich mich nicht anschnauzen. Bitte setzen Sie sich wieder hin, sonst fliegen Sie aus meiner Vorlesung raus!"

Der junge Mann erwiderte arrogant: „Na und? Wen interessiert das?"

„Wenn ich Sie heute hier rausschmeiße, dann sind Sie draußen!", drohte ich ihm. „Dann brauchen Sie hier nächstes Mal gar nicht wieder aufzukreuzen!"

Wieder rief er: „Na und? Wen interessiert das?"

Ich trieb die Sache dann doch nicht auf die Spitze. Es waren ja die 60er Jahre, und ich konnte mir gut vorstellen, was passieren würde, wenn ich ihn von meiner Vorlesung ausschließen würde. Er hätte vermutlich alle weiteren Veranstaltungen geschwänzt und dazu nichts weiter gesagt als „Na und? Wen interessiert das?". Und wenn ich ihm dann gesagt hätte, dass er vermutlich von der Uni fliegen würde, wenn er seine Kurse schwänzen würde, dann hätte er vermutlich auch wieder gebrüllt: „Na und? Wen interessiert das?" Und wenn ich ihm dann gesagt hätte, dass er ohne Abschluss keinen Job finden würde, dann hätte er noch einmal gebrüllt: „Na und? Wen interessiert das?" Und dann hätte ich natürlich sagen können, dass er sich ohne einen einträglichen Job all die schönen Dinge, die wir nach den in unserer Gesellschaft gängigen Vorstellungen brauchen, nicht würde kaufen können. Aber daraufhin hätte er klar und deutlich gesagt: „NA UND? WEN INTERESSIERT DAS?!"

Ich habe den Verdacht, dass ein Christ kaum wirklich Jünger Jesu sein kann, solange er nicht ebenfalls in der Lage ist, angesichts der Dinge, die unsere Gesellschaft uns andrehen will, mit ganzer Überzeugung zu sagen: „Na und? Wen interessiert das?"

Falsch ausgezeichnet

Der Vorabend von Halloween ist in Philadelphia schon immer als Nacht der üblen Streiche bekannt. Sie können sich sicherlich vorstellen, was kleine Jungs sich an einem solchen Abend so alles einfallen lassen.

Einmal sind wir zu zweit in ein kleines Kaufhaus in der Nähe eingebrochen. Keine Sorge, wir haben nichts gestohlen! Dafür haben wir aber etwas viel Schlimmeres gemacht.

Wir haben nämlich nahezu alle Preisschilder vertauscht. Am nächsten Morgen kostete eine Haarspange zehn Dollar, während ein Radio für zehn Cent zu haben war. Die teuren Sachen waren billig zu haben und billiges Zeug war auf einmal richtig teuer.

Diese Geschichte ist ein gutes Bild für das, was mit Amerika passiert ist. Es ist beinahe so, als ob jemand in unsere Gesellschaft eingebrochen wäre und alle Preisschilder vertauscht hätte. Wir sind nicht mehr gewillt, in Dinge zu investieren, die einen hohen Wert haben, während wir auf der anderen Seite unsere ganze Zeit und Energie für Wertlosigkeiten vergeuden. Unsere Werte sind völlig durcheinander geraten!

An ihrem Platz

Die Medien haben eine ungeheure Macht über unsere Kultur. Jeder Teenager wird durch die Dinge, die er im Fernsehen sieht, zutiefst beeinflusst. Robert Pittman, der Gründer und Vorstandsvorsitzende von MTV, sagte einmal: „Wir von MTV haben die 14-Jährigen nicht im Visier, wir haben sie in der Tasche!“

Babylon nutzt die technologischen Möglichkeiten unserer Zeit für seine Zwecke aus. Manche meinen, dass der technologische Fortschritt neutral sei und sowohl zum Guten wie zum Bösen gebraucht werden könne. Doch Soziologen wie Jacques Ellul stehen auf dem Standpunkt, dass der Effekt des technologischen Fortschritts im Wesentlichen darin besteht, die Menschen in ihrer humanistischen Überzeugung zu bestärken, dass ihnen alle Möglichkeiten offen stehen und sie deshalb ein göttliches Eingreifen nicht mehr nötig haben. Für Ellul steht außer Frage, dass die Technik Abgötterei nährt, weil sie uns dazu verführt, uns selbst quasi gottgleich zu sehen.

Vor einigen Jahren machte ich mit einigen meiner Studenten vom *Eastern College* einen Ausflug zu den Amischen in Pennsylvania, wo wir einen ihrer Bischöfe interviewten. Dies war ein besonderes Privileg, weil die Amischen große Vorbehalte haben, sich über ihre Lebensweise ausfragen zu lassen. Dieser Bischof jedoch war ein Freund von mir geworden und so bot sich uns diese seltene Gelegenheit.

Als wir zusammensaßen und miteinander diskutierten, erklärte der Bischof, dass die Amischen keineswegs grundsätzlich gegen die moderne Technik eingestellt seien. Sie seien lediglich der Auffassung, dass die Menschen sich darüber im Klaren sein sollten, was für Auswirkungen der technische Fortschritt auf ihr Leben haben wird, bevor sie sich darauf einlassen. Er meinte, die Amischen hätten über die Jahre hinweg einfach die Beobachtung gemacht, dass der technische Fortschritt in vielerlei Hinsicht negative und zum Teil sogar katastrophale Auswirkungen auf die amerikanische Gesellschaft gehabt habe. Als Beispiel dafür nannte er das Fernsehen. Er fragte die Studenten, ob sie ihm nicht beipflichten würden, dass das Fernsehen bei der Vermittlung von Werten und moralischen Überzeugungen die Eltern weitestgehend aus ihrer Rolle verdrängt habe. Dann stellte er den Studenten die Frage, ob dies ihrer Meinung nach eine positive Entwicklung sei. Er meinte, dass viele Leute, nachdem sie die Auswirkungen des Fernsehens nun seit einigen Jahrzehnten beobachten konnten, zum Schluss gelangt seien, dass es die Menschen in gewisser Weise zur Gottlosigkeit verführt und dass Amerika im Grunde genommen ohne das Fernsehen besser fahren würde. Doch inzwischen ist es zu spät, um das Rad wieder zurückzudrehen.

Der amische Bischof erklärte, Technik könne durchaus ihren Nutzen haben, solange man nicht zulasse, dass sie unser Leben in Besitz nimmt. Um seinen Standpunkt zu verdeutlichen, zeigte er auf die Telefonzelle, die er am Ende der langen Zufahrt zu seinem Haus hatte aufstellen lassen. Er meinte: „Ich habe für Notfälle ein Telefon zur Verfügung. Es ist gut, wenn man Hilfe braucht oder wenn man Verbindung zu Leuten außerhalb der Familie und des Freundeskreises aufnehmen möchte. Doch warum um alles in der

Welt sollte man ein Telefon im Haus haben wollen?", fragte er. „Telefone stören die wichtigsten Augenblicke im Leben. Vielleicht sitzen Sie gerade mit den Kindern zusammen oder haben etwas Wichtiges mit Ihrer Frau zu besprechen. Wenn dann das Telefon klingelt, dann lassen Sie sich unterbrechen. Vielleicht beten Sie gerade miteinander. Vielleicht sind Sie gerade mit Ihrer Frau im Bett, und dann klingelt das Telefon und Sie lassen sich unterbrechen!"

Weiter meinte er, dass auch Elektrizität etwas Gutes sein könne, solange sie ihren gebührenden Platz habe. Ein gebührender Platz dafür sei in der Scheune. Dort könne man sie dazu verwenden, die Milch zu kühlen. Doch wenn man die Elektrizität ins Haus bringe, dann habe sie sehr schädliche Auswirkungen. Er sprach davon, wie der natürliche Lebensrhythmus durch den elektrischen Strom aus dem Gleichgewicht gebracht würde. „Dann bleibt man länger auf, als man es eigentlich sollte, und schon bald kommen Radios ins Haus, und dann fangen die Leute an, sich mehr mit der Außenwelt zu beschäftigen als mit dem Leben in ihrer Gemeinschaft."

Auf die Frage, wie es denn mit dem Gebrauch von Traktoren stehe, meinte der Bischof, er ziehe es vor, sein Feld mit dem Pferd zu bestellen, weil auf diese Weise die ganze Familie an der Arbeit beteiligt sei. Traktoren dagegen, so führte er weiter aus, machten das Pflügen und Ernten zu einem Ein-Mann-Job. Er fand es viel vorteilhafter, dass seine Frau und seine Kinder Tag für Tag mit ihm zusammen auf dem Feld arbeiteten. Auf diese Weise, so sagte er, entstehe Familienzusammenhalt.

Am Ende dieses Gespräches war deutlich, dass die Lebensweise der Amischen meinen Studenten lange nicht mehr so lächerlich erschien, wie es wenige Stunden zuvor noch der Fall gewesen war. Sie waren nun für die Auswirkungen des technischen Fortschritts in ihrem Leben sensibilisiert, und sie fingen an, intensiv darüber nachzudenken, inwieweit der Einfluss der Technologie für sie persönlich und für das Reich Gottes wirklich positiv war.

Nichts Wichtiges zu sagen

Wenn wir schon dabei sind, die Rolle der Technik in unserer Kultur zu hinterfragen, dann möchte ich an dieser Stelle auch noch davon berichten, wie Henry David Thoreau reagierte, als er von einer neuen Erfindung namens Telegraf erfuhr.

Eine Gruppe von Arbeitern zog ein Kabel durch eine Wiese in der Nähe. Thoreau ging hinüber und erkundigte sich, was sie dort gerade machten. Die Arbeiter erklärten ihm, dies sei eine neue Erfindung. Einer von ihnen sagte: „Haben Sie denn noch nichts davon gehört? Mit dem Telegrafen können die Leute in New York mit den Leuten in Florida in Verbindung treten."

„Aber was nun, wenn die Leute in New York den Leuten in Florida überhaupt nichts zu sagen haben?", erwiderte Thoreau verschmitzt.

Sehr treffend! In unserer modernen Welt der Massenkommunikation sind wir zwar in der Lage, von einem Moment zum anderen miteinander zu kommunizieren, aber allzu oft stellen wir fest, dass wir uns gar nichts Wichtiges zu sagen haben. Das Kabelfernsehen gibt uns die Möglichkeit, in jedem beliebigen Moment zwischen Hunderten von Fernsehsendern zu wählen, doch die Programme, die uns geboten werden, sind so seicht, dass wir immer wieder merken, wie wenig die ganze ausgefeilte Technik einen Mangel an inhaltlicher Qualität aufwiegen kann.

Kulturen werden wiederhergestellt werden

Nach Aussagen der Schrift wurden die Kulturen der Welt von Gott geschaffen, und am Ende werden sie vom Bösen gereinigt werden und sie werden ihren Schöpfer verherrlichen. Das Wort „Völker" ist die Übersetzung des griechischen Begriffs „ethnos", der so viel bedeutet wie „ethnische Kulturen". Die Bibel spricht hier davon, dass es an jenem großen Tag, an dem Gott die Völker um seinen Thron versammelt, eine Vielzahl von ethnischen Gruppen geben wird, die den Herrn jeweils auf ihre ganz eigene Weise anbeten werden.

Das Jahr 2000

Am Silvesterabend vor der Jahrtausendwende bekamen wir einen kleinen Eindruck vom Wunder kultureller Vielfalt. Während die Stunden ins Land zogen und Mitternacht nahte, bekamen wir über unsere Fernsehbildschirme einen Eindruck davon, wie verschiedene Volksgruppen überall auf der Welt die Jahrtausendwende feierten. Wir sahen herrliche Tänze auf den Inseln im Südpazifik und in afrikanischen Dörfern. Wir hatten das Vorrecht, Bilder aus verschiedenen Hauptstädten rund um die Welt zu sehen und zu erleben, wie das Ereignis dort jeweils auf ganz eigene Weise gefeiert wurde.

Während ich mir dies alles so anschaute, dachte ich mir, dass der Himmel bestimmt ein wunderbarer Ort sein wird, weil alle ethnischen Gruppen der Welt vertreten sein werden und sie ihre ganz eigenen Lieder vor den Thron Gottes bringen werden. Die Vielfalt kultureller Eigenarten wird einen Reichtum an Ausdrucksformen in der Anbetung Gottes hervorbringen, je nach den Besonderheiten der verschiedenen ethnischen Gruppen.

13. Über die Zukunft

Die jüdisch-christliche Tradition nimmt die Menschheitsgeschichte sehr ernst. Wir glauben, dass Gott sich in der Geschichte offenbart. Weiterhin glauben wir, dass die Geschichte einen Sinn hat und auf ein Ziel zusteuert. Wir glauben, dass Gott in dieser Welt am Werk ist und seine Pläne für die Menschheit umsetzt. Wir steuern auf das Reich Gottes zu, das bei der Wiederkunft Christi zu seiner letzten Vollendung kommen wird. Wir sind dazu aufgerufen, Tag für Tag für das Reich Gottes zu arbeiten. Wir sind dazu aufgerufen, unser Möglichstes zu tun, um diese Welt so zu verändern, dass sie Gottes Absichten entspricht. Aus diesem Grund ist es auch unsere Aufgabe, Armut, Rassismus, Sexismus, Homophobie und all die anderen Übel, die in dieser Welt grassieren, zu bekämpfen. Wir sind dazu berufen, ein Volk zu sein, das voller Hoffnung in die Zukunft blickt.

Es ist nicht vorbei

Wenn Sie einmal nach Memphis kommen, dann sollten Sie sich nicht die Gelegenheit entgehen lassen, das *Lorraine Motel* zu besuchen. Wie Sie vielleicht noch wissen, ist das der Ort, an dem Martin Luther King jr. ermordet wurde. Das Motel wurde zu einem Museum über die Bürgerrechtsbewegung umgebaut. Der Schwerpunkt liegt besonders auf den Entwicklungen in Memphis im Vorfeld des Attentats. Die Ausstellung führt Sie über mehrere Stationen zu jener Hotelsuite, wo King starb, und auf den Balkon, auf dem er stand, als ihn die Kugel traf. Sie sehen den genauen Platz, an dem er seinen Verletzungen erlag.

Als King in den Armen von Andrew Young und Ralph Abernathy lag, rief Young: „Es ist vorbei! Jetzt ist alles vorbei!“

Abernathy schrie zurück: „Sag das nicht! Es ist nie vorbei! Es wird immer weitergehen!"

Dies war in der Tat eine prophetische Aussage. Der Gott, der durch Martin Luther King jr. und die Bürgerrechtsbewegung gewirkt hat, wird die Menschheitsgeschichte niemals einfach sich selbst überlassen. Für Gott ist die Sache niemals vorbei, bis Jesus in seiner Herrlichkeit wiederkommt. Dann wird das gute Werk, das er in uns und durch uns wirkt, vollendet.

Es gibt eine Chance

Es gibt Menschen, die sagen, das Böse sei so überwältigend, dass all unsere Anstrengungen zu seiner Überwindung letztlich zum Scheitern verurteilt sein müssen. Es gibt Pessimisten, die behaupten, dass es uns niemals gelingen wird, die Macht des Bösen zurückzudrängen, die unsere Gesellschaft scheinbar beherrscht. Ich persönlich bin da anderer Meinung!

Im Zweiten Weltkrieg gab es in Frankreich eine Gruppe von heroischen Männern und Frauen, die eine Untergrundbewegung gegen die Naziherrschaft gebildet haben. Wenn Sie die Möglichkeit gehabt hätten, damals mit diesen Leuten ins Gespräch zu kommen, dann hätten Sie vielleicht den Sinn ihres Kampfes infrage gestellt. Vielleicht hätten Sie sie gefragt: „Wie wollt ihr es denn mit den Nazis aufnehmen? Ihr seid doch nur eine schlecht ausgerüstete Amateurarmee, die gegen eine überwältigende Übermacht kämpft. Ihr habt keine Chance gegen die brutale Gewalt, die euer Land im Griff hat."

Dann hätten sie vielleicht geantwortet: „Du verstehst das nicht! Während wir hier den Kampf gegen die Mächte des Bösen aufnehmen, die unser Land im Griff haben, wird auf der anderen Seite des Ärmelkanals eine riesige Invasionsstreitmacht zusammengezogen. Niemand weiß, wann der Einsatzbefehl gegeben wird. Doch irgendwann ist es so weit! Dann wird eine gewaltige Armada von Schiffen über den Kanal kommen und unser Land einnehmen. Wir werden unsere Kräfte mit ihnen vereinen und sie werden uns zum Sieg führen!"

Ebenso ist es auch mit uns, die wir gegen die Mächte der Finsternis kämpfen, die in der Menschheitsgeschichte am Werk sind. Wir tun dies in der Erwartung, dass irgendwann, an einem Tag und zu einer Stunde, die niemand kennt, die Posaune erklingen und eine gewaltige Invasionsstreitmacht in diese Welt kommen wird, die Jesus Christus persönlich befehligt. Diese siegreiche Armee wird sich mit den militanten Widerstandskämpfern der Gemeinde Jesu vereinigen und uns zum Sieg verhelfen!

> Niemand weiß, wann Jesus wiederkommen wird. Es gibt Autoren wie zum Beispiel Hal Lindsey, die behaupten, sie könnten die Prophetien der Bibel entschlüsseln, und die vorhersagen, dass das Ende unmittelbar bevorsteht. Wann immer man mich bittet, zur Frage nach dem Zeitpunkt der Wiederkunft Jesu Stellung zu nehmen, antworte ich: „Ich sitze leider nicht im Planungskomitee, sondern im Begrüßungskommitee!"

V-Day

Der Schweizer Theologe Oscar Cullmann, der den Zweiten Weltkrieg miterlebte, gab uns eine sehr aufschlussreiche Analogie zur Wiederkunft Jesu. Er sagte, dass es in jedem Krieg eine Entscheidungsschlacht gibt, die den Ausgang des Krieges bestimmt. Während des amerikanischen Bürgerkriegs war Gettysburg eine solche Schlacht. Waterloo war ebenfalls eine solche Entscheidungsschlacht. Und im Zweiten Weltkrieg war es die Landung in der Normandie.

Nach dieser Schlacht gab es überhaupt keine Frage mehr, wie der Krieg ausgehen würde. Nachdem die Alliierten erst einmal einen Brückenkopf gebildet hatten, der es ihnen erlaubte, Truppen und Gerät auf den Kontinent zu bringen, war das Schicksal der Nazi-Armeen besiegelt. Trotzdem sollten wir uns vor Augen halten, dass nach diesem Sieg mehr amerikanische Soldaten starben als vorher. Dieser Sieg, so entscheidend er auch war, bedeutete nicht, dass es nun keine Verluste mehr gab oder dass die Zivilbevölkerung in Europa von ihren Leiden erlöst gewesen wäre. Die entscheidende Schlacht war am *D-Day*[*] geschlagen worden, doch Leid und Tod endeten erst am *V-Day*[**], und der war noch ein gutes Stück entfernt.

In seiner Analogie wies Cullmann darauf hin, dass der Tod und die Auferstehung Jesu der entscheidende Sieg waren, der alle Zweifel dahingehend, wie die Weltgeschichte enden würde, ausräumte. Nach der Auferstehung konnten die Christen ausrufen: „Christus Victor!" Christus hatte den Triumph errungen! Die Mächte der Finsternis waren besiegt. Satan war überwunden. Doch zwischen Gottes *D-Day* am Ostermorgen und seinem *V-Day* wird es noch viel Leid, Schmerz und Tod auf der Erde geben. Der Kampf dauert immer noch an! Doch auch wenn wir den Kampf noch weiter fortsetzen müssen, tun wir dies dennoch voller Hoffnung. Wir wissen, dass die entscheidende Schlacht bereits geschlagen wurde, und kämpfen gegen die Mächte der Finsternis im vollen Bewusstsein, dass der Sieg beschlossene Sache ist. Auf diesen Sieg warten wir! Wir sehnen uns nach dieser Stunde! Gottes *D-Day* gibt uns die Gewissheit, dass Gottes *V-Day* kommt!

Unkraut im Weizen

Dann erzählte Jesus der Volksmenge ein anderes Gleichnis: „Mit der neuen Welt Gottes ist es wie mit dem Mann, der guten Samen auf seinen Acker gesät hatte: Eines Nachts, als alles schlief, kam sein Feind, säte Unkraut zwischen den Weizen und verschwand. Als nun der Weizen wuchs und Ähren

---

[*] Deckname für den 6. Juni 1944, den Landungstag der Allierten in der Normandie

[**] V-Day = Victory Day, der Siegestag am 8. Mai 1945

ansetzte, schoss auch das Unkraut auf. Da kamen die Arbeiter zum Gutsherrn und fragten: ‚Herr, du hast doch guten Samen auf deinen Acker gesät, woher kommt das ganze Unkraut?' Der Gutsherr antwortete ihnen: ‚Das hat einer getan, der mir schaden will.' Die Arbeiter fragten: ‚Sollen wir hingehen und das Unkraut ausreißen?' ‚Nein', sagte der Gutsherr, ‚wenn ihr es ausreißt, könntet ihr zugleich den Weizen mit ausreißen. Lasst beides wachsen bis zur Ernte! Wenn es so weit ist, will ich den Erntearbeitern sagen: ›Sammelt zuerst das Unkraut ein und bündelt es, damit es verbrannt wird. Aber den Weizen schafft in meine Scheune.‹'"
Matthäus 13,24–30

Ich wuchs in einer Gemeinde auf, in der man die Dinge, die in der Welt passierten, in einem ziemlich negativen Licht sah. Man nahm die schlechten Nachrichten, die man Tag für Tag in der Zeitung fand, immer mit einer gewissen Genugtuung auf. Wenn die Leute in unserer Gemeinde zum Beispiel erfuhren, dass im Nahen Osten Krieg ausgebrochen war, schüttelten sie den Kopf und meinten, dies seien Zeichen der Zeit. Wenn sie hörten, dass ein Erdbeben in China massive Zerstörungen angerichtet hatte, dann meinten sie: „Das Ende ist nah!" Wenn sie Statistiken hörten, die besagten, dass die Kriminalitätsrate, Abtreibungen und sexuelle Promiskuität zunahmen und die moralischen Werte verfielen, dann lächelten sie nur und meinten: „Dies alles sind Zeichen, dass wir in der Endzeit leben!" Sie schienen sich über den Niedergang der Gesellschaft zu freuen, denn ihre Theologie besagte, dass der Zustand der Welt sich immer mehr verschlimmerte, bis die Zustände schließlich so gravierend seien, dass Jesus wiederkommen und die Welt aus den Klauen der Mächte der Finsternis retten würde. Die düsteren Nachrichten in der Zeitung bestätigten sie nur noch in der Annahme, dass dieser Zeitpunkt nun nicht mehr allzu weit entfernt sein konnte.

Diese Einschätzung ist ja auch nicht ganz falsch, und Jesus hat uns ja auch selbst angekündigt, dass das Böse in den letzten Tagen überhand nehmen würde. Mit Hilfe des Gleichnisses vom Unkraut im Weizen machte er deutlich, dass das Reich des Bösen, für das das Unkraut steht, Tag für Tag an Kraft zunimmt. Auf der anderen Seite jedoch – auch das machte Jesus deutlich – wird der Weizen, der hier für das Reich Gottes steht, ebenfalls von Tag zu Tag kräftiger.

Was Jesus uns hier mit Hilfe eines Gleichnisses zu verstehen gibt, ist dies: Wir sollten im Hinblick auf die geschichtlichen Ereignisse nie so pessimistisch sein, dass wir all das Positive, das Gott tut, nicht mehr sehen. Ebenso wenig sollten wir so blauäugig sein, dass wir nicht wahrnehmen, wie auch das Reich des Bösen an Kraft gewinnt und sich immer mehr ausbreitet. Das Reich der Finsternis wächst ebenso wie das Reich Gottes. Die Gemeinde Jesu wird sich nicht geschlagen geben und mit gesenktem Haupt vom Schlachtfeld der Geschichte ziehen, sondern in einem Triumphzug! Am Ende der Zeit wird die Macht des Bösen zerstört werden.

Ich erinnere mich noch daran, wie ich einmal an einem heißen Sonntagnachmittag von einer Frau aus unserer Gemeinde nach Hause eingeladen wurde. Damals war sie eine der Wenigen, die ein klimatisiertes Haus besaßen. Sie sagte, ich sollte es mir bequem machen und mich ausruhen, während sie das Essen vorbereitete. So nahm ich auf einem Liegesessel im Wohnzimmer Platz. Sie drückte auf einen Knopf, und der Sessel begann zu vibrieren, was unheimlich entspannend war. Der Duft des Hähnchens in der Backröhre stieg mir in die Nase – es war wirklich wunderbar. Der Fernseher lief, und ich sah, wie die *Philadelphia Phillies* sich abmühten, die Meisterschaft zu gewinnen.

Von der Küche aus hielt meine liebe Gastgeberin einen langen Vortrag darüber, dass wir in den letzten Tagen leben. Als ich sie fragte, woran sie denn ihre Gewissheit festmache, dass die Wiederkunft Jesu unmittelbar bevorstehe, sprach sie davon, wie Christen zu leiden hätten und dass das Leiden eigentlich das einzige wirklich entscheidende Kriterium sei.

Es fiel mir schwer, nachzuvollziehen, was sie meinte,

während ich in dem Sessel mit Massagefunktion saß, den Geruch von Brathühnchen in der Nase hatte, während die Klimaanlage die Luft angenehm kühlte und im Fernsehen gerade ein Spiel meiner Lieblings-Baseballmannschaft lief. *Wenn das Leiden ist*, dachte ich mir, *dann habe ich nichts dagegen!*

Natürlich wissen wir alle, dass es sehr wohl Leiden auf der Welt gibt und dass Christen verfolgt und sogar getötet werden. Doch trotz all des Bösen, das wir in der Welt vorfinden, müssen wir erkennen, dass bei weitem nicht alles negativ ist. An vielen Orten in der Welt geschieht Erweckung. Es gibt Organisationen, die soziale Gerechtigkeit auf ihre Fahnen geschrieben haben. Wenn Sie nur mit offenen Augen durch die Welt gehen, dann finden Sie überall Anzeichen dafür, dass das Friedensreich Gottes unter uns in Herrlichkeit anbricht. Das Reich Gottes ist nicht nur eine Sache der Zukunft, in vielerlei Hinsicht gewinnt es schon jetzt in unserer Mitte Gestalt.

Da muss ein Pony sein

Es gibt eine nette Geschichte von zwei Brüdern. Der eine war ein unverbesserlicher Optimist, der andere ein notorischer Pessimist. Was auch immer geschah, den einen konnte nichts entmutigen, während der andere immer alles grau in grau sah.

Eines Tages, zu Weihnachten, versuchten die Eltern, ein wenig korrigierend in die doch sehr einseitigen Sichtweisen ihrer beiden Söhne einzugreifen. Dem pessimistischen Sohn kauften sie Geschenke, die jeden seiner Wünsche erfüllten, in der Hoffnung, dass eine solche Fülle an guten Gaben unter dem Weihnachtsbaum seine Stimmung irgendwie aufhellen würde. Ihrem optimistischen Sohn dagegen schenkten sie nur eine Tüte voller Pferdemist.

Am Heiligen Abend öffnete der pessimistische Junge Päckchen für Päckchen mit Zügen und Zubehör für eine elektrische Eisenbahn. Seine erste Reaktion war voll düsterer Skepsis: „Die gehen ja sowieso bald kaputt.“ Dann packte er eine brandneue Stereoanlage aus und murrte: „Ich habe doch gar keine CDs, die ich darauf abspielen könnte.“ In diesem Stil ging es immer weiter. Bei jedem Geschenk, das er auspackte, gab es irgendein Problem.

Als sein optimistischer Bruder sein Geschenk auspackte und den Sack voller Pferdemist entdeckte, juchzte er laut und hüpfte vergnügt auf und ab. Als die Eltern wissen wollten, worüber er denn so vergnügt sei, rief er: „Seht ihr nicht, was ich bekommen habe? Schaut doch nur! Ein ganzer Sack voller Pferdemist! Da kann ja das Pony nicht weit sein.“

So sind Optimisten einfach. Wir Christen sind Optimisten. Egal, wie viel Mist man über uns auskippt, wir stehen immer wieder auf und sagen: „Da muss es irgendwo ein Pony geben!“

Einstellungen zum Tod

So sehr wir auch über das Eingreifen Gottes in der Geschichte reden, es hilft nicht, den Schmerz zu überwinden, den wir angesichts des Todes eines geliebten Menschen empfinden. Der Tod hat einen Stachel, doch die gute Nachricht ist, dass der Stachel dank Jesus entfernt werden kann. Im Angesicht des Todes können wir den Sieg verkünden.

Die Tiefen des Nichts

Søren Kierkegaard wies einmal darauf hin, dass der ganze Aktivismus in der westlichen Gesellschaft im Grunde nur ein zweckloser Versuch ist, dem Bewusstsein der eigenen Sterblichkeit zu entrinnen. Er schrieb: „Wir sind alle wie flache, glatte Steine, die auf einen Teich geworfen werden und über die Wasseroberfläche tanzen, bis der Impuls, der uns bewegt hat, nachlässt. Danach versinken wir in den unermesslichen Tiefen des Nichts!“

Wenn Ihnen dieser Gedanke deprimierend erscheint, wie

wär's mit diesem: „Wir zünden am Silvesterabend ein Feuerwerk, um das makabere Geräusch des Grases, das auf unseren Gräbern wächst, nicht hören zu müssen." Oder: „Wir haben die Sanduhr gegen eine Uhr mit Ziffernblatt und Zeigern vertauscht, weil dies unsere Illusion nährt, dass die Zeit immer weitergeht. Die Sanduhr dagegen erinnert uns beständig daran, dass für jeden von uns die Zeit verrinnt!"

Wenn der Schatten des Todes auf Sie fällt

Wie deprimierend das Bewusstsein des nahenden Todes sein kann, wurde mir einmal im Laufe einer Diskussion mit Studenten an der Universität von Pennsylvania deutlich. In meinem Seminar saß eine Frau, die versuchte, sich eine neue berufliche Existenzgrundlage zu schaffen, nachdem ihr Mann sie nach 25 Jahren Ehe sitzen gelassen hatte. Während wir über den Tod diskutierten, blieb sie nahezu eine Stunde lang stumm. Dann ergriff sie das Wort:

„Ihr habt keine Ahnung, wovon ihr redet!", sagte sie zu den jüngeren Studenten. „Ihr könnt euch gar nicht vorstellen, wie es ist, wenn der Schatten des Todes allmählich auf euch fällt. Ich schon!" Zur Verdeutlichung brachte sie folgende Illustration: „Stellt euch vor, ihr seid in einem Orgelkonzert, und während der Organist spielt, bleibt eine Taste stecken. Zuerst fällt das monotone Brummen gar nicht weiter auf. Es ist nur in kurzen Momenten der Pause zu hören. Doch während das Konzert voranschreitet, wird der Ton, den die verklemmte Taste verursacht, allmählich immer lauter, bis er ständig zu hören ist, als Unterton, der das gesamte Stück begleitet. Schließlich wird er so laut, dass er alles übertönt

> Eine Frau sagte einmal zu ihrem Pastor, dass sie mit einer Gabel in der Hand begraben werden wolle. Als der verblüffte Pastor sich erkundigte, warum, erwiderte sie: „Als ich noch klein war, sagte meine Mutter beim Weihnachts-Festschmaus immer: ‚Behaltet eure Gabeln, das Beste kommt noch!'"

und die Zuhörer die Musik nicht mehr genießen können. Genauso ist es mit dem Tod. Zuerst ist man sich der Realität des Todes überhaupt nicht bewusst. Doch je älter man wird, desto klarer steht sie vor einem. Sie wird allmählich lauter und lauter, bis sie das Denken beherrscht und einem alle Lebensfreude raubt."

Gott schenkt den Sieg

Vergleichen Sie die Einstellung dem Tod gegenüber, die die Studentin in der Geschichte weiter oben zum Ausdruck brachte, einmal mit der Einstellung meines Schwiegervaters.

Als Papa Davidson älter wurde, litt er unter Arterienverkalkung. Er wurde zunehmend vergesslich und zog sich immer mehr zurück. In den letzten Monaten seines Lebens redete er kaum noch. Er saß mit uns am Abendbrotstisch, aber er beteiligte sich kaum an unseren Gesprächen. Weil er ein gutherziger Mensch war, hatte er dennoch eine gütige Ausstrahlung. Er saß zwar schweigend da, aber sein Gesicht war immer von einem friedvollen Lächeln gezeichnet.

Meine Schwiegermutter berichtet, an seinem Todestag habe er sich frühmorgens plötzlich in seinem Bett aufgesetzt, und es schien so, als ob er mit einer unsichtbaren Person redete. Mit einem freudigen Triumph in der Stimme rief er: „Tod, wo ist dein Stachel? Tod, wo ist dein Sieg? Gott, der uns den Sieg gibt, sei Dank!"

Dann legte er sich wieder hin und starb!

Was für eine Art zu sterben! Papa hatte die Gewissheit, dass diejenigen, die in Christus sterben, ewiges Leben haben. Die Hoffnung, die wir in ihm haben, hilft uns, die Ängste zu überwinden, an denen andere Menschen, die keine Hoffnung auf ein ewiges Leben haben, schier verzweifeln.

Hallo, Gott!

Joy Carroll Wallis, die früher einmal als anglikanische Pastorin in Brixton, einem Vorort von London, gearbeitet hat, erzählt eine wunderbare Begebenheit, die eine Frau in ihrer Gemeinde erlebte. Sie hatte eine schwere Operation, und weil sie schon älter war, waren ihre Heilungschancen nicht sehr hoch. Glücklicherweise überlebte sie die Operation.

Als sie die Augen aufschlug, sah sie verschwommen den Arzt in seinem weißen Kittel. Sie lächelte und sagte: „Guten Tag, lieber Gott! Ich heiße Mary!"

Dies ist ein gutes Beispiel für die Sicherheit, die uns der Glaube für das ewige Leben gibt.

Noch nicht ganz zu Hause

Ich habe einmal eine Geschichte von einem Missionar gehört, der nach vielen Jahren missionarischer Arbeit in China mit dem Schiff im Hafen von Southampton ankam. Mit ihm auf dem Schiff war einer der führenden Politiker Englands. Er wurde am Kai von einer Blaskapelle und einer Menschenmenge empfangen, die ihn umringte und feierte, als er an Land kam und langsam von dannen zog.

Der Missionar dagegen ging vom Schiff und musste feststellen, dass niemand zu seiner Begrüßung erschienen war. Offenbar waren seine Mitteilungen nicht zu den entsprechenden Leuten durchgedrungen. Er saß mehrere Stunden lang auf seinen Koffern, doch es kam keine Menschenseele. Er seufzte und sagte schließlich laut: „Gott! Es hätte ja keine Blaskapelle zu sein brauchen, aber hättest du denn nicht wenigstens irgendjemanden schicken können, um mich bei meiner Ankunft zu Hause willkommen zu heißen?"

Dann hörte der Missionar eine Stimme, die sagte: „Aber du bist doch noch gar nicht zu Hause!"

Nicht alles

Die Söhne von John D. Rockefeller sollten das gewaltige Vermögen ihres Vaters erben. Ihr Vater jedoch wollte ihnen zuvor noch einen Eindruck davon vermitteln, wie sich das Leben für einen einfachen Arbeiter wirklich anfühlt. Deshalb bestand er darauf, dass sie für eine Weile zusammen mit den Arbeitern auf den Ölfeldern arbeiteten.

Mehr als zwei Jahre lang schufteten die Rockefeller-Söhne auf den Bohrtürmen. Es waren lange, harte Arbeitstage. Nach Feierabend waren sie immer völlig erschöpft, und sie wussten auch, wie es sich anfühlte, an einem brütend heißen Tag ölverschmiert zu sein. Abends saßen sie mit ihren Kollegen zusammen und redeten.

Eines Tages tauschten sie über einem Glas Bier Geschichten aus. Einer der Rockefeller-Söhne wurde gefragt, wie es ihm denn bei den Arbeitern gefiele. „Ich finde es toll", erwiderte er. „Es ist eine der besten Erfahrungen meines Lebens."

„Das liegt daran, dass du genau weißt, dass du nicht hier bleiben musst", meinte der Mann, der ihm die Frage gestellt hatte, mit einem Hauch von Sarkasmus in der Stimme. „Du weißt, dass da etwas Besseres auf dich wartet, wenn das hier vorbei ist. Glaub mir, die Sache würde ganz anders aussehen, wenn du wüsstest, dass die Arbeit auf den Ölfeldern alles ist, was das Leben dir zu bieten hat."

Das Gleiche gilt auch für uns: Das Bewusstsein, dass das irdische Dasein mit all seinen Nöten und Schwierigkeiten nicht alles ist, hat tief greifende Auswirkungen auf unser Leben. Wir sehen die Dinge mit anderen Augen, wenn wir wissen, dass etwas Besseres vor uns liegt.

14. Zu unserer Warnung

Die Bibel spricht sehr klare Worte zum Thema Heuchelei. Vor allem Jesus lässt dafür überhaupt keine Hintertür offen. Die religiöse Selbstgerechtigkeit der frommen Leute war einer der Missstände, die Jesus immer wieder besonders hart anging.

Ich bin ein Gorilla

Es gibt eine Geschichte über einen Manager, der entlassen wurde. Er war so niedergeschlagen, dass er es nicht über sich brachte, nach Hause zu gehen und seiner Familie zu sagen, was geschehen war. So ging er in den Park und machte einen langen Spaziergang. Schließlich setzte er sich auf eine Bank und haderte mit seinem Schicksal.

Nach einiger Zeit kam ein anderer Mann vorbei, der ebenso niedergeschlagen war, und setzte sich auf dieselbe Bank. Er schaute sich um und sah den entlassenen Manager, der den Kopf auf die Hände gestützt hatte und trübsinnig vor sich hin murmelte. „Was ist denn mit Ihnen los?“, fragte er neugierig.

„Ich habe gerade meinen Job verloren“, erwiderte der Manager. „Ich kann einfach nicht nach Hause gehen und meiner Familie sagen, was passiert ist. Sie sind doch von mir abhängig, und jetzt kann ich auf einmal nicht mehr so für sie sorgen, wie ich es immer getan habe. Und Sie – was haben Sie?“

Der andere Mann meinte: „Ich habe einen Zirkus, und unsere Hauptattraktion war immer ein großer, Furcht einflößender Gorilla. Von überall her kamen die Leute, um unseren Gorilla zu sehen, wie er tobte und sie anbrüllte. Vor zwei Tagen ist der Gorilla gestorben, und ich weiß, dass unser Zirkus ohne diese Attraktion nicht überleben kann.“

„Ich hätte da eine Idee“, meinte der Manager. „Sie brauchen einen Gorilla und ich brauche Arbeit. Warum ziehen wir dem Gorilla nicht das Fell ab und machen ein Kostüm daraus? Ich könnte ja mal versuchen, den Gorilla zu spielen. Im Grunde haben wir doch nichts zu verlieren! Also, warum sollten wir es nicht wenigstens versuchen?"

Die beiden einigten sich und schlossen einen Vertrag ab. So verkleidete sich der Manager als Gorilla und tobte und brüllte mehr, als der echte Gorilla es jemals getan hatte. Sein Gehabe war so eindrucksvoll, dass der Zirkus immer mehr Besucher anzog und die beiden Männer ein Vermögen machten.

Eines Tages endete durch Zufall der Löwe im selben Käfig wie der falsche Gorilla. Die Leute strömten zusammen, um diese Konfrontation zu erleben. Der Löwe und der Gorilla umschlichen einander drohend, und die Zuschauer waren gespannt, zu sehen, was nun passieren würde.

Schließlich hatte der Löwe den Gorilla in die Ecke getrieben, und dieser merkte, dass es kein Entrinnen gab. In seiner Not rief er plötzlich aus voller Kehle: „HILFE!"

Der Löwe erwiderte: „Halt den Mund! Du bist hier nicht der Einzige, der seinen Job verloren hat!"

Irgendwann werden alle Täuschungen auffliegen und die Wahrheit über uns kommt ans Licht.

Bist du es, der das sagt?

Ein Bekannter von mir, der Pastor einer Baptistengemeinde war, wurde einmal von einer Frau in seiner Gemeinde bedrängt, die wollte, dass ihre siebenjährige Tochter nun auch endlich „drankäme". Damit meinte sie, dass die Kleine getauft werden sollte.

Mein Bekannter tat sich ein wenig schwer, eine Siebenjährige zu taufen, weil er sich nicht ganz sicher war, ob sie wirklich eine Bekehrung erlebt hatte. Da es unter Baptisten üblich ist, dass nur Menschen getauft werden, die wirklich gläubig sind, war er zunächst zögerlich. Die Frau war jedoch so hartnäckig, dass mein Freund schließlich zu dem

Schluss kam, dass es vermutlich am besten wäre, ihren Forderungen nachzugeben.

In seiner Gemeinde war es üblich, dass jeder, der sich taufen lassen wollte, bei der Gebetsversammlung am Mittwochabend von seiner Bekehrung berichtete. So kam der Tag, an dem die siebenjährige Tochter der Frau davon berichten sollte, wie sie zum Glauben an Jesus gekommen war, und was es für sie bedeutete, Christin zu sein.

Die Kleine begann mit den Worten: „Viele Jahre lang bin ich in tiefster Sünde gewandelt ..."

Ein Prusten und Kichern ging durch die Reihen der kleinen Gemeinde. Es war ziemlich offensichtlich, dass die Kleine einfach nur nachplapperte, was sie von anderen Leuten gehört hatte. Sie bezeugte nicht ihren eigenen Glauben, sondern imitierte die Erwachsenen.

Ich frage mich, wie oft wir nur einfach wiederholen, was wir bei anderen beobachtet haben, und dann so tun, als ob es aus uns selbst heraus käme.

Als Pilatus Jesus fragte, ob er denn wirklich der König der Juden sei, antwortete der Herr: „Bist du selbst auf diese Frage gekommen oder haben dir andere von mir erzählt?" (Johannes 18,34). Diese Frage müssen wir uns alle stellen, bevor wir irgendwelche hehren Glaubensbekenntnisse ablegen.

Des Kaisers neue Kleider

Wir alle kennen die wunderbare Geschichte von des Kaisers neuen Kleidern. Jedes Kind hört immer wieder gerne, wie die drei Schneider zum Herrscher eines reichen Landes kamen und ihm erzählten, sie könnten ihm Kleider nähen, die nur für kluge Menschen sichtbar seien. Dumme Menschen dagegen könnten sie nicht sehen.

Der König war von dieser Idee sehr angetan und erteilte den Schneidern sofort den Auftrag, ihm ein solches Gewand zu machen. Er gab ihnen große Summen Geld und stellte ihnen alles zur Verfügung, wonach sie verlangten: Juwelen,

Seide, Satin und andere Kostbarkeiten – was immer sie verlangten, wurde ihnen gegeben. Die Schneider schienen Tag und Nacht zu arbeiten. Wann immer der Kaiser zu ihren Gemächern hinüberschaute, brannte Licht, und man sah, wie sich die Schatten der Männer gegen die Vorhänge abzeichneten. Sie taten so, als ob sie fleißig schneiderten und feine Gewänder herstellten.

Der Kaiser erkundigte sich immerfort, wann der Anzug endlich fertig sei, doch er bekam jedes Mal zu hören, er müsse sich noch ein wenig gedulden. Er zahlte ihnen immer größere Summen und wurde immer ungeduldiger.

Endlich kam der Tag, an dem die Kleider fertig sein sollten. Als der Kaiser zur Anprobe eintrat, taten die Schneider so, als hielten sie prächtige Gewänder hoch. In Wirklichkeit jedoch hatten sie gar nichts in der Hand. Der Kaiser sah nichts, doch er traute sich nicht, es zuzugeben, weil es bereits in aller Munde war, dass diese Kleider für dumme Menschen unsichtbar blieben und dass nur kluge und weise Menschen sie sehen könnten. So tat er so, als sei er ganz begeistert von der Schönheit der neuen Gewänder. Jeder am Hofe äußerte sich ebenso, denn niemand wollte zugeben, dass er in Wirklichkeit nichts sah.

Es wurde eine Prozession angesetzt und die Untertanen säumten die Straßen. Der Kaiser stolzierte in seinen imaginären Gewändern vor seinem Volk einher. Überall applaudierten die Leute und bekundeten, wie wunderbar die Gewänder des Kaisers doch seien. Schließlich platzte ein kleiner Junge heraus: „Aber der Kaiser hat ja gar nichts an! Er trägt ja nur Unterwäsche!“

Die Mutter versuchte, das Kind zum Schweigen zu bringen, aber der Kleine rief immer weiter, dass der Kaiser ja gar nichts anhätte. Plötzlich begannen auch andere Leute zuzugeben, dass sie außer Unterwäsche nichts sehen konnten. Die Nachricht verbreitete sich wie ein Lauffeuer, und schon bald war allen klar, dass sie sich zum Narren hatten halten lassen. Am peinlichsten war es natürlich dem Kaiser selbst. Sogleich schickte er seine Soldaten aus, um die Schneider zu verhaften. Sie mussten jedoch feststellen, dass die drei Betrüger bereits mitsamt der erbeuteten Schätze außer Landes geflohen waren.

Ich frage mich oft, wie viele Menschen in der Kirche in Wirklichkeit nur vorgeben, etwas zu glauben oder bestimmte Erfahrungen gemacht zu haben, weil sie sich davor fürchten, wie andere reagieren, wenn sie ehrlich sind. Diese Frage stellt sich mir immer wieder, wenn Leute von bestimmten Gefühlen oder Erlebnissen erzählen, die sie im Gebet gemacht haben wollen. Vielleicht trauen sie sich nur einfach nicht, zuzugeben, dass sie in Wirklichkeit gar nichts erlebt haben.

Glaube fängt damit an, dass wir uns ehrlich eingestehen, wer wir sind, wie es um uns bestellt ist und was in unserem Leben wirklich vor sich geht.

Wer wir wirklich sind

In ihrem klassischen Werk *Die einsame Masse* weisen David Riesman und Nathan Glazer darauf hin, dass die moderne Welt uns mit der Erwartung konfrontiert, im Umgang mit unterschiedlichen Gruppen jeweils unterschiedliche Rollen zu spielen. Diese Notwendigkeit zum beständigen Rollenwechsel verführt uns geradezu zu einem Scheindasein.

Dazu ein Beispiel: Lange Zeit begann ich meinen Tag zusammen mit meiner Familie am Frühstückstisch. Meine Familie projizierte die „Papa“-Rolle auf mich. Sie nannten mich „Papa“ und definierten mich als „Papa“. Dann stieg ich in den Zug und fuhr zur Universität. Dort wurde ich zu „Professor Campolo“, einem Intellektuellen, der ein Seminar zum Thema „Existenzialismus und soziologisches Denken“ leitete.

Nachmittags fuhr ich wieder zu einem Vorort hinaus, um am *Eastern College*, einer kleinen evangelikalen Einrichtung, zu unterrichten. Dort war der Umgangston persönlicher und informeller und ich wurde zu „Tony“. Titel waren Schall und Rauch und folglich war ich nur als „Tony“

bekannt. Abends wurde ich dann zuweilen von Gemeinden als Gastredner eingeladen und dort wurde ich als „Heiliger Anton" betitelt!

Sie können sich sicherlich vorstellen, dass ich abends oft vor dem Spiegel stand und mir die Frage stellte: „Wer von euch ist denn nun der echte Tony Campolo?" Ich hatte so viele unterschiedliche Rollen ausgefüllt, dass ich am Ende gar nicht mehr so recht wusste, wer ich denn nun wirklich war. Ich glaube, dass viele Menschen in unserer Massengesellschaft vor diesem Problem stehen.

Die Lösung für dieses Problem besteht darin, dass wir Jesus gestatten, zu unserem Lebensgefährten zu werden. Schlussendlich sind Sie immer die Person, die Sie in seinen Augen sind. Wer Sie auch immer sein mögen oder mit wem Sie zu tun haben mögen, Sie sollten immer im Bewusstsein seiner Gegenwart leben und die Person sein, die Sie in seinen Augen sind.

Sagen Sie ihm nichts!

Es gibt eine Geschichte von einem Mann, der sich regelmäßig in einer Kneipe sinnlos betrank und dann nach Hause torkelte – sehr zum Leidwesen seiner Frau. Eines Tages kam er sturzbetrunken nach Hause und erbrach sich in der Küche. Nun hatte seine Frau endgültig genug. Sie rief den Pastor ihrer Gemeinde an, der auch umgehend kam, um sich ein Bild von der Situation zu machen.

Sie halfen dem betrunkenen Mann die Treppe hinauf und legten ihn in sein Bett. Dann betete der Pastor über ihm: „Lieber Herr, du siehst ja, was vorgefallen ist, dass ... heute Abend so betrunken ist, dass er erbrochen hat ..."

Der Mann unterbrach den Pastor und lallte: „Sagen Sie ihm nicht, dass ich getrunken habe! Erzählen Sie ihm, ich wäre krank!"

O wie töricht wir sterblichen Menschen doch sind! Glauben wir denn wirklich, dass wir dem Allmächtigen etwas vormachen können? Vielleicht können wir dem einen oder anderen Menschen Sand in die Augen streuen, aber Gott kennt uns durch und durch mit all unseren Warzen und Runzeln.

Früher oder später

Ich wurde einmal von einer Gemeinde in Las Vegas als Gastredner eingeladen. Der Pastor holte mich samstagabends am Flughafen ab. Sonntags sollte ich im Gottesdienst sprechen. Als er mich ins Hotel brachte, ließ er eine ausgedehnte Schimpftirade gegen das Glücksspiel los und sprach davon, was für fatale Auswirkungen es auf die Stadt hätte. Er sprach davon, wie die Spielsucht das Leben von Menschen zerstörte. Man konnte ihm eigentlich nur beipflichten, als er Prostitution, Unmoral und alle möglichen Verbrechen beklagte, die durch das Glücksspiel in die Stadt kamen.

Angesichts der Dinge, die er eben gesagt hatte, war ich doch ziemlich überrascht darüber, dass er mich in eines der größten Casinos der Stadt brachte. Als ich ihn fragte, was wir denn hier wollten, meinte er, diesem Casino sei ein Hotel angeschlossen, das die preiswertesten Zimmer in der Stadt anbiete. Offensichtlich versuchte das Hotel auf diese Weise, Gäste anzulocken, weil man annahm, dass die Leute, die im Hotel wohnten, auch das Casino aufsuchen würden. Der Pastor meinte weiter, dass die Gemeinde der Auffassung sei, dass man mich hier ruhig unterbringen könnte, weil ich ja sicherlich nicht der Versuchung zum Glücksspiel erliegen würde und weil es einfach im Sinne guter christlicher Haushalterschaft sei, die günstigen Hotelangebote zu nutzen.

Am nächsten Morgen kam ich um 10:15 Uhr die Treppe hinunter ins Foyer und wartete auf den Pastor, der mich für den 11:00-Uhr-Gottesdienst abholen wollte. Wenn Sie schon einmal in Las Vegas waren, dann wissen Sie sicher, dass dort zu jeder Tages- und Nachtzeit gespielt wird, und so war im Casino um 10:00 Uhr morgens schon ganz schöner Betrieb. Wie ich dort stand und wartete, steckte ich die Hand in die Hosentasche und stieß auf eine 25-Cent-Münze. Ich dachte mir: *Wer war jemals in Las Vegas und hat nicht zumindest mal ein 25-Cent-Stück in einen Automaten geworfen?* Es ging hier wohlgemerkt nicht um Glücksspiel im großen Stil! Schließlich bestand der Einsatz ja nur aus einer mickrigen kleinen 25-Cent-Münze!

So warf ich meine Münze ein und betätigte den Hebel. Ich hoffte, dass die Drehscheiben auf dem Kirschsymbol landen würden, dann hätte ich für meinen Einsatz zwei oder drei 25-Cent-Münzen gewonnen. Doch zu meinem Erstaunen traf ich die schwarzen Balken. Ich hatte den Jackpot geknackt!

Der Automat fing an, massenweise 25-Cent-Stücke auszuspucken. Sie fielen laut rasselnd in das Münzausgabefach. Zugleich begann eine Glocke zu läuten, ähnlich wie bei einem Feueralarm! Außerdem hatte der Automat oben ein Rundumlicht, das zu rotieren begann und dabei einen grellen Lichtstrahl abgab.

Ich war ganz beglückt und begann, die Münzen aus dem Ausgabefach zu klauben und sie mir händeweise in die Manteltaschen zu stopfen. In diesem Augenblick fiel mein Blick auf die Glastüren und ich sah den Pastor!

Er betrat gerade das Foyer des Casinos und hielt nach mir Ausschau. Was sollte ich tun? Ich wollte natürlich nicht einfach so meine 50 Dollar zurücklassen, die ich gerade eben gewonnen hatte, aber ich wollte auch nicht beim Glücksspiel erwischt werden. So bückte ich mich und sackte weiter meine Münzen ein. Dabei behielt ich den Pastor im Auge, der in der Nähe der Rezeption herumlief und mich suchte.

Schließlich hatte ich alle Münzen verstaut und die Alarmglocke war ebenfalls verstummt. So traute ich mich aus meinem Versteck heraus. Doch als ich mich aufrichtete, merkte ich auf einmal, wie schwer 50 Dollar in 25-Cent-Münzen sind. Es fühlte sich so an, als ob zehn Männer an meinem Mantel hingen. Ich zog den Mantel aus und rollte ihn samt den Münzen zusammen. Dann ging ich, um den Pastor zu begrüßen. Er meinte: „Es ist ganz schön kalt draußen. Sie sollten vielleicht den Mantel anziehen, sonst frieren Sie!“

„Ach nein“, erwiderte ich. „Es wird schon gehen.“

Ich kam mit meinem Täuschungsmanöver davon, aber ich hatte ziemlich lange Schuldgefühle deswegen.

Wir alle wissen, dass man oft lange Zeit mit seinem Versteckspiel davonkommt, aber früher oder später kommt die Wahrheit doch ans Licht. Irgendwann werden unsere Sünden uns einholen.

15. Zeit, zum Schluss zu kommen

Es gibt zwei ganz besondere Geschichten, die in meinen Predigten immer wieder auftauchen. Sie sind beinahe schon meine Markenzeichen. Jeder, der mich schon mehr als einmal predigen gehört hat, wird sie vermutlich bereits kennen. Die erste der beiden Geschichten handelt von einem Thema, das sich bereits durch das ganze Buch hindurchgezogen hat. Es ist eine Geschichte der Hoffnung im Angesicht der Verzweiflung. Sie spricht davon, dass selbst Momente der Niederlage die Verheißung in sich tragen können, dass am Ende des Weges ein herrlicher Sieg stehen wird.

Heute ist Freitag, aber der Sonntag kommt

Ich gehöre nun schon seit Jahrzehnten zu einer farbigen Gemeinde in West-Philadelphia. Auf dieser Seite des Himmelstores gibt es nichts, was dem Himmel so nahe kommt wie die *Mt. Carmel Baptist Church*. Ich predige ja in vielen Gemeinden, aber ich bin bisher noch nirgends einer Gruppe von Menschen begegnet, die mich so begeistert wie meine Heimatgemeinde. Die Leute in meiner Gemeinde lassen mich nie im Zweifel darüber, wie meine Predigt rüberkommt. Ob es gut läuft oder schlecht – sie sagen mir ihre Meinung zu dem, was ich gesagt habe.

Einmal spürte ich während meiner Predigt überhaupt keine geistliche Dynamik. Sie haben sicherlich auch schon erlebt, wie Prediger sich abmühen und mit ihrer Botschaft einfach nicht durchkommen. So ging es mir einmal, als ich in meiner Gemeinde predigte. Ich war mit meiner Predigt etwa zu drei Vierteln durch, als plötzlich eine Dame in den hinteren Bänken rief: „Hilf ihm, Jesus! Hilf ihm!" Damit waren alle Zweifel ausgeräumt, dass es an jenem Tag nicht allzu gut lief.

Auf der anderen Seite lässt unsere Gemeinde den Prediger

aber auch nicht im Ungewissen, wenn es gut läuft. Die Ältesten sitzen direkt unterhalb des Rednerpultes, und wann immer der Prediger etwas besonders Gutes sagt, rufen sie: „Predige, Bruder! Predige!“ Und ich mache gewiss keinen Hehl daraus, dass ich gerne predige, wenn meine Zuhörer so mitgehen!

Die Frauen in meiner Gemeinde haben ebenfalls ihre charakteristische Art mitzugehen, wenn der Prediger seine Sache gut macht. Sie heben eine Hand und rufen: „Amen, Bruder!“ Wenn ich das sehe, dann kocht in mir das Adrenalin. Doch damit noch nicht genug. Wenn ich erst mal richtig auf Touren komme, dann rufen die Männer in der Gemeinde mir zu: „Weiter so, Bruder! Weiter so!“ So etwas werden Sie von einer weißen Gemeinde nicht zu hören bekommen. Dort wird man eher erleben, dass Leute auf die Uhr schauen und im Stillen murmeln: „Komm zum Schluss! Komm endlich zum Schluss!“

Einmal am Karfreitag war ich einer von insgesamt sieben Predigern, die hintereinander sprachen. Als ich an der Reihe war, legte ich gleich den höchsten Gang ein und ich kann Ihnen sagen: Ich war einfach gut! Je länger ich predigte, desto mehr kam die Gemeinde in Fahrt, und je mehr die Leute in Fahrt kamen, desto besser wurde ich. Ich wurde einfach besser und besser! Ich war so gut, dass ich am liebsten selbst mitgerufen hätte! Am Ende meiner Predigt konnte die Gemeinde nicht mehr an sich halten. Ich war überglücklich, zu sehen, wie sie alle Halleluja riefen und vor Freude jauchzten und jubelten. Ich setzte mich neben unseren Pastor, der mich mit einem breiten Lächeln anschaute. Er klopfte mir aufs Knie und sagte: „Nicht schlecht, Herr Specht!“

Ich schaute ihn an und konnte mir nicht verkneifen zu fragen: „Und, Herr Pastor, was meinen Sie, können Sie das noch übertreffen?“

Der alte Pastor lächelte und meinte: „Schnall dich an, mein Sohn, denn jetzt kommt euer alter Papa ans Mikrofon und steckt euch alle in die Tasche!“

Ich konnte mir kaum vorstellen, dass mich an diesem Tag noch irgendjemand würde übertreffen können. Meine Predigt war einfach umwerfend gewesen. Aber ich muss ganz ehrlich gestehen, dass „Papa“ mich tatsächlich in die Tasche steckte – mit einem einzigen Satz: „Heute ist Freitag, aber der Sonntag kommt noch!“ Wenn Sie das so lesen, mag Ihnen das vielleicht ziemlich banal erscheinen, aber Sie hätten hören müssen, *wie* er es sagte! Er begann ganz sanft und leise, indem er sagte: „Es war Freitag; es war ein Freitag, als mein Jesus tot an einem Stamm hing. Aber das war Freitag, ... und der Sonntag sollte erst noch kommen!“

Einer der Ältesten rief: „Predige, Bruder! Predige!“ Mehr Ermutigung brauchte er nicht. Nun wurde er schon ein wenig lauter: „Es war Freitag und Maria heulte sich die Augen aus. Die Jünger rannten in alle Richtungen davon, so wie Schafe, die keinen Hirten haben. Aber das war am Freitag, ... und der Sonntag sollte erst noch kommen!“ Die Leute in der Gemeinde fingen allmählich Feuer. Die Frauen in der Gemeinde hoben die Arme und sagten: „Amen! Amen!“ Einige Männer riefen: „Predige weiter! Predige weiter!“

Und er predigte weiter. Er wurde nun noch ein wenig lauter und sagte: „Es war Freitag und die Zyniker schauten sich die Zustände in der Welt an und sagten: ‚Na bitte! Alles bleibt so, wie es ist. Diese Welt wird sich nie ändern.‘ Die Zyniker hatten ja keine Ahnung, dass es nur Freitag war ... und der Sonntag sollte noch kommen!

Es war Freitag! Am Freitag hatten die Mächte, die die Armen unterdrücken und ihnen Not machen, das Sagen. Aber das war eben Freitag ... und der Sonntag sollte noch kommen!

Es war Freitag, und Pilatus dachte, er könnte sich die Hände vom drohenden Ärger reinwaschen. Die Pharisäer stolzierten herum und lachten und klopften sich gegenseitig auf die Schultern. Sie dachten, sie hätten die Dinge endlich wieder im Griff. Sie wussten ja nicht, dass es erst Freitag war! Aber der Sonntag sollte kommen!“

Eine halbe Stunde ritt er auf diesem einen Satz herum und im Nu war eine ganze Stunde vergangen und dann eineinviertel Stunden und dann eineinhalb Stunden. Immer und immer wieder kam dieser Satz: „Es war Freitag ... aber der Sonntag sollte noch kommen!“

Als sich seine Predigt dem Ende näherte, war ich völlig erschöpft. Er hatte mich und alle anderen so in Fahrt gebracht, dass es vermutlich keiner von uns noch wesentlich länger ausgehalten hätte. Am Ende rief er nur noch aus voller Kehle: „ES IST FREITAG!“, und alle fünfhundert Gemeindemitglieder in den Kirchenbänken riefen wie ein Mann: „... ABER DER SONNTAG KOMMT!“

Das ist das Evangelium! Das ist die Botschaft, nach der sich die ganze Menschheit sehnt. Darum müssen wir uns auf die Socken machen und es ihr sagen. Denen, die unter dunklen Wolken der Depression kauern, müssen wir sagen, dass der Sonntag naht. Denen, die das Gefühl haben, dass sie sich nie wieder für die Liebe öffnen können, müssen wir sagen, dass der Sonntag kommt! Denen, die den Glauben an Wunder verloren haben und nichts Großes mehr von Gott erwarten, müssen wir sagen, dass der Sonntag kommt.

Wir müssen uns aufmachen in diese Welt, in der soziale Ungerechtigkeit und politische Unterdrückung herrschen, und die Nachricht verbreiten, dass der Sonntag kommt. Auch wenn es Millionen von Verhungernden gibt. Auch wenn die Hälfte der Erde unter der Knute von tyrannischen Systemen leidet. Auch wenn in Lateinamerika Diktatoren das Sagen haben. Die Menschen mögen um ihre Rechte betrogen und in ihrer Hoffnung erschüttert werden. Aber ich schäme mich des Evangeliums von Jesus Christus nicht, weil ich allen, die am Abgrund der Verzweiflung stehen, aus voller Kehle zurufen kann: „ES IST FREITAG ... ABER DER SONNTAG KOMMT!“

Wenn Sie an der amerikanischen Ostküste leben und nach Hawaii fliegen, dann wissen Sie, dass der Zeitunterschied dazu führt, dass man um drei Uhr morgens das Gefühl hat, es müsste eigentlich schon neun Uhr sein. So können Sie sich vielleicht vorstellen, dass ich immer, wenn ich Hawaii besuche, lange vor dem Morgengrauen wach bin. Ich bin nicht nur topfit und voller Tatendrang, während alles noch fest schläft, ich bekomme auch Hunger auf ein herzhaftes Frühstück, wenn alle Restaurants noch geschlossen sind. So kommt es, dass ich um halb vier Uhr in der Früh durch die Straßen von Honolulu wandere in der Hoffnung, irgendwo etwas Essbares auftreiben zu können.

In einer Seitenstraße fand ich bei einer dieser Wanderungen schließlich ein Lokal, das noch geöffnet war. Ich ging hinein, setzte mich auf einen der Hocker am Tresen und wartete darauf, dass mich jemand bediente. Es war offensichtlich ein ziemlich liederlich geführter Laden, dem man einen Namen wie „Fettiger Löffel“ hätte geben können. Die Speisekarte mochte ich nicht einmal mit spitzen Fingern anfassen, weil ich befürchtete, dass mir am Ende noch irgendwelches widerliches Ungeziefer entgegenkrabbeln würde, aber es war einfach beim besten Willen nichts Besseres zu finden.

Der Fettwanst hinter dem Tresen kam und fragte: „Was darf's sein?“

„Eine Tasse Kaffee und einen Donut bitte!“, erwiderte ich.

Er schenkte mir eine Tasse Kaffee ein, wischte sich dann seine schleimige Hand an seiner verkrusteten Schürze ab und griff einen Donut vom Regal hinter sich. Ich machte mir keine Illusionen. Ich wusste, dass die Donuts in den hinteren Räumen vermutlich regelmäßig auf den Boden fielen und mit Schuhen über den Boden gekickt wurden, aber hier vorne, wo ich alles sah, wäre es mir trotzdem lieber gewesen, wenn er eine Zange verwendet und mir den Donut auf einem Papiertuch serviert hätte.

Als ich so dasaß, um halb vier Uhr morgens, meinen Kaffee schlürfte und den Donut verspeiste, ging plötzlich die Türe auf, und ich sah zu meinem Unbehagen, wie acht oder neun ziemlich schrill gekleidete Prostituierte das Lokal betraten.

Es war ein kleines Lokal und die Damen nahmen rechts und links von mir Platz. Sie redeten laut und vulgär und ich fühlte mich völlig fehl am Platz. Ich wollte gerade die Flatter machen, als ich hörte, wie eine der Frauen sagte: „Morgen ist mein Geburtstag. Ich werde 39."

„Na und?", sagte ihre „Freundin" in einem boshaften Ton. „Warum erzählst du mir das jetzt? Willst du etwa eine Geburtstagsparty? Soll ich dir einen Kuchen backen und dir *Happy Birthday* singen?"

„Sag mal!", erwiderte die andere Frau, die neben mir saß. „Warum bist du denn gleich so gemein? Ich wollte es dir doch nur erzählen! Mehr wollte ich doch gar nicht! Warum musst du mich denn gleich so fies abservieren? Ich habe dir einfach nur gesagt, dass ich Geburtstag habe. Ich will nichts von dir! Ich meine, warum solltest du mir eine Feier ausrichten? Mir hat noch nie im Leben jemand eine Geburtstagsparty ausgerichtet. Warum sollte das dieses Mal anders sein?"

Als ich das hörte, reifte in mir ein Entschluss. Ich blieb und wartete darauf, dass die Frauen wieder gingen. Dann rief ich den Fettwanst hinter dem Tresen und fragte: „Kommen die jede Nacht hierher?"

„Ja", erwiderte er.

„Und die Frau, die neben mir gesessen hat? Kommt die auch jede Nacht?"

„Ja", antwortete er. „Das ist Agnes. Ja, die kommt jede Nacht hier vorbei. Warum fragen Sie?"

„Weil ich gehört habe, dass sie morgen Geburtstag hat", erwiderte ich. „Was halten Sie davon, wenn wir hier morgen Nacht eine kleine Geburtstagsparty für sie schmeißen?"

Langsam legte sich ein Lächeln auf sein rundes Gesicht und er sagte mit wohldosierter Freude: „Das klingt gut! Klar! Ich finde, das ist eine prima Idee!“ Er rief seine Frau, die im hinteren Raum kochte: „Hey, komm mal nach vorne! Der Typ hier hatte grad ’ne tolle Idee! Morgen hat Agnes Geburtstag. Er will, dass wir ihm helfen, ihr hier bei uns morgen Nacht ’ne Geburtstagsfeier zu schmeißen.“

Seine Frau kam mit einem breiten Lächeln nach vorne. „Das ist ein wunderbarer Gedanke! Wissen Sie, die Agnes ist wirklich ein netter und herzensguter Mensch, und es gibt eigentlich niemanden, der ihr mal was Gutes tut.“

„Also“, sagte ich. „Wenn Sie einverstanden sind, dann komme ich morgen früh um halb drei und dekoriere ein bisschen. Ich bringe auch einen Kuchen mit!“

„Kommt überhaupt nicht infrage!“, erwiderte Harry (so hieß der Wirt). „Der Kuchen ist meine Sache. Ich backe den Kuchen.“

Am nächsten Morgen war ich wieder da. Ich hatte ein paar Rollen Krepp-Papier gekauft und einen großen Karton mit den Worten „Happy Birthday, Agnes!“ beschriftet. Ich schmückte den Raum, sodass er am Ende richtig gut aussah.

Die Frau, die hinten kochte, hatte wohl ein wenig die Werbetrommel gerührt, denn um Viertel nach drei waren offenbar alle Prostituierten der Stadt hier versammelt. Der Raum war voll mit Prostituierten ... und ich stand mittendrin!

Um Punkt halb vier ging die Tür auf und Agnes kam mit ihrer Freundin zusammen herein. Ich hatte alle genau instruiert (schließlich war ich ja so etwas wie der Initiator der ganzen Sache). Als sie den Raum betrat, riefen wir alle: „Happy Birthday!“

Ich habe noch nie einen Menschen so perplex, so absolut sprachlos gesehen. Sie war wie vom Donner gerührt. Ihr Mund stand offen. Ihre Knie schienen wegzusacken. Ihre Freundin stützte sie, und während sie sich zu einem der Stühle am Tresen schleppte, sangen wir alle „Happy Birthday“. Als wir uns dem Ende des Liedes näherten, wo es heißt: „Happy Birthday, liebe Agnes! Happy Birthday to you!“, da wurden ihre Augen feucht. Als dann auch noch die Geburtstagstorte mit den brennenden Kerzen hereingetragen wurde, gab es kein Halten mehr, und Agnes fing an, hemmungslos zu weinen.

Harry brummte: „Komm, Agnes, du musst die Kerzen auspusten! Auf, komm! Puste die Kerzen aus! Wenn du es nicht tust, dann muss ich es machen!“ Nach einigen endlos langen Sekunden tat er es schließlich auch. Dann reichte er ihr ein Messer und sagte: „Schneide den Kuchen an, Agnes! Wir wollen alle ein Stück Kuchen haben.“

Agnes schaute den Kuchen an. Ohne den Blick vom Kuchen abzuwenden, sagte sie schließlich mit sanfter Stimme: „Du, Harry, wäre es wohl in Ordnung, wenn ich ... Ich meine, ginge es nicht, dass ich ... Was ich sagen möchte, ist ... Wäre es wohl in Ordnung, wenn ich den Kuchen noch ein wenig behalte? Ich meine, müssen wir ihn denn unbedingt jetzt sofort essen?“

Harry zuckte mit den Achseln und meinte: „Klar! Das ist schon okay. Wenn du den Kuchen behalten möchtest, dann behalte ihn ruhig. Du kannst ihn auch mit nach Hause nehmen!“

„O, darf ich das?“, fragte sie. Dann schaute sie mich an und sagte: „Ich wohne hier in der Straße, nur ein paar Häuser weiter. Ich würde den Kuchen gerne kurz zu Hause meiner Mutter zeigen, wenn das okay ist. Ich bin gleich wieder zurück. Ehrlich!“

Sie sprang vom Hocker, nahm den Kuchen, trug ihn wie eine kostbare Reliquie vor sich her und bewegte sich langsam zur Tür. Wir standen alle völlig regungslos da und schauten ihr hinterher, wie sie nach draußen ging und verschwand. Als die Tür wieder ins Schloss fiel, war es auf einmal völlig still. Da mir irgendwie nichts einfiel, was ich sagen konnte, meinte ich: „Wie wäre es, wenn wir jetzt kurz beten?“

Im Rückblick erscheint es reichlich komisch, dass ein Soziologe um 3:30 Uhr morgens in einem Bistro in Honolulu ein Gebetstreffen mit Prostituierten abhält, aber in diesem Moment schien es einfach das einzig Richtige zu sein. Ich betete für Agnes. Ich betete für ihre Errettung. Ich betete, dass ihr ein neues Leben geschenkt und dass Gott ihr Gutes tun würde.

Als ich fertig war, beugte Harry sich über den Tresen zu mir und meinte: „Du hast mir ja gar nicht erzählt, dass du'n Prediger bist. Zu was für 'ner Kirche gehörst du denn?"

Das war einer jener Augenblicke, in dem einem einfach genau das richtige Wort im richtigen Moment geschenkt wird: „Ich gehöre zu einer Kirche, die um halb vier Uhr morgens Geburtstagspartys für Huren schmeißt."

Harry schwieg einen Moment und meinte dann: „Nee, erzähl mir doch nix. So 'ne Kirche gibt's doch gar nicht. Wenn es so was gäbe, dann würde ich da beitreten. So 'ner Kirche würde ich beitreten!"

Ich denke, so geht es uns allen. Würden wir nicht alle einer Kirche beitreten, die um halb vier Uhr morgens Geburtstagspartys für Huren ausrichtet?

Eine solche Art von Kirche hat Jesus in dieser Welt begründet! Ich weiß nicht, wo wir die anderen Kirchen herhaben, in denen alles immer so sauber und perfekt ist. Aber jeder, der das Neue Testament liest, der entdeckt einen Jesus, der gerne Partys mit Huren und mit allen möglichen anderen Außenseitern feierte. Die Zöllner und „Sünder" liebten Jesus, weil er mit ihnen zusammen feierte. Die Aussätzigen der Gesellschaft fanden in Jesus einen Menschen, der mit ihnen zusammen aß und trank. Während die Hyperfrommen nichts mit ihm anfangen konnten, fühlten sich die Einsamen, die in aller Regel nicht zu Festen eingeladen wurden, geradezu unwiderstehlich zu ihm hingezogen.

Unser Jesus war und ist der Herr, der die Party fest im Griff hat. Dieses Buch ist ein Versuch, uns diese Realität noch einmal unmissverständlich vor Augen zu führen. Es will uns allen diese zentrale Dimension des Christseins neu ins Bewusstsein rufen: Das Reich Gottes ist ein Fest!

Nachwort

Viele meiner Geschichten wurden von meinen Mitarbeitern erlebt, die mit mir zusammen im Dienst sind. Es ist mir ein besonderes Privileg, seit nunmehr 30 Jahren die *Evangelical Association for the Promotion of Education* aufzubauen und zu leiten. Dies ist eine Missionsorganisation, die sich zum Ziel gesetzt hat, Programme ins Leben zu rufen, die den Armen in den Ländern der Dritten Welt helfen, und eine große Bandbreite von Hilfsprogrammen für Kinder und Jugendliche in den sozialen Brennpunkten Amerikas und Kanadas zu entwickeln.

Die Arbeitszweige, die mit uns verbunden sind, erreichen Tag für Tag viele tausend Kinder. Unsere jungen Missionare bewirken mit ihrer heroischen Hingabe durch die Gnade Gottes mehr, als irgendjemand ermessen kann, aber sie sind dabei auf Ihre Hilfe angewiesen. Könnten Sie sich vorstellen, uns im Gebet zu unterstützen und darüber hinaus zu einem Teil der Familie derer zu werden, die uns auch finanziell unterstützen, damit unsere Missionare weiterhin ihre Arbeit vor Ort tun können? Hier eine kurze Übersicht über unsere Arbeitszweige:

EAPE/Kingdomworks ist eine christliche Missionsorganisation, die Bildungsangebote sowie medizinische Dienste und wirtschaftliche Entwicklungshilfemaßnahmen für benachteiligte Menschen in den Ländern der Dritten Welt ebenso wie in den Armutsvierteln amerikanischer Städte anbietet. Bei all unseren Projekten streben wir die Zusammenarbeit mit Gemeindeleitern vor Ort an, um den Menschen Gottes Liebe in Wort und Tat nahe zu bringen.

Im Jahr 1997 riefen wir unser neuestes Programm ins Leben, das wir *Mission Year* genannt haben. Im Rahmen dieses Programms stellen wir Teams von jungen Missionaren zusammen, die jeweils ein Jahr lang in Gemeinden in sozialen Brennpunktgebieten an der Ost- und Westküste mitarbeiten. Schwerpunkt ihrer Arbeit sind Hausbesuche und gemeinnützige Dienstprojekte.

Ein weiteres Programm, *Urban Promise*, hat seine Zentrale in Camden, New Jersey. In Spitzenzeiten erreicht diese Arbeit über 1500 Kinder und Teenager. Zur Angebotspalette gehören Bibelarbeiten, evangelistische Aktivitäten, Nachhilfe, Sport-, Musik- und Theatergruppen. Im vergangenen Jahr wurde außerdem eine neue Grundschule eröffnet, ebenso wie eine alternative weiterführende Schule für die älteren Jahrgänge.

In Philadelphia hat *EAPE/Kingdomworks* die *Cornerstone Christian Academy* ins Leben gerufen, eine akademisch anspruchsvolle Grundschule für Kinder in einkommensschwachen Stadtvierteln. Wir haben eine hervorragende Lehrerschaft, eine Vielzahl von freiwilligen Helfern und unterrichten zurzeit über 300 Schüler. Diese Schule ist ein Zeichen der Hoffnung in einem der schwierigsten sozialen Brennpunkte Amerikas.

EAPE/Kingdomworks hat darüber hinaus zahlreiche Projekte in Ländern der Dritten Welt. *Beyond Borders*, unsere Arbeit in Haiti, arbeitet mit einheimischen Gemeindeleitern zusammen, um insgesamt 75 Einrichtungen zu schaffen, in denen Erwachsene und Kinder lesen und schreiben lernen. Dieses Programm erreicht zweifelsohne Menschen, die zu den Ärmsten der Armen zählen, und vermittelt ihnen Selbstvertrauen und Hoffnung für die Zukunft. In der Dominikanischen Republik waren wir maßgeblich an der Gründung und Unterhaltung der *Evangelical University of the Dominican Republic* sowie der *Technical University of the South* beteiligt.

In Simbabwe werden voraussichtlich etwa 35 Prozent der Bevölkerung an AIDS sterben. Bereits heute gibt es dort Tausende von Kindern, die durch diese schreckliche Krankheit beide Elternteile verloren haben und die selbst ebenfalls vom HIV-Virus befallen sind. In Zusammenarbeit mit unserer britischen Partnerorganisation *Oasis* sorgen wir für diese Kinder in ihrer verzweifelten Lage, sodass sie ihr

Leben auf eine menschenwürdige Weise beschließen können.

Ich wäre Ihnen sehr verbunden, wenn Sie unsere Arbeit finanziell unterstützen würden. Unsere Anschrift lautet:

Evangelical Association for the Promotion of Education (EAPE)
Box 7238
St. Davids, PA 190087
USA
Tel.: +1 (610) 341-5962
Fax.: +1 (610) 341-4372

Wenn Sie Kontakt zu uns aufnehmen möchten, können Sie das sowohl per Post als auch über unsere Website *www.tonycampolo.com* tun.

Möglicherweise hegen Sie aber auch den Wunsch, selbst als freiwilliger Helfer oder Vollzeit-Missionar bei uns mitzuarbeiten. Vielleicht interessieren Sie sich für weitere Bücher oder für Vortragskassetten. Wir bei EAPE sind alle gerne bereit, Ihnen Ihre Fragen zu beantworten, und ich persönlich würde mich freuen, von Ihnen zu hören.

Herzlichst
TONY CAMPOLO
August 2000

···› Geschichten mit Humor und Tiefgang.

Jeff Lucas:

Hupe, wenn du Christ bist

und andere inspirierende Geschichten zum Auftanken.

Taschenbuch, 208 Seiten
Best.-Nr. 815 910

Wenn es der Wissenschaft gelingen würde, Adrian Plass und Ken Davis zu kreuzen, würde wohl ein Autor wie Jeff Lucas herauskommen! Denn Lucas schafft es tatsächlich, in seinen mehr oder weniger andächtigen Geschichten britischen und amerikanischem Humor unter einen Hut zu bringen und Charismatiker und Evangelikale mit ihren Marotten gleichermaßen augenzwinkernd auf die Schippe zu nehmen.

Mal rabenschwarz-ironisch, mal anrührend, mal einfach nur lustig führt uns Jeff Lucas durch die Anekdoten und Fettnäpfchen, die sich im Laufe seiner Predigertätigkeit reichlich angesammelt haben. Bei dieser herrlichen Mischung aus Humor und Tiefgang bleibt garantiert kein Auge trocken!